# Practicing
# Spanish
# Grammar

# Practicing
# Spanish
# Grammar

A Workbook

**With Graded Exercises**

Christopher J. Pountain
& Teresa de Carlos

NTC Publishing Group

This edition first published in 2000 by NTC Publishing Group,
a division of NTC/Contemporary Publishing Group, Inc.
4255 West Touhy Avenue, Lincolnwood (Chicago), Illinois 60712-1975, U.S.A.

Originally published by Arnold, a member of the Hodder Headline Group.

International Standard Book Number 0-8442-2440-5

Printed in Great Britain

# Contents

# Preface

*Practising Spanish Grammar* has been designed as a workbook in Spanish grammar specifically to accompany John Butt and Carmen Benjamin's *A New Reference Grammar of Modern Spanish* (B&B), to which it is cross-referenced, though it is of course possible to use the exercises independently or with any other good grammar of Spanish. Coverage of B&B is, we hope, comprehensive, with particular concentration on those areas of usage which we know from experience English learners of Spanish find difficult.

The exercises are graded as follows:

Level 1: Basic exercises, suitable for revision of the essential points of Spanish morphology and syntax, and using straightforward, everyday language. These could be used by sixth-formers, and by degree course students for revision.

Level 2: More difficult exercises which involve more ambitious language, especially authentic texts, and cover all the points of standard usage. These will be particularly suitable for thorough revision by post-A-Level students or by competent A-Level students who are looking for a challenge.

Level 3: Advanced exercises which involve mini-research projects, explanations and commentaries, or language which is stylistically marked or otherwise difficult in some way. This level also includes some work on non-standard usages. These are intended particularly for practical language classes at university level, and will lead on naturally to the formal linguistic and stylistic study of Spanish.

Although we have tried to pay attention to a range of varieties of Spanish, variation within Latin America especially is so great that we cannot realistically achieve comprehensiveness in this respect. We have attempted, therefore, to give special attention to some Mexican and Argentine usages which differ from the Peninsular norm. We hope that teachers using this book will not find this limitation too inconvenient, and that they will be able to adapt exercises and answers, where necessary, to their own usage.

A key has been supplied for all but the open-ended exercises, so that the book can also be used for private study.

We are grateful to John Butt and Carmen Benjamin, who suggested this project in the first place and commented on some of the material, and to

Lesley Riddle of Arnold for her encouragement and forbearance during the book's preparation. We owe a particular debt of gratitude to Lynn Ingamells, who brought her vast experience as a Spanish language teacher and examiner to bear in looking critically at a number of sections of the book, and to Coral Neale, who gave us tea, sympathy and the benefit of another native speaker's point of view when most needed. We must also not neglect to thank several generations of our students, whose difficulties, questions and errors have hopefully helped us to target the exercises appropriately.

We would of course be very grateful to receive comments on the exercises from practising teachers who use them in the classroom and will ultimately be the best judges of their effectiveness.

Christopher J Pountain
Teresa de Carlos
Department of Spanish and Portuguese,
University of Cambridge

# Acknowledgements

The authors and publisher would like to thank the following for permission to use copyright material in this book:

Concejalía de Turismo de Alcalá de Henares (28.2), Consejo Superior de Inventigaciones Científicas (5.4, 28.8), Diario El País Internacional SA (11.15, 12.2, 13.11, 13.26, 20.1, 32.3, 33.1), Ediciones Destino SA (11.16B, 24.9), Ediciones Temas de Hoy SA (9.3, 13.7), Editorial Alfaguara (32.4), Editorial Molino (12.9, 22.4), Editorial Planeta (21.3), Hodder & Stoughton Publishers (21.3), Penguin Books Ltd (Hamish Hamilton Ltd) (3.8), Secretaría de Estado para la Comunicación (20.10), Society of Authors as the Literary Representative of the Estate of L.P. Hartley (3.8).

## Acknowledgements

# 1

# Nouns

## Gender

### 1.1 General exercise (B&B 1, Level 1)

Give the correct form of the definite article (*el, la*) with the following nouns.

1. piel
2. clase
3. problema
4. muchedumbre
5. agua
6. fin
7. flor
8. análisis
9. hipótesis
10. señal

11. nuez
12. mano
13. viaje
14. hambre
15. crisis
16. foto
17. régimen
18. árbol
19. labor
20. desastre

### 1.2 Masculine and feminine pairs (B&B 1.2, Level 1/2)

Give the feminine forms that correspond to the following masculine nouns.

*Example:* autor → **autora**

1. director
2. juez
3. alcalde
4. actor
5. príncipe
6. león
7. yerno
8. poeta
9. presidente
10. profesor

11. conde
12. héroe
13. dependiente
14. guitarrista
15. jefe
16. reo
17. caballo
18. policía
19. gallo
20. estudiante

### 1.3 Words with two genders (B&B 1.4.16, Level 2/3)

Insert the correct noun ending (where necessary), the correct form of the definite or indefinite article, as appropriate, and the correct adjective ending in the following sentences.

1. Fuimos a Valencia para ver ___ almendr__ en flor.
2. Londres es ___ capital del Reino Unido.
3. ___ policía estaba hablando con uno de los vecinos.
4. Tiene un lunar en ___ frente.
5. Este libro ha sido publicado por ___ editorial británic__.
6. La chica llevaba ___ pendientes exótic__.
7. En el acuario vimos ___ peces muy pequeñ__.
8. Toledo está en ___ márgen__ del Tajo.
9. Ponlos en orden alfabétic__.
10. ___ Mar Mediterráne__ está muy suci__.
11. Mi primo aprende a tocar ___ trompeta.
12. Me gustan ___ cerez__.
13. ___ cometa Hiyakutake se acercó a la Tierra en 1996.
14. Este comité tiene ocho vocales rus__.
15. Mira lo que está escrito en ___ margen derech__ de la página.
16. Hoy en día hay ___ cura eficaz contra ___ cólera.
17. Velázquez perteneció a ___ orden de Santiago.
18. Aquí hay que poner dos puntos en vez de ___ coma.
19. Vamos a escuchar ___ parte meteorológic__.
20. ___ cámaras están de huelga.

## 1.4 **Words in -o and -a** (B&B 1, Level 2)

Give the correct ending (-*o* or -*a*) for the following nouns.

| | | |
|---|---|---|
| 1. ánim__ | spirit | |
| 2. cenicer__ | ashtray | |
| 3. conduct__ | conduct | |
| 4. cub__ | bucket | |
| 5. cuent__ | account, bill | |
| 6. dialect__ | dialect | |
| 7. dich__ | saying | |
| 8. expectativ__ | expectation | |
| 9. herramient__ | tool | |
| 10. incógnit__ | unknown | |
| 11. manzan__ | apple tree | |
| 12. marc__ | frame | |
| 13. misiv__ | missive | |
| 14. mod__ | way | |
| 15. objetiv__ | objective | |
| 16. pal__ | shovel | |
| 17. punt__ de vista | point of view | |
| 18. sílab__ | syllable | |
| 19. supuest__ | assumption | |
| 20. tentativ__ | attempt | |

## 1.5 Nouns ending in *-ma* (B&B 1.4.3 and 1.4.6, Level 2/3)

Supply an article and the correct form of the adjective for the following nouns.

1. *El* clima benign*o*
2. *La* asma crónic*a*
3. *Los* esquemas disparatad*os*
4. *La* poema épic*a*
5. *Los* problemas contemporáne*os*
6. *La* estratagema atrevid*a*
7. *La* crema depilatori*a*
8. *La* emblema venezolan*a*
9. *El* programa televisiv*ístico*
10. *El* diagrama técnic*o*

11. *El* dogma religios*o*
12. *El* diploma avanzad*o*
13. *Las* armas blanc*a*s
14. *Las* normas acordad*a*s
15. *El* dilema complicadísim*o*
16. *El* panorama magnífic*o*
17. *La* diadema precios*as*
18. *El* alma caritativ*a*
19. *La* flema ingles*a*
20. *El* rima perfect*a*

## 1.6 Nouns ending in *-is* (B&B 1.4, Level 2/3)

Supply an appropriate agreeing form in the following sentences.

1. Ha padecido *una* apendicitis gravísim*a* .
2. Su tesis es *una*: que hay que controlar la inmigración.
3. El presidente puso *el* énfasis en la cuestión social.
4. El catedrático ofreció *un* análisis muy profund*o* de *la* crisis financier*a* .
5. La guerra nuclear representaría *el* nuev*o* apocalipsis.
6. *El* tercer__ dosis se toma a las cinco.
7. Su ingreso en la Academia fue *el* apoteosis de su carrera.
8. *La* meningitis suele ser peligrosísim*a* .
9. Cuando el ídolo se puso a cantar, aquello fue *el* éxtasis.
10. *Una* diéresis es necesari*a* en palabras tales como *desagüe*, *cigüeña*, etc.

## 1.7 Words ending in *-e* (B&B 1, Level 2)

Arrange the following words in two columns, masculine and feminine, and give their English translations.

arete *m*
base *f*
cable *m*
carrete *m*
catástrofe *m*
chiste *m*
epítome
gripe *f*

higiene *f*
índole *m*
juguete *m*
lastre
lote *m*
mole *m*
pirámide *f*

## 1.8  Gender of compound nouns (B&B 1.4.9, Level 2/3)

*Project:* Find out the gender of the following words, if you do not know it already. Can you see any rule for the gender of such words?

abrelatas
aguardiente
aguanieve
altavoz
bocacalle
cortacésped
cortapisas
enhorabuena
madreselva

maniobra
parabién
paraguas
pésame
pormenor
rascacielos
sinrazón
terremoto

# Number

## 1.9  Plural formation (B&B 2, Level 1/2)

Give the plural forms of the following.

1. el dólar
2. la tecla
3. el café
4. la tesis
5. el mes
6. la ración
7. el crimen
8. el virus
9. la raíz
10. el sacacorchos

11. la hora punta
12. la bocacalle
13. el régimen
14. el país miembro
15. el viernes
16. el boicot
17. el tabú
18. el dios
19. el autobús
20. el menú

## 1.10  Agreement of the verb (B&B 2, Level 2)

Replace the infinitive given in brackets with the most appropriate form of the verb.

1. El elemento más problemático _____ (ser) los parados.
2. Una minoría de los espectadores _____ (llegar) a pelear entre sí.
3. La muchedumbre se _____ (manifestar) a favor de las reformas.
4. Después de la guerra, el problema fundamental _____ (ser) los refugiados.

5. Algunos estudiosos creen que Shakespeare _era_ (ser) en realidad varias personas.
6. Casi la mitad de los obreros no _estaba_ (estar) de acuerdo con la oferta de la dirección.
7. El único grupo que no _había_ (haber) emitido su voto _fue_ (ser) la minoría griega.
8. El primer ministro dijo que el Consejo de Ministros no _iba_ (ir) a despenalizar la marijuana.
9. ¿Qué _opinar_ (opinar) la mayoría de los ciudadanos sobre la sequía?
10. El nuevo factor de defensa _son_ (ser) los misiles intercontinentales.

## 1.11 Spanish plural for English singular, and vice versa
(B&B 2.2, Level 2)

Translate the following sentences into Spanish.

1. I have a great desire to go on holiday. _Tengo un deseo grande de ir de vac..._
2. People can act in a very strange fashion. _La gente actúa en una manera rara_
3. Put your dirty clothes in the washing machine. _Pon en ropa sucia en la..._
4. We all put our coats on before leaving. _Todos nos abrigamos antes de salir_
5. He was wearing a pair of grey trousers. _Usaba un pantalón gris_
6. My uncle is a businessman. _Mi tío es comerciante_
7. She went downstairs, humming a popular tune.
8. He doesn't look further than the end of his nose. _No busca más allá que sus nar..._
9. They had all forgotten to bring their umbrellas. _Todos habían olvidado traer sus par..._
10. The proposal received warm applause. _La propuesta recibió una cálida..._
11. Jealousy is a terrible thing. _La envidia es cosa terrible._
12. The room was in darkness. _El cuarto estaba oscuro_
13. I've no more strength left. _Ya no me quedan fuerzas_
14. We usually spend Christmas at home. _Usualmente pasamos Navidad en casa_
15. We haven't made much progress. _No hemos progresado mucho_

# 2

# Articles

## The form of the article

### 2.1 *El or la, un or una?* (B&B 3.1, Level 1)

Put the correct form of the article, definite or indefinite as appropriate, in the following phrases.

1. _____ alma caritativa
2. _____ frías aguas del Báltico
3. _____ América de hoy
4. _____ habla coloquial
5. _____ hache no se pronuncia
6. _____ ancha Calle Serrano
7. _____ otra aula
8. _____ área enorme
9. _____ armonía doméstica
10. _____ *a* final de América
11. _____ armas nucleares
12. _____ árabe casada

## Particular uses of the article

### 2.2 The article with names of languages (B&B 3.2.16, Level 1)

In which of these cases is an article needed?

1. La región vasca tardó en aceptar _____ latín.
2. El tratado estaba redactado en _____ inglés, _____ francés y _____ chino.
3. En Nueva York se emplea mucho _____ español en los letreros.
4. Mi tía habla _____ sueco muy literario.
5. Durante los siglos XVII y XVIII fue un hecho la decadencia de _____ catalán.
6. Este artículo hay que traducirlo de _____ español a _____ portugués.
7. En México hay varios cursos de _____ español para extranjeros.
8. Lo que más extraña de _____ finlandés son los casos.
9. ¿Sabes _____ japonés? Sí; de niño siempre hablaba _____ japonés en casa.
10. Resulta muy difícil entender _____ árabe hablado.

## 2.3 The article with names of countries and towns
(B&B 3.2.17–18, Level 1/2)

Translate into Spanish.

1. The President of the United States has just visited India.
2. France is allied with the United Kingdom and Germany and other countries of Europe.
3. Bolivia and Paraguay border Argentina.
4. Have you ever visited Northern Ireland or South Africa?
5. Sudan is in Africa, and Lebanon is in the Middle East.
6. The capital of Egypt is Cairo.
7. It is five o'clock (four o'clock in the Canaries).
8. El Salvador is in Central America.
9. South Korea is near Japan and China.
10. I'm studying the art of present-day Cuba in Havana.

## 2.4 The article with days of the week (B&B 3.2.20, Level 1/2)

Translate into Spanish.

1. See you on Monday!
2. Where were you last Friday night?
3. We only open from Monday to Wednesday in winter.
4. On Saturday evenings he goes to Mass.
5. Christmas Day falls on a Sunday this year.
6. We leave on Tuesday 5 April.
7. They should have arrived by Saturday.
8. It always seems to rain on Fridays.
9. There won't be anyone here from Wednesday to Friday.
10. What day is it today? It's Tuesday.

## 2.5 The indefinite article after a verb (B&B 3.3.6–3.3.9, Level 2)

Insert an indefinite article, if appropriate, in the following sentences.

1. Esta chica no tiene _____ novio.
2. Hoy día en España casi todo el mundo tiene _____ coche.
3. Aquí es donde tenemos que hacer _____ cola.
4. Eché _____ vistazo al periódico.
5. Cuando la vi, llevaba _____ zapatos viejos y _____ sombrero de paja.
6. Si no comes nada te vas a quedar como _____ esqueleto.
7. Ya es hora de que busquemos _____ trabajo si queremos comprar _____ piso.

8. Sevilla tiene ____ aeropuerto internacional.
9. Tengo X̶ derecho a saber por qué me han despedido.
10. Mi mujer es ____ grafista, así que tenemos ____ ordenador en casa.
11. Plauto fue ____ dramaturgo romano muy apreciado en su época.
12. Hay que buscar ____ solución a este problema.
13. Fui al mercado a comprar ____ pescado.
14. La UNESCO es ____ buen ejemplo de lo que puede conseguir la cooperación internacional.
15. Mi abuela todavía no tiene ____ teléfono en casa.
16. ¿Me puede ayudar, por favor? Soy ____ forastero aquí.
17. Hace años que lleva ____ bigote.
18. Es ____ pena que no nos conociésemos antes.
19. No te preocupes: mi amigo Juan es ____ hombre de confianza.
20. Este pobre niño no tiene ____ madre.

### 2.6  *Unos* (B&B 3.4.1, Level 2/3)

Study the following sentences. Where is the use of *unos* or *unas* obligatory? If it is not obligatory, what is the difference in meaning if it is omitted?

1. Los delincuentes fueron identificados por unas huellas dactilares halladas en la puerta del almacén.
2. El nuevo ministro no vacilará en defender antes que nada unos principios humanitarios.
3. Precisamente, este año tenía pensado dedicarme a unos cursos de Empresariales.
4. A lo mejor voy a estar unos días en Roma.
5. Hay unos profesores muy raros que siempre andan distraídos.
6. Tengo unas gafas de fantasía que me regaló mi novia.
7. La mujer ha conseguido en el Siglo XX unos logros bastante grandes.
8. En este centro siguen unos métodos un tanto arcaicos.
9. Me estaban mirando unos ojos negros y recelosos.
10. Este libro tiene unos pasajes preciosos.

## Use and omission of the articles

### 2.7  Use and omission of the definite article (B&B 3.2, Level 2)

Translate into Spanish.

1. We Spaniards seek truth in all things.
2. Prices are high in France at the moment.

3. India did this in the name of democracy.
4. Scientists think that beef can damage your health.
5. French and Spanish are quite similar.
6. On Saturday evening I will visit Dr Pérez.
7. In Liberators' Square there was the statue of President Rosales, the founder of the Republic.
8. Twenty per cent of the class are left-handed.
9. Sr Puig will be on television next week.
10. He couldn't play football while he was in prison.
11. Granny is at home, reading.
12. I'm going to wait for Real Madrid to score before I go to bed.
13. In Chapter 4 there is a description of Buñuel, the famous Spanish film director.
14. Aunt Sonia and Mummy are both ill in bed.
15. Father Moreno comes from Oviedo, the capital of Asturias.

## 2.8 Use and omission of the indefinite article
(B&B 3.3.12–3.3.13, Level 2)

Translate the following sentences into Spanish.

1. What a sky! I have never seen such a storm.
2. Would you like a room with a balcony?
3. He never wears a tie.
4. Please give me half a kilo of oranges.
5. We have had a certain difficulty in writing with a blunt pencil.
6. The comet had a long tail.
7. A mermaid has a fish's tail.
8. What would you like as a starter (first course)?
9. What a surprise it was to find such a crowd here!
10. Here comes another man with an umbrella.

## 2.9 Use and omission of the definite and indefinite article
(B&B 3.2, 3.3, Level 2)

Rephrase the following headlines in full sentences, using the appropriate articles.

*Example:*   Cuadro robada de museo madrileño por ladrones profesionales.
   →
   **Un** cuadro ha sido robada de **un** museo madrileño por **unos** ladrones profesionales.

1. "Británicos no quieren república" afirma Ministro de Interior.
2. Ciudadanos sorprendidos por graves disturbios en barrios obreros.
3. Secuestradores detenidos después de sangriento enfrentamiento.
4. "Causa de fallo todavía desconocida" afirman investigadores.
5. Posibilidad de lluvia en sur y suroeste.
6. Inflación "problema fundamental" de países subdesarrollados, según Países Bajos.
7. Actitud luxemburguesa "enigma" para Consejo de Ministros.
8. Riesgo de cáncer en centrales nucleares: informe secreto.
9. Víctimas mortales en carretera otra vez en aumento.
10. Izquierda y derecha empatan según sondeos recientes.

# 3

# Adjectives

## Agreement

### 3.1 Basic agreement (B&B 4.2, 4.6, Level 1/2)

Give the correct form of the adjective in the following phrases (the masculine singular form of each adjective is given).

1. Una chica (español)
2. El habla (contemporáneo)
3. Unas costumbres (catalán)
4. No tengo (ninguno) hermano
5. Las fiestas de (Santo) Isidro
6. La (feliz) pareja
7. Una criada (cortés)
8. En (tercero) clase
9. Un problema (moderno)
10. Una jirafa (macho)
11. Con fecha (anterior)
12. Las niñas (mayor)
13. Tres libros (azul)
14. Un estudiante de (primero) año
15. Una pared (gris)
16. Todo el (santo) día
17. Dos pueblos (indígena)
18. Las mujeres (iraní)
19. Un (bueno) susto
20. La Iglesia de (Santo) Tomás

### 3.2 More complex agreements (B&B 4.7, Level 2/3)

Translate the following sentences into Spanish.

1. He always sends me boring short stories and novels.
2. The majority of Paraguayans are bilingual.
3. It gave us a certain pleasure and happiness.
4. That idea is good.
5. Do you have a relevant argument or objection?
6. There is nothing evil about him.
7. I asked her to speak a bit louder.
8. Neither my brother nor I were in the least offended.
9. Toledo has many attractive old squares and buildings.
10. She did it with her habitual charm and patience.

### 3.3 Colour adjectives (B&B 4.2.4, 4.3, Level 2/3)

Translate the following into Spanish, using an appropriate colour expression.

1. My daughter's bedroom has pink curtains and brown walls.
2. It is very dangerous to expose yourself to ultraviolet rays.

3. He was wearing a dark-green T-shirt and khaki shorts.
4. The buses in this town are orange.
5. The heroine had light-blue eyes and golden hair.
6. There was a red and white barrier at the customs post.
7. What is this brown-red stain on the carpet?
8. A faded green armchair dominated the room.
9. Do you have to wear that scarlet tie?
10. I love this red and blue striped sweater.

## Formation of adjectives

### 3.4 Formation of the feminine (B&B 4.2.1–4.2.3, Level 1/2)

Change the noun phrases in the following sentences into the corresponding feminine.

*Example:*   Un chico español → Una chica **española**

1. Un muñeco holandés
2. Mi hermano mayor
3. Su amigo hindú
4. Un profesor feliz
5. Un niño modelo
6. Un caballero cortés
7. Cualquier artista andaluz
8. Un chaval encantador
9. Un erizo macho
10. Un príncipe musulmán
11. Nuestro colega hablador
12. Un cantante provenzal
13. Un muchacho grandote
14. El ministro anterior
15. Un joven marroquí

### 3.5 -*ísimo* forms (B&B 4.9, Level 2/3)

Give the adjectives which correspond to the following nouns, together with their intensive (-*ísimo*) form or forms, if available.

1. ternura
2. bondad
3. riqueza
4. juventud
5. dificultad
6. pobreza
7. gravedad
8. fidelidad
9. crueldad
10. muerte
11. frío
12. suciedad
13. posibilidad
14. continuidad
15. fealdad

## 3.6 Adjectives pertaining to places (B&B 4.8, Level 2)

Recast the following sentences so that the phrase expressing the town, region or country of origin is rendered by an adjective.

*Example:*   Ana es de Grecia. → Ana es **griega**.

1. Tegucigalpa es la capital *de Honduras*.
2. Esta cerveza es *de Bélgica*.
3. Es una costumbre *de Málaga*.
4. El Cid Campeador era *de Burgos*.
5. Estos son mis primos *de Polonia*.
6. Este reloj es *de Suiza*.
7. Me gustan los pasteles *de Austria*.
8. Los *de Madrid* están siempre ocupadísimos.
9. Sabe mucho de las leyendas *de la India*.
10. Tu abuela es *de Gales*.
11. Los lagos *de Suecia* son muy pintorescos.
12. Me fastidia la vida *de Londres*.
13. Manuel de Falla era *de Granada*.
14. La música *de Hungría* es apasionante.
15. El habla *de Buenos Aires* es muy difícil de entender.

*Project:* Find out from the Spanish press, TV or radio the adjectives which correspond to countries not mentioned in B&B, e.g. Croatia, Serbia, Chechenya, Ukraine, Czech Republic, and others which may be in the news when you read this book.

## 3.7 Adjectives formed from nouns (B&B 4.12, Level 2)

Give the adjectives which correspond to the expressions containing nouns which are given in brackets.

*Example:*   un ataque (del corazón) → un ataque **cardíaco**

1. el apoyo (del estado)
2. problemas (con la lengua)
3. el lenguaje (de los periódicos)
4. el orgullo (de la ciudad)
5. el amor (de un hijo)
6. una enfermedad (de pulmón)
7. la presencia (de los reyes)
8. un masaje (del cuerpo)
9. un sindicato (de las minas)
10. una inspección (de rutina)
11. las costumbres (del pueblo)
12. una novela (de policías)
13. una crisis (de finanzas)
14. un éxito (de taquilla)
15. la población (de ovejas)
16. una ocupación (de verano)
17. un remedio (de casa)
18. la industria (de discos)
19. una región (de agricultura)
20. una zona (para peatones)

## 3.8 Translating 'un-' (B&B 4.13, Level 3)

The following sentences are taken from L.P. Hartley's *The Hireling* (Harmondsworth: Penguin, 1964). Suggest translations for the words italicized.

1. He looked smart, expensive, and *unapproachable*.
2. The house had an *unmistakable* air of wealth.
3. I shouldn't like to do that, it would be too *unkind*.
4. She gave Leadbitter a look so full of unhappiness that he felt quite *uncomfortable*.
5. Most *unfortunate* for you both, my lady.
6. It's that *undelivered* message that torments me.
7. For a moment she felt physically *uneasy*.
8. But Leadbitter's demon remained *unappeased*.
9. The voices spoke in accents which were harsh and *unrefined*.
10. 'You did indeed,' said Lady Franklin, *unaware* of the warmth of her words.

## *Adjective position*

### 3.9 Adjective position (1) (B&B 4.11, Level 2/3)

Discuss which of the possibilities for the placing of the adjective is most likely, and what difference in meaning there is between the two.

1. Después de la caída del comunismo se fragmentó la antigua Yugoslavia/la Yugoslavia antigua.
2. Escribir un resumen del pasaje es un nuevo ejercicio/un ejercicio nuevo para vosotros.
3. El Sr. Gutiérrez es un buen fontanero/un fontanero bueno.
4. ¡Deja de hablar de tus dichosos sobrinos/tus sobrinos dichosos!
5. En el hotel hay numerosas familias/familias numerosas.
6. No tengo ni un triste libro/un libro triste.
7. Los valientes soldados/los soldados valientes vivían en condiciones pésimas.
8. La frase que acabas de citar no es un buen ejemplo/un ejemplo bueno del uso del verbo "parecer".
9. Todos los grandes logros/los logros grandes del Siglo XIX se hicieron gracias a la Revolución Industrial.
10. En el piso de abajo vive una pobre mujer/una mujer pobre.

## 3.10 Adjective position (2) (B&B 4.11, Level 2/3)

Place the adjective before or after the noun, as appropriate.

1. El millonario se instaló en un hotel de Marbella (lujoso).
2. Diríjase al Servicio de Limpieza (Municipal).
3. La abolición del impuesto fue una solución (radical).
4. Había unas 200 personas en el hotel, entre ellas niños (numerosos).
5. Un grupo de catedráticos (prestigiosos) han asegurado que no hay peligro en comer zanahorias.
6. El gobierno toma medidas para evitar una crisis en la industria (siderúrgica).
7. El asesinato provocó una reacción (fuerte) en la pequeña comunidad rural.
8. Estaba en Madrid cuando recibí la noticia (triste) de la muerte de mi colega (querido).
9. Contesta en voz (alta) a las preguntas (siguientes).
10. Rondaban las calles bandas (criminales).

## 3.11 Position of adjective with compound nouns
(B&B 4.11.5, Level 2)

Place the adjective given in brackets appropriately, and if necessary make it agree.

1. Tengo un dolor de cabeza (tremendo).
2. Padecía una forma de cáncer (raro).
3. Era exportador de vinos (fino).
4. Victoria Abril es una estrella de cine (conocidísimo).
5. Soy director de una empresa de juguetes (español).
6. Mi amigo tiene una colección de sellos (extraordinario).
7. La Giralda es el edificio de Sevilla (más alto).
8. Hay una red de autocares (nacional) en este país.
9. El 23 de diciembre se celebró una comida de empresa (navideño).
10. Te puedo recomendar una agencia de viajes (fiable).

## 3.12 Adjective position: *bueno, malo, grande, pequeño*
(B&B 4.11.6, Level 2)

Translate the following sentences into Spanish.

1. I'll need the small pair of scissors.
2. You must only take a very little sip.

3. The great ship set sail the next morning.
4. We have had a good holiday.
5. It's bad luck you arrived too late for the party.
6. Was Philip III a good king or a bad king?
7. I haven't the least idea!
8. Let me introduce my eldest son.
9. Pedro's father is a good musician.
10. Would you like a big ice-cream or a small one?

## 3.13 Adjectives whose meaning varies according to position (B&B 4.11.8, 9.7, 9.10, Level 2/3)

Translate into Spanish.

1. The average Spaniard does not keep strange animals at home.
2. Here is half a bottle of pure olive oil.
3. Cundinamarca was the former name of several modern Latin American countries.
4. The poor orphan stole out of sheer hunger.
5. Ancient cities have a certain charm.
6. The tall building was painted in various colours.
7. You're a fine friend: you haven't left me even one miserable cent!
8. At certain times of the year the top dignitaries visit the poorest pensioners.
9. The delicious dishes held a rare attraction for the humble peasants.
10. We have the sure hope that our poor friend will regain her former happiness.

# 4

# Comparatives

## *Regular and irregular comparative forms*

### 4.1 Comparative forms of adjectives and adverbs
(B&B 5.1, 5.2, 5.10, Level 1)

**A**   Insert an adjective or adverb in the comparative form to suit the meaning of the sentence. Use a different word for each sentence.

*Example*:   Dinamarca es ____ que Rusia.

    →

    Dinamarca es **más pequeña** que Rusia.

1. El caviar es _____ que las sardinas.
2. Durante las vacaciones se vive _____ que en el resto del año.
3. En el sur de Europa, las temperaturas suelen ser _____ que en el norte.
4. Se dice que la monarquía británica es _____ que la española.
5. Hoy en día todo cambia _____ que antaño.
6. Comes _____ que un pájaro, te vas a quedar en los huesos.
7. En invierno amanece _____ que en verano.
8. Yo nací antes luego soy _____ que tú.
9. Los inviernos en este país norteño son _____ de lo que te imaginas.
10. El sueldo de las mujeres suele ser _____ que el de los hombres.

**B**   Repeat the same exercise with *bastante* or *mucho* preceding the comparative expression.

### 4.2 *Más grande/mayor, más pequeño/menor* (B&B 5.8, 5.9, Level 1/2)

Fill in the gaps with *más, mayor, más gran(de), menos, menor* or *más pequeño*.

¿Quién no ha oído hablar de Mallorca y Menorca, es decir, de la perla mayor y la perla menor de la islas Baleares? Y digo lo de perla, en parte, porque en la (1) _____ de estas islas se encuentra la (2) _____ factoría de perlas cultivadas del país, donde se manufactura, o más bien se cultiva, la (3) _____ perla Majórica.

No cabe duda de que al ser (4) _____ de tamaño, Menorca hace

honor a su nombre. Pero ¿podríamos decir que su relevancia histórica
haya sido (5) _____? Ciertamente no. Empezando por la Prehistoria,
Menorca ofrece el (6) _____ número de *taulas* y *talayots* del archi-
piélago, de un interés artístico tan (7) _____ que sólo por eso merece
una visita. Pero hay otro dato histórico de (8) _____ interés para los
británicos. Por el tratado de Utrecht de 1713, el rey de España cometió
el (9) _____ error, o la (10) _____ debilidad, de ceder Menorca y
Gibraltar a la (11) _____ Bretaña, como mal (12) _____, por su inter-
vención en la Guerra de Sucesión.

Pasemos no obstante al presente y hablemos ¿cómo no? del turismo.
El número de turistas que acude a las Baleares es cada año (13) _____.
¿Cuál de las dos islas tiene (14) _____ éxito? Lógicamente la afluencia
de público es (15) _____ en Mallorca, aunque sólo sea porque su
capacidad hotelera es también mucho (16) _____ Por otro lado, la
presencia de la familia real española en en el palacio de Mari Vent durante
el mes de agosto atrae a los (17) _____ dignatarios y gentes de pro del
país. Allí acuden la infanta Dña. Elena, hija (18) _____ del rey; su hermana (19) _____, la Infanta Dña. Cristina y el (20) _____ de todos, el
príncipe Felipe, todos ellos amantes de los deportes náuticos, sobre todo
la vela.

Con la llegada del otoño la afluencia de público se va haciendo (21)
_____ en todos los lugares de veraneo y los (22) _____ hoteles se
ofrecen a precios de ganga. Es entonces cuando nuestros (23) _____,
los jubilados, que no tienen (24) _____ preocupaciones pero que
tienen a cambio todo el tiempo libre del mundo, van a ocupar estas
plazas hoteleras, con ayuda del INSERSO a un precio mucho (25)
_____ del que se paga en pleno verano.

## Comparisons of inequality

### 4.3 *Más/menos que* or *más/menos de?* (B&B 5.5, Level 1)

Insert *más de/menos de* as appropriate in the following sentences.

1. En ____ un siglo la población mundial casi se ha triplicado.
2. La recaudación por las ____ 250.000 visitas recibidas se destinará a
   UNICEF.
3. Por suerte se gastaron ____ los diez millones que habían calculado.
4. ____ un 10% de los afectados por la enfermedad son niños.
5. En ____ un año se había recuperado completamente.

6. Se pasó \_\_\_\_ 15 meses haciendo rehabilitación todos los días.
7. Se derramaron \_\_\_\_ sesenta toneladas de crudo en el desastre ecológico.
8. Serían \_\_\_\_ las cuatro de la madrugada cuando llegó a casa.
9. En \_\_\_\_ una hora se habían bebido todo el vino y hubo que salir a por más.
10. \_\_\_\_ las tres cuartas partes de la humanidad pasa hambre.

## Comparisons of quantity with clauses

### 4.4 Distinguishing where there is comparison with a clause
(B&B 5.6, Level 2)

Fill in the gap with *de* or *que*.

1. Le duele más el codo sano \_\_\_\_ el que tiene operado.
2. Le duele más el codo \_\_\_\_ lo que imaginaba antes de operarse.
3. El sabe que es menos corrupto \_\_\_\_ los que le critican.
4. El sabe que es menos corrupto \_\_\_\_ lo que la prensa hace ver.
5. Trabaja más \_\_\_\_ lo que debiera.
6. Trabaja muchas más horas \_\_\_\_ otros que contrataron a la vez que él.
7. Anda en una moto mucho más vieja \_\_\_\_ la que yo tiré hace un año.
8. Tiene una moto más vieja \_\_\_\_ lo que permite el código de circulación.
9. Es más rico \_\_\_\_ lo que aparenta.
10. Es más rico \_\_\_\_ los que aparentan serlo.
11. Ahora tiene más problemas \_\_\_\_ antes de poner su propio negocio.
12. Ahora tiene más problemas \_\_\_\_ los que te imaginas.
13. Llegué igual de cansado \_\_\_\_ el que ganó la carrera.
14. Llegué igual de cansado \_\_\_\_ si hubiera ganado la carrera.

### 4.5 Constructing comparisons of quantity with a clause
(B&B 5.6, 7.2.2, Level 2)

React to these comments in two ways, following the example. Use the verb given in brackets to make the second of your sentences.

*Example:*   ¡Es una casa más bonita!
       No sabes \_\_\_\_ → No sabes **lo bonita que es**.
       Es \_\_\_\_ (imaginarse / tú) → Es **más bonita de lo que te imaginas**.

1. ¡Llega siempre más tarde a clase!
       No sabes _____ .
       Llega _____ (permitirse)

2. ¡Canta más bien!
   No sabes _____.
   Canta _____ (suponer / tú)
3. ¡Es más fuerte este brandy!
   No sabes _____
   Es _____ (esperarse / uno)
4. ¡Tengo un compañero más listo!
   No sabes _____
   Es _____ (parecer)
5. ¡El estadio queda más lejos!
   No sabes _____
   Queda _____ (ser normal)
6. ¡Los españoles hablan más alto!
   No sabes _____
   Hablan _____ (ser habitual)

Following the example, do the same with the following sentences, which involve nouns.

*Example:*  ¡Nos pusieron más pegas!
No sabes ____ → No sabes **la de** pegas que nos pusieron.
Nos pusieron ____ (suponer) → Nos pusieron **más pegas de las que** supones.

7. ¡Tiene más dinero esa gente!
   No sabes ____
   Tienen ____ (poder gastar / ellos)
8. ¡Me regalaba más flores aquel novio!
   No sabes ____
   Me regalaba ____ (caber en casa)
9. ¡Se venden más discos en esta tienda!
   No sabes ____
   Se venden ____ (parecer)
10. ¡Nos pusieron más dificultades!
    No sabes ____
    Nos pusieron ____ (esperar / nosotros)
11. ¡Hicimos más amigos durante las vacaciones!
    No sabes ____
    Hicimos ____ (imagina / tú)
12. ¡Se come más pasta en Italia!
    No sabes ____
    Se come ____ (creerse)

## Superlative of adjectives and adverbs

### 4.6 Superlative of adjectives (B&B 5.3, Level 1)

Put the adjective in brackets first into the *-ísimo* form and then into the *el/la más* + adjective form, as in the example, making the necessary changes.

*Example:*   Mi madre se toma un café (caliente) por la mañana.

   →

   Mi madre se toma **un café calentísimo** por la mañana.
   Mi madre se toma **el café más caliente** por la mañana.

1. El perro es un animal (noble y fiel).
2. Se instaló en una parte (antigua) de la ciudad.
3. La acompañaba un señor muy (amable) del barrio.
4. Ya no saben ni cómo resolver un problema (simple).
5. De los allí presentes sólo un muchacho (joven y valiente) se atrevió a increparlo.

### 4.7 Equivalence with English 'most' and '-est'
(B&B 5.3, 5.4, 5.13, Level 3)

Translate the following sentences into Spanish.

1. What, in your opinion, is the most stressful aspect of being a doctor?
2. Being the most unsociable person in the family, he prefers to be left alone.
3. That was by far the worst paella I've ever eaten.
4. I'll do my very best to come out first.
5. Who recycled the highest amount of glass in 1995?
6. Mary collected the most paper for recycling.
7. What would you like doing most?
8. She came across as the person that most liked children.
9. Athletes have become faster, richer and more professional.
10. Global economy brings the best quality of life at the lowest possible cost.
11. Democracy is the worst form of government ever invented except for all the others.
12. I'll see him as soon as possible; but warn him that the earliest possible day is Thursday and Friday the latest, because I'm off on a business trip.

## Other comparative constructions

### 4.8 'The more . . . the more . . . /the less . . . the less . . .' (1)
(B&B 5.11, Level 1)

Complete the following sentences with suitable comparatives.

1. Cuanto _____ ejercicio hagas _____ en forma estarás.
2. Cuanto _____ sea el coche _____ gasto tendrá.
3. Cuanto _____ estudies, _____ será que suspendas.
4. Siento decirte que cuanto _____ lo conozco, _____ me cae.
5. Cuanto _____ se lo digas _____ caso te hará.
6. Cuantas _____ veces lo intentaba, _____ le salía.
7. Cuantos _____ kilos engorda, _____ se angustia.
8. Cuanto _____ afilado esté el cuchillo, _____ cortará.
9. Cuantos _____ días pasen, _____ te acordarás de tu familia.
10. Cuanta _____ ayuda pida y _____ autosuficiente sea, más le valorarán.

### 4.9 'The more . . . the more . . . /the less . . . the less . . .' (2)
(B&B 5.11, Level 2/3)

Write sentences to describe the relationship between the following concepts. There are a number of possibilities, as shown in the example.

*Example:*   dulces y peso

→

**a más dulces, más kilos**
**Cuantos más/menos dulces se comen, más/menos se engorda.**
**Cuantos más/menos dulces coma uno, más/menos engordará.**
**Tantos más/menos dulces se comen, más/menos se engorda.**
**Mientras más/menos dulces coma uno, más/menos engordará.**

1. dinero y felicidad
2. riqueza y nivel de vida
3. ejercicio y forma física
4. asistencia médica e índice de mortalidad
5. pobreza y enfermedades
6. bebida y accidentes
7. población y recursos
8. paro y delincuencia
9. edad y prudencia
10. coches y contaminación

### 4.10 'More and more . . ., less and less . . .' (B&B 5.12, Level 2)

Matching the words in both columns, make sentences with the verb *ser* and the adverbial expression *cada vez más*.

*Example:* (1–j) **La crisis es cada vez más profunda** or **La crisis cada vez es más profunda.**

| | |
|---|---|
| 1. la crisis | a. mejor |
| 2. el nivel de vida | b. mayor |
| 3. las relaciones personales | c. elevadoa |
| 4. encontrar empleo | d. bajoa |
| 5. índice de natalidad | e. difícil |
| 6. la vida | f. sucioa |
| 7. el mundo de los negocios | g. complicadoa |
| 8. el paro | h. duroa |
| 9. la situación | i. confusoa |
| 10. las condiciones sanitarias | j. profundoa |

## Comparison of equality

### 4.11 *Tan* and *tanto* (B&B 5.15.1, Level 1)

Fill in the gaps with *tan* or *tanto/-a/-os/-as*:

1. Tu piso está _____ céntrico como el mío, no sé de qué te quejas.
2. Lo siento señora, dudo que tenga usted _____ derechos como dice.
3. El restaurante *El rey del pollo frito* no es _____ caro como *El Anselmo,* ni mucho menos.
4. Mi hermano juega al fútbol _____ bien como el mejor.
5. Por mucho que digas no creo que tú peses _____ kilos como yo.
6. Pepa habla _____ y _____ mal como su hermano.
7. Dentro del local había ____ gente como fuera de él.
8. Perdona que te lleve la contraria, pero no me parece que quede _____ lejos como decías.
9. Ni que decir tiene que yo tengo _____ problemas como cualquiera.
10. ¡Hija! tienes _____ cara como sospechaba.
11. Me tocó pagar por el diccionario _____ como por la gramática.
12. Tengo entendido que Zaragoza es casi _____ grande como Sevilla.

## Miscellaneous

### 4.12 General exercise (B&B 5, Level 2/3)

Translate the following sentences into Spanish.

1. The results will be known sooner rather than later.
2. Come on in! The more the merrier.

3. The sooner the better!
4. Let's make the most of this opportunity.
5. Worst of all, she smoked.
6. Better late than never.
7. Send it back by the thirtieth of November at the latest.
8. I'm all the better for seeing you.
9. You'd better not do that.
10. He tried his best to succeed.

# 5

# Demonstratives

## Agreement

### 5.1 Agreement (B&B 6.1, Level 1/2)

Use a correct demonstrative (including the 'neuter') in the following
sentences.

1. _____ chico sabe más que _____.
2. _____ hambre de los años 40 fue terrible.
3. _____ es lo que le gusta a mi suegra.
4. _____ ideas son un poco revolucionarias.
5. En _____ época no había trenes ni automóviles.
6. ¿Cuál de _____ plátanos quiere? ¿_____ o _____?
7. He encontrado _____ museo más interesante que _____ de momias
   antiguas que visitamos ayer.
8. El señor _____ parece que está hecho una estatua.
9. Fue precisamente _____ lo que sospechaba.
10. Luego Juan y Pablo protestaron: _____ porque no sabía nada del
    asunto y _____ porque le echaban la culpa sin querer escucharlo.

## Usage

### 5.2 Equivalence with English (B&B 6.4, 6.5, Level 2)

Translate the following sentences into Spanish, paying particular
attention to the translation of 'this', 'that' and 'those', etc.

1. In that year the French Revolution began.
2. Those who were inside could not get out.
3. That's the problem.
4. Do you want this one? No, I want that one just there by your right
   hand.
5. Those Romans knew a lot about building roads.
6. This is the difference between stalactites and stalagmites: the former
   come down and the latter go up.
7. Those of you who have finished can go home.
8. Those are the children I want to see.
9. I like those new T-shirts they've got in that shop in the High Street.
10. It was on that seat that I left my handbag.

## 5.3 **Demonstrative or article?** (B&B 6.5, Level 1/2)

Which of the alternatives given is possible in the following sentences? (There may be more than one possibility.)

1. Sólo acudieron a la clase los/aquellos que tenían buenas notas.
2. Sólo podemos atender a los/aquellos clientes que puedan pagar al contado.
3. Hay muchos chistes españoles sobre los/aquellos de Lepe.
4. El/aquel chico al que me refería era tu primo.
5. Sin duda alguna, la decisión molestará a los/aquellos que somos europeos.
6. La nueva maestra es mucho más estricta que la/aquella anterior.
7. Esta calle es más ancha que la/aquella por la que llegamos.
8. Este edificio tiene más pisos que el/aquel de enfrente.
9. Siempre creía que la primera chica era más simpática que la/aquella con la que se casó.
10. Los/aquellos de ustedes que piensen de otra manera pueden retirarse enseguida.

## 5.4 **Project** (B&B 6.4, Level 3)

Study the use of demonstratives in the following text, which is a transcription of everyday speech taken from M. Esgueva and M. Cantarero, *El habla de Madrid* (Madrid: CSIC, 1981).

Lo que es grave son **esos** pequeños descuidos, ¿no? Por supuesto que hay muchos casos en que hay una persona ligada directamente a la muerte de un enfermo. Pero, otros muchos, que son para mí los más importantes, porque siempre que una persona deja morir a otra, la cosa está tan evidente que todo el mundo le culpa y **ese** individuo tendrá un cuidado al próximo día verdaderamente bestial, ¿no? O sea, estará con sus cinco sentidos pendiente del enfermo. Mientras que **esos** pequeños olvidos de todos, **ésos** son los que no se corrigen mucho. En **eso**, hace poco yo lo he visto en el Clínico, no que se muriese por culpa de un individuo, sino que un individuo no hizo una cosa que podía haber mejorado la situación del enfermo; entonces, a **este** individuo se le ha estado señalando con el dedo durante mucho tiempo, continúa. El hombre **este** tiene un cargo de conciencia tremendo. El próximo día **ese** hombre ya no vuelve a hacer una cosa. O si la vuelve a hacer, que es un monstruo, ¿no? Pero lo que yo quiero decir es que **estas** grandes cosas se pueden corregir mucho mejor que las pequeñas tonterías.

1. Do you notice anything about the way in which these demonstratives are used?
2. Which is the most frequent demonstrative?
3. The statistics of demonstrative usage in this very large corpus are in fact:

   | | |
   |---|---|
   | *este*, etc. | 865 |
   | *ese*, etc. | 1097 |
   | *aquel*, etc. | 151 |

   What do you think accounts for the relatively low frequency of *aquel*, etc.?

   Assemble some statistics of your own (based on a shorter sample!) from a different kind of text, such as a novel or a newspaper, and see how they match up.
4. Notice the use of the demonstrative after the noun (*El hombre* **este** *tiene un cargo de conciencia tremendo*) which is a feature of speech. Listen out for other examples of this usage in spoken Spanish.

# 6

# The neuter

## 6.1 *Lo* with adjectives or with adverbs (B&B 7.1, 7.2, Level 1)

Fill in the gaps with either *lo* or *lo de* and translate into English.

1. _____ (raro) es que no hayan avisado.
2. Vete en metro, es _____ (más cómodo).
3. _____ (arriba) está todavía sin amueblar.
4. _____ (más característico) de Londres son los autobuses rojos de dos pisos.
5. No te enfades, _____ (ayer) fue una broma.
6. Es un dormilón, _____ (antes) que se levanta es a las 10.
7. Telefonéame _____ (más tarde) a las 11 de la noche.
8. _____ (peor) fue que acabaron riñendo.
9. _____ (hace un siglo) siempre nos parece más idílico.
10. _____ (más aburrido) es pasar la aspiradora.
11. _____ (más divertido) de la tele son los anuncios.
12. Lo que antes se vende es _____ (barato).
13. _____ (detrás) del garage estaba lleno de chatarra.
14. _____ (más seguro) es que se habrán olvidado.
15. _____ (al lado) pertenece todo al ayuntamiento.

## 6.2 Translation of 'how' by *lo* (B&B 7.2.2, 4.9, Level 1/2)

React to the statements following the examples.

*Examples:* Este cuadro es muy feo.
$\rightarrow$
**Hay que ver lo feo que es este cuadro.**
**Este cuadro lo encuentro feísimo.**

¡Qué gente tan rara!
$\rightarrow$
**Hay que ver lo rara que es esta gente.**
**Esta gente la encuentro rarísima.**

1. ¡Que niño tan guapo!
2. ¡Vaya tipo tan antipático!
3. Esta paella está muy rica.
4. Es un local la mar de agradable.
5. Es un libro muy interesante.

6. ¡Vaya película aburrida!
7. Este ejercicio es muy difícil.
8. Es un lugar precioso.
9. ¡Qué diseño tan original!
10. Esta casa es muy pequeña.

## 6.3  Translating *lo* + adjective/adverb (B&B 7.2.2, Level 2)

Using the material given in brackets, make an expression with *con lo* + adjective/adverb, as in the example, and translate the sentences into English.

*Example:*   (estar gorda/yo), no sé qué ponerme.

→

**Con lo gorda que estoy**, no sé qué ponerme.

1. (trabajar poco/tú), no tienes derecho a quejarte.
2. (estar grave/mi padre), ahora está estupendamente.
3. (ser difícil/ el examen), no me explico cómo me dieron semejante nota.
4. (estar cara/ la vida), no sé cómo vive la gente con esos sueldos.
5. (estar rico/el vino), ¿cómo es que bebes agua?
6. (vivir bien/en España), ¿qué haces que no vives allí?
7. (ser guapa/esa chica), siempre va hecha un adefesio.
8. (ser puntuales/ los Pérez), es raro que no hayan llegado ya.
9. (ser raro/tu vecino), no sé cómo encuentra amigos.
10. (vivir lejos/tú), no podemos ir cuando quiera a visitarte.

## 6.4  *Lo* as a neuter pronoun (B&B 7.4, Level 1)

Fill in the gaps in the following dialogues, including *lo* as in the example given.

*Example:*   Tu barrio es muy bonito.
    Sí que ____, pero tiene demasiado tráfico.
    →
    Sí que **lo es**, pero tiene demasiado tráfico.

1. ¿Tus hermanos son mayores que tú?
   Sí que ____, están ya todos casados.
2. La tele es un comecocos.
   Ni hablar, no ____, no estoy de acuerdo contigo.
3. Los problemas económicos de hoy en día son tremendos.
   Sí que ____, y además de muy difícil solución.

4. ¿Estás de mal humor?
   Sí que ____, es que últimamente todo me sale mal.
5. Estoy harto de tanto trabajar.
   Yo también ____, a ver si nos dan las vacaciones de una vez.
6. Todos mis hermanos somos cáncer.
   ¡Qué casualidad, yo, también ____, nací el 19 de julio.
7. Es muy cómodo vivir en el centro.
   Sí que ____ , pero también tiene sus problemas.
8. Yo diría que Madrid es casi tan grande como Londres.
   No, no ____, ni con mucho. Londres es el doble de grande.
9. ¿Sabes cuánto han pagado por ese piso?
   No, no ____ ni me importa.
10. ¿Quién dijo que el mundo se iba a acabar en torno al año 2000?
    Creo que ____ un tal Nostradamus.
11. ¿Cómo dices eso?
    ____ porque me da la gana.
12. ¿Cómo pudieron hacer semejante cosa?
    Seguramente ____ porque no les quedó más remedio.

## 6.5 *Lo, lo que, lo de* (B&B 7, 35.6, 36.1.3, 36.1.5, Level 2/3)

Insert *lo, lo que* or *lo de* and translate into English.

1. ____ malo no fue ____ dijo sino ____ se calló.
2. Este niño es de ____ no hay, siempre hace ____ contrario de ____ se le dice.
3. ____ pasó fue que ____ detuvo la policía por ____ borracho que iba y ____ grosero que se había portado con ellos.
4. Los políticos nunca hacen ____ prometen, con ____ cual ____ único que consiguen es que la gente nunca les crea ____ dicen.
5. ¡Con ____ rico que está el jamón serrano y ____ caro que está!
6. ¡____ hay que oír! Ahora parece que ____ peor del euro es ____ feo que tiene el nombre y ____ difícil que resulta pronunciarlo.
7. Para ____ come, no sabes ____ delgada que está.
8. Con ____ bien que se te da ____ cocinar, ¿cómo no ____ haces más a menudo?
9. ¡____ faltaba! Con ____ tarde que iba, encima me dejé el dinero en casa.
10. No es ____ tener que ganarme la vida, ni ____ hacerme cargo de los niños ____ me preocupa, sino el tener que solucionarme ____ yo todo sin la ayuda de nadie.
11. Haz ____ ____ mejor que puedas.
12. ____ demás ya ____ iremos viendo poco a poco.

13. En ____ más leve y en ____ más grave, Sanitas se ocupa de tu salud. (*advertisement*)

14. No creo que ____ mío sea la crítica de cine. Sé ____ cuesta hacer una película y ____ fastidia que los críticos te la echen a perder.

## 6.6 Neuter demonstrative pronouns (*esto*, *eso*, *aquello*)
(B&B 7.5, Level 1)

Insert the missing demonstrative in the following sentences.

1. ¿Pero qué dices? ¡____ es imposible!
2. Por favor, ____ que te voy a decir ahora, no se lo cuentes a nadie.
3. ¿Qué es ____ que llevas ahí?
4. ¡Estoy harto! ____ tiene que acabar de una vez.
5. ¡Oye, mira! ¿qué es ____ que se ve allá lejos?
6. No quiero que vuelvas a decir ____ nunca más.
7. ¡Niño, ____ no se toca!, que se rompe.
8. ____ se está animando, vamos a quedarnos un rato más.
9. ¿Recuerdas ____ que comentábamos el otro día?
10. ¡Oye! ¡ven a ver ____! ¿Crees que se podrá arreglar?

# 7

## Possessives

### 7.1 Basic agreements (B&B 8.3.1–8.3.3, 8.4.1, 8.5, Level 1)

Translate the following into Spanish.

1. My shoes
2. My dear friend, how are you?
3. Her boyfriend
4. Are these letters yours? *(ustedes)*
5. A work of his
6. Your feet *(tú)*
7. Our daily bread
8. His aunt
9. In spite of them
10. Their cousins
11. Dear Sirs ...
12. Your breakfast *(ustedes)*
13. A friend of yours *(vosotros)*
14. Nothing of hers
15. My birthday
16. Our apologies
17. Around us
18. Their arrival
19. A style very much your own *(tú)*
20. Your dress *(usted)*

Look again at those translations where you used a form of *su*. How could you make the phrase unambiguous (see B&B 8.5)?

### 7.2 Use of the definite article in place of a possessive
(B&B 8.3.4, Level 1)

Use the definite article and a personal pronoun instead of the possessive given in brackets.

*Model:*    Juan ha roto (su) brazo → Juan **se** ha roto **el** brazo.

1. Este chico ha robado (mi) cartera.
2. Estrechó (tu) mano.
3. La gente hacía (nuestra) vida imposible.
4. Tienes que cambiar (tu) ropa.

5. Su madre lavó (su) camiseta.
6. ¡No compliques (mi) vida!
7. No sé si me atrevo a pedir (su) coche prestado.
8. Duele (mi) cabeza.
9. En la iglesia tenemos que quitar (nuestro) sombrero.
10. ¿Quién va a salvar (vuestra) vida?

## 7.3 Expression of the idea of possession (B&B 8.3.4, Level 2/3)

In the following sentences, possession is indicated by a possessive in brackets. Express the notion of possession appropriately, either by (a) use of a possessive adjective, (b) use of a personal pronoun and an article, (c) use of an article alone.

*Project*:     Discuss the cases where there is more than one alternative. Is there any difference in meaning between the various options?

1. (Mis) ojos son azules.
2. ¡Abrocha (tu) chaqueta!
3. Sansón no quería que (su = de Sansón) mujer cortase (su = de Sansón) pelo.
4. En cuanto vi (tu) cara me enamoré de ti.
5. Te he hecho una paella con (mis) propias manos.
6. La abuela me pidió que le diera (mi) mano para ayudarle a ponerse de pie.
7. Creo que dejé (mi) suéter en (tu) despacho.
8. A ver si duermes ahora: cierra (tus) ojos.
9. El agua fría se derramó por todo (mi) cuerpo.
10. Me duelen (mis) pies.
11. Entonces vi (su) pie por debajo de la cortina.
12. Novocrem suaviza (su) piel.
13. (Mi) hermana es azafata.
14. Tenemos que tender (nuestra) ropa para que se seque.
15. ¿Dónde tiene (su) pasaporte?

## 7.4 The definite article with the long possessive form
(B&B 8.4.2, Level 2)

Insert the definite article in the following sentences if it is needed.

1. ¿Me dejas tu paraguas, por favor? Mío está roto.
2. ¿Es vuestra esta casa?
3. Muy señor mío: Acuso recibo de su carta con fecha de ayer . . .

4. Eso hay que comentarlo con tu madre y mía.
5. Tengo aquí mi guitarra: ¿tú también has traído tuya?
6. ¿Dónde está tu coche? Delante de la puerta está mío.
7. ¡Qué historia más emocionante tuya!
8. Ese bolígrafo ¿es mío o es tuyo?
9. ¿Cómo están tuyos?
10. En la mesa hay tres libros: el azul es mío y el rojo es tuyo.

## 7.5 *El de*, etc. (B&B 36.1.2–3, Level 1/2)

Fill in the gaps with *el*, *la*, *los*, *las*, *lo*, as appropriate.

1. La juventud de hoy es más consciente de los problemas del Tercer Mundo que ____ de hace cincuenta años.
2. El problema fundamental sigue siendo ____ de siempre.
3. ____ de Madrid se suelen considerar afortunados en esto.
4. Sus libros son ____ de un liberal desilusionado.
5. No hay mazapanes como ____ de Toledo.
6. ____ de los recortes económicos va a ser tema de debate en todos los sectores de la sociedad.
7. ¿Quieres mi dirección o ____ de mis padres?
8. ____ de contar su vida privada a un desconocido no le ha gustado nada.
9. La casa de mis tíos es mucho más pequeña que ____ de los abuelos.
10. Muchas costumbres latinoamericanas están derivadas de ____ de la población criolla.

# *8*

# Numbers

## 8.1 Numbers in full written (or spoken) form
(B&B 10, Level 2/3)

Read aloud and/or write out in full the following.

1. 1618–48. Guerra de los 30 Años, que termina con la independencia de Holanda.
2. Información en el teléfono (91) 555 73 31.
3. Las Autoridades Sanitarias advierten que el tabaco perjudica seriamente la salud. Nicotina: 1,0 mg., 0,8 mg. Alquitrán: 14 mg., 10 mg.
4. Los útimos sondeos realizados daban un 48,5% al Olivo y un 47,3% al Polo.
5. Parque Natural de Cabrera. Año de declaración: 1991. Extensión: 10.000 Has. (1.836 Has. corresponden a la parte emergida.)
6. Juan Domingo Perón, que gobernó Argentina en tres ocasiones (1946–52, 1952–55 y 1973–74).
7. Radio Exterior emite a través del satélite *Hispasat*, con posición orbital 30° Oeste, a partir de las 05.00.
8. XVI Premio Fernando Rielo de poesía mística, dotado con 800.000 pesetas. Más información en Fundación Fernando Rielo, calle Jorge Juan, 102, 2° B. 28009 Madrid. Teléfono (91) 575 40 91, hasta el 15 de octubre.
9. Estaremos a su disposición a partir de las 9h 15.
10. El 21 de abril de 1996 fue el 70 cumpleaños de la reina Isabel II.

## 8.2 Cardinal, ordinal and collective numbers
(B&B 10.1, 10.8, 10.12, Level 3)

Fill in the blanks in the following table.

| Figure | Cardinal number in words | Ordinal number in words | Collective numeral in words |
|---|---|---|---|
| 10 | diez | décimo | una decena |
| | dieciséis | | //////////// |
| | | | una docena |
| | cuarenta | | |
| 2 | | | |

| Figure | Cardinal number in words | Ordinal number in words | Collective numeral in words |
|--------|--------------------------|-------------------------|-----------------------------|
|        |                          | undécimo                | /////// |
| 25     |                          |                         | /////// |
|        | cien(to)                 |                         |         |
|        | mil                      |                         |         |
| 1.000.000 |                       |                         | /////// |
|        |                          | vigésimo                |         |

## 8.3 Translating ordinal numbers (B&B 10.12, Level 2/3)

Translate into Spanish, writing out the numbers in full.

1. Read me the first two lines, please.
2. Charles V reigned in the first half of the Sixteenth Century.
3. It's my brother's fiftieth birthday tomorrow.
4. This is the twenty-second edition of the Real Academia's dictionary.
5. The fifteenth chapter is all about Louis XIV.
6. We travelled third-class.
7. 1998 is the five hundredth anniversary of the Portuguese discoveries.
8. Pope John XXIII called the Second Vatican Council.
9. Can you imagine the fourth dimension?
10. Welcome to the eighty-fifth meeting of the Society.

## 8.4 *Cien or ciento?* (B&B 10.6, Level 2)

Fill in the blanks with either *cien* or *ciento*.

1. En el estadio había ____ mil hinchas.
2. «____ Dos» es una marca de coñac español muy conocida.
3. Te he dicho más de ____ veces que no te metas en este asunto.
4. El cinco por ____ de la población es analfabeta.
5. El número ____ trae buena suerte.
6. Dame una moneda de ____ pesetas.
7. La empresa cuenta con ____ veinte empleados.
8. Mañana mi abuela cumple ____ años.
9. ____ s de turistas estaban en la playa.
10. El coste de la vida ha aumentado en un ____ por ____ en años recientes.

## 8.5 **Fractions** (B&B 10.10, Level 2)

Match up the fractions in the left-hand column with the expressions in the right-hand column.

| | | | |
|---|---|---|---|
| 1. 2/3 | | a. | cuatro quintos |
| 2. 3/4 | | b. | cuatro novenos |
| 3. 7/8 | | c. | siete dieciseisavos |
| 4. 4/5 | | d. | tres onceavos |
| 5. 7/16 | | e. | tres centésimos (-as) |
| 6. 2/7 | | f. | dos tercios |
| 7. 3/11 | | g. | un milésimo (una milésima) |
| 8. 4/9 | | h. | siete octavos |
| 9. 3/100 | | i. | dos séptimos |
| 10. 1/1000 | | j. | tres cuartos |

## 8.6 **Advanced number expressions**
(B&B 10.7, 10.9, 10.10, 10.11, 10.15, Level 2/3)

Translate the following into Spanish.

1. Four times seven is twenty-eight.
2. Two thirds of fifteen is ten.
3. Five-eighths is the same thing as 0.625.
4. Forty-four per cent of the population don't take enough exercise.
5. The area of the bedroom is five and a half square metres.
6. Which floor do you live on, the fifth or the sixth?
7. A fifth of all diseases are due to smoking.
8. A millimetre is a thousandth of a metre.
9. Alfonso X reigned in the thirteenth century.
10. The last five examples are the most difficult.
11. The river is five metres wide and 4.75 metres deep.
12. The average temperature in the Antarctic is twenty below zero.
13. The odd numbers are on this side of the street.
14. The fence is at right angles to the wall of the house.
15. There were twenty-one soldiers in the procession.

# 9

# Pronouns

## Subject pronouns

### 9.1 Subject pronouns for emphasis and contrast
(B&B 11.2.3, Level 1/2)

**A** Insert the missing pronouns in the following dialogues.

1. —¿____ cómo os llamáis?
   —____ Susana y ____ María. ¿Y ____ cómo te llamas?
2. —¿A qué se dedican ____?
   —____ soy abogado y ____ ingeniero.
3. —Mira, éstos somos ____ en San Francisco?
   —Pues ____ pareces estar muerto de frío.
4. —¿____ son peruanas, verdad?
   —No, ____ somos colombianas.
5. —¿La señora Martínez es ____?
   —Sí, soy ____.
6. —En casa tenemos un labrador.
   —¡Qué casualidad! ____ también tenemos uno.
7. —No sé ____ , pero ____ me muero de sueño y me voy a la cama.
   —____ también, así que te seguimos.
8. —¿Te vienes al cine?
   —____ no puedo, pero ir ____ porque ____ nunca encuentro tiempo.
9. —____ votaréis a los conservadores ¿no? y vuestros amigos los Pérez
   imagino que también.
   —____ ni hablar, en cuanto a los Pérez, ____ sabrán lo que hacen.
10. —¿De dónde son ____?
    —____ soy argentino y mi esposa israelita, aunque ____ también nació
    en la Argentina.
    —¿Y qué idioma hablan sus hijos?
    —____ hablan el castellano, el hebreo y el inglés.

**B** Are there any cases in which the pronouns could be omitted? Why
are the others necessary? What changes would you make for Latin
American usage?

# Second person forms

## 9.2 The voseo (B&B 11.3.1–4, Level 3)

Read the following text adapted from *Boquitas pintadas* by the Argentinian writer Manuel Puig (Barcelona: Seix Barral, 3rd edn., 1989) and establish the relationship between Raba and Nene. Do they address one another as *vos* or *usted*? Give the corresponding Peninsular versions for the *vos* forms, not forgetting the verbs and the accents.

N: —Hola . . .

R: —Es la Raba.

N: —Sí, qué (1) <u>decís</u>.

R: —¿Quién habla? ¿la Nene?

N: —Sí ¿cómo (2) <u>andás</u>? ¿de dónde (3) <u>hablás</u>?

R: —Del mismo teléfono del bar ¿y (4) <u>su</u> marido?

N: —Bien. El otro día hablamos de tantas cosas y ni me (5) <u>dijiste</u> dónde es que (6) <u>estás</u> trabajando.

R: —En una fábrica, Nené. No me gusta, yo quiero volverme a Vallejos.

N: —¿Dónde (7) <u>vivís</u>?

R: —En una pieza, con una amiga de mi tía que fue la que me trajo para acá. (8) ¿<u>Usted</u> no (9) <u>quiere</u> ser patrona mía?

N: —¿Acá en mi casa (10) <u>querés</u> decir? No, cuando tenga un chico sí voy a necesitar ayuda, pero ahora no. Mi marido ni siquiera viene a almorzar los días de trabajo.

R: —(11) ¿<u>Quiere</u> que la vaya a visitar?

N: —Hoy no, Raba, porque tengo que salir. Pero un día quiero que (12) <u>vengas</u>, así (13) <u>ves</u> la casa, con el juego nuevo de comedor y el living, pocos tienen en Vallejos una casa como la mía, mamá no se la imagina. Mi marido se fue a la cancha a ver el partido, pero después voy a ver si me lleva a alguna parte si no (14) <u>te</u> decía que (15) <u>vinieras</u>.

R: —¿Y (16) <u>tu</u> marido a dónde (17) <u>te</u> va a llevar?

N: —No sé, Raba. Además ni siquiera estoy segura que vamos a salir, (18) <u>vos</u> (19) <u>llamame</u> pronto, Raba, otro día ¿eh?

R: —¿Y le (20) <u>mandaste</u> la plata a (21) <u>tu</u> mamá o no? porque yo no (22) <u>te</u> dije nada pero (23) <u>tu</u> mamá me contó todo.

N: —¿De qué?

R: —Que (24) <u>vos</u> primero le (25) <u>dijiste</u> que le (26) <u>ibas</u> a mandar plata para hacerle el tratamiento a (27) <u>tu</u> papá en el sanatorio pago, y ahora tiene que ir al hospital. Ella me dijo que (28) <u>vos</u> (29) <u>eras</u> mala con (30) <u>tu</u> papá, y que no (31) <u>te</u> iba a escribir más. ¿(32) <u>Te</u> escribió?

N: —Sí que me escribió.

R: —¿Y cuándo (33) <u>te</u> voy a ver?

N: —(34) <u>Llámame</u> pronto. Chau, Raba.

R: —Chau.


## 9.3  Degrees of familiarity: *tú* and *usted* (B&B 11.3.2, Level 3)

Read the following passage, and every time it switches between using *tú* and *usted* or *ustedes*, say who (or what!) is being addressed.

Tengo ganas de coger el teléfono y llamar a Antonio: "Tesoro mío, la grúa se ha llevado mi coche, ¿no (1) <u>podrías</u> ir a recogerlo, amorcito?"

Cojo un taxi y por suerte, al abrir el bolso para sacar un cigarrillo, veo el monedero. Recuerdo que no tengo un duro.

—(2) <u>Mire</u>, antes de enfilar hacia el aeropuerto, tenemos que pasar por un cajero automático.

—Anda, pues acabamos de pasar por uno y ya, (3) <u>fíjese</u>, a saber cuándo vemos otro. (4) <u>Oiga</u>, que aquí no se puede fumar, ¿no (5) <u>ha visto usted</u> el letrero?

—(6) <u>Mire</u>, allí hay un cajero.

—Ya, allí, pero como vamos por el carril de la izquierda a ver cómo hacemos ahora y además para pararse aquí, imposible.

Busco, busco y rebusco en el bolso y encuentro las trescientas pesetas que necesito y todavía me sobran veinte, para darle propina al nazi del taxista.

—(7) <u>Oiga</u>, (8) <u>pare</u> aquí, aquí mismo.

—Pero como voy a parar aquí, en medio de María de Molina.

—Que (9) <u>pare</u> (10) <u>le</u> digo. (11) <u>Tenga</u>, (12) <u>quédese</u> con el cambio, señor.

Cruzo entre los coches que pitan y cabezas que salen por las ventanillas amenazadoras, insultantes:

—(13) ¡<u>Estás</u> loca de atar!

—¿Es que (14) <u>estás</u> ciega o qué, gilipollas?

El cajero, no (15) <u>se sorprenderán</u> si (16) <u>les</u> digo que me devolvía con insistencia la tarjeta. (17) "<u>SU</u> DOCUMENTO ESTÁ DEFECTUOSO", decía el cartelito en la pantalla.

—(18) <u>Tu</u> puta madre es la que está defectuosa. Me (19) <u>vas</u> a dar la pasta o (20) <u>te</u> hago puré con un adoquín.

A las máquinas hay que tratarlas con dureza y sin miramientos.

(Source: Carmen Rico-Godoy (Spain), *Cómo ser mujer y no morir en el intento* (Santillana))

## Pronouns after prepositions

### 9.4 Pronouns after prepositions (B&B 11.5.1, Level 1)

A  Insert the appropriate singular pronoun in the gaps.

1. Se acercó a ____ y nos dio la mano.
2. Como no sabía nada de ____ he decidido venir a ver si estabas vivo todavía.
3. Lo he hecho por ____ y encima no me lo agradecéis.
4. Idos sin ____, ya acudiré al restaurante a las 9.
5. Juan no acudió, aunque contaban con ____, porque a ____ nadie le había dicho nada.
6. Qué sería de ____, si no le hubieran echado una mano a su debido tiempo.
7. Yo he llegado antes, así que usted va detrás de ____ en la cola.
8. No se hagan ilusiones, este regalo no es para ____
9. No sé por qué no te fías nunca de ____, yo nunca te he engañado.
10. Tratándose de ____ haré todo lo posible para que consigas el trabajo.
11. Hay que ver lo impacientes que sois, si fuera por ____ ya habríamos llamado a la policía.
12. Eres un optimista, según ____ todo el mundo es bueno.
13. Todos consiguieron trabajo menos ____, soy una desgraciada.
14. Excepto ____ todos aceptaron la solución, eres un inconformista.
15. Sí, eso es el dominio público; incluso a ____ me había llegado la noticia.
16. Debió ser una buena solución cuando incluso ____ la aceptaste.
17. Excepto a ____, aquí a nadie se le deja entrar, y eso porque eres de confianza.
18. A todos les pareció bien menos a ____, debo ser muy especial.
19. Entre ____ y tus hijos no hay un gran parecido, en cambio, ellos se parecen mucho entre sí.
20. Entre ____ y ____ no queda nada, lo nuestro se acabó.

### 9.5 Pronouns after con (B&B 11.5.2, Level 1)

Write the appropriate form of the pronoun which is given in brackets.

1. Por más que te buscamos no dimos con (tú), ¿dónde te metiste?
2. Para ir a la playa no cuentes con (yo), ahora, si cambias de plan avísame.
3. No sé que le has hecho a ese profesor, pero la tiene tomada con (tú).
4. ¿Te has dado cuenta si Pepe llevaba el equipaje con (él)?

5. ¡Qué terco eres!, con (tú) no se puede discutir.
6. Siempre te están confundiendo con (yo), cualquiera diría que nos parecemos.
7. A ver si te buscas otros amigos, no me gustan nada esos tipos que andan con (tú).
8. Ni con (tú), ni sin (tú), no insistas porque no pienso ir a esa fiesta.
9. Estaba tan enfadado con (él) mismo que se olvidó de echar la llave.
10. O estás con (yo) o estás contra (yo), aquí no caben las medias tintas.

## 9.6 Reflexive pronouns with prepositions
(B&B 11.5.3, Level 2/3)

Fill in the gaps with a preposition and the corresponding pronoun.

1. Tiene un tipo que ____ ____ lo quisieran las mejores modelos del mundo.
2. Nunca hablan ____ ____ mismos, son muy celosos de su intimidad.
3. El asunto, que ya era de ____ ____ escabroso, se ha complicado todavía más.
4. Todos se pusieron de acuerdo ____ ____ para vetar al nuevo presidente.
5. La madre atrajo al niño ____ ____ y lo apretó contra su pecho.
6. El niño cerró la puerta ____ ____ y quedó encerrado hasta que alguien oyó sus gritos.
7. Ana abrió la ventana y encontró ____ ____ un panorama espectacular.
8. Ella pensó ____ ____ que jamás había visto nada semejante.
9. Los secuestradores pusieron al rehén ____ ____ para que no disparara la policía.
10. Vive sola, pero se pasa horas enteras cocinando ____ ____ sola.

*Project:* You will notice that there is more than one possibility in some of the above cases (see B&B 11.5.3). Ask native speakers about them.

## 9.7 Idiomatic prepositional expressions with the reflexive pronoun (B&B 11.5.3, Level 2)

(See also exercises 20.2 and 20.3)

Fill in the gaps in the following sentences with one of the expressions given, and translate the sentences into English.

> dar de sí
> estar fuera de sí
> (estar) pagado de sí mismo
> estar seguro de sí mismo
> pensar entre sí
> salirse con la suya
> tenerlas todas consigo
> volver en sí

1. Le costó tanto _____ después del accidente que los médicos lo daban por desahuciado.
2. Como es el más pequeño, siempre le han dejado _____ .
3. Es un tipo muy _____, se cree muy superior a todo el mundo.
4. La muchacha _____: este tipo no viene por mí, sino por mi dinero.
5. Este jersey es tan malo que en cuanto lo laves se va a _____ .
6. El atleta estaba tan agotado que ya no _____ más _____ .
7. Mario está tan _____ que no se le puede llevar la contraria.
8. Aunque este tema _____, creo que ya lo hemos agotado.
9. No _____ de que le fueran a devolver el dinero.
10. El tipo estaba tan _____ que no sabía lo que se hacía.

## Object pronouns

### 9.8 Order of object pronouns (B&B 12, 14.1, Level 1)

In each of the following sentences the pronouns in one half need to be rearranged.

1. A pesar de la publicidad, no le dio se importancia al asunto.
2. Me gusta mucho este coche, ¿lo compramos nos?
3. Estos trastos nos estorban aquí, a ver cuándo los os lleváis.
4. En cuanto se sepa el resultado, ya se a ustedes lo comunicaremos.
5. ¿Dónde están las llaves? Habré dejado me las en casa.
6. ¡Niño no te vayas a caer me y tengamos un disgusto!
7. —¿Quién les dio a ustedes esta información?—Dieron la en Turismo nos.
8. Este vino lo vamos a terminar nos, no merece la pena dejar un poco.
9. No lo vuelvo os a repetir: las flores no se pisan.
10. Se lo voy a decir ahora mismo para que no olvide me se.
11. Tendremos que ir al restaurante, nos ha quemado se la comida.
12. Desde que se mudaron de casa, no les ha vuelto a ver se por aquí.
13. Si se enteran sus padres de lo que ha hecho este niño, les cae se el pelo.
14. Si os sobra dinero, lo os quedáis para vosotros.

15. Averió se nos el coche y tuvimos que parar en plena autopista.
16. Me han sacado la muela del juicio y me se está hinchando la cara.
17. Al ver que se había desmayado, no se ocurrió les otra cosa que llamar a urgencias.
18. El título no lo entregaron nos hasta un mes después de la graduación.

## 9.9  Position with the imperative (B&B 11.14.2, 17, Level 2)

**A** Answer the questions with an imperative followed by an object pronoun, as in the examples.

*Example:*    ¿Qué quiere que hagamos con los sillones? (poner en el salón)
→
**Pónganlos en el salón.**

¿Qué quieres que haga con esto? (tirar a la basura)
→
**Tíralo a la basura.**

1. ¿Qué quieres que haga con estas cartas? (echar al correo)
2. ¿Qué quiere que hagamos con el coche? (llevar al taller)
3. ¿Qué quieres que haga con estas macetas? (regar un poco)
4. ¿Qué quiere que haga con estas botellas? (bajar al contenedor)
5. ¿Qué quieres que hagamos con las patatas? (pelar y freír)
6. ¿Qué quiere que hagamos con su dinero? (repartir entre los pobres)
7. ¿Qué quieres que haga con la calefacción? (encender cuanto antes)
8. ¿Qué quiere que hagamos con el vino? (terminar)
9. ¿Qué quieres que haga con este ejercicio? (corregir)
10. ¿Qué quiere que hagamos con el gato? (dar de comer)
11. ¿Qué quieres que hagamos con la tele? (dejar encendida)
12. ¿Qué quieres que haga con estos pasteles? (comer todos)
13. ¿Qué quiere que haga con la ventana? (cerrar)
14. ¿Qué quiere que hagamos con la lavadora (arreglar cuanto antes)
15. ¿Qué quieres que haga con estos periódicos? (amontonar en ese rincón)

**B** Repeat the exercise for all except 11 and 14, using a negative imperative with *todavía*, as in the example.

*Example:*    ¿Qué hacemos con los sillones?
→
**No los pongáis en el salón todavía.**

## 9.10  Position of the pronoun in double verb constructions
(B&B 11.14, Level 3)

**(See also ex. 15.6)**

Read the following passage. Where possible move the object pronoun, as in the examples.

*Examples*:  lo tiene que admitir → **tiene que admitirlo**
quiere conocerla → **la quiere conocer**

Cuando me fui para el 5 de febrero, las chiquillas ojos de rendija, Margarita y Eugenia, (1) me iban a ver allá. Y en una de esas me dice la chiquilla grande:

—Mi mamá dice que (2) nos va a pelar.

—Pues yo pelona aquí no te quiero. ¿Qué (3) no las puede peinar tu mamá?

—Dice que (4) se cansa de peinarnos y por eso (5) nos va a pelar, para que no se nos suban los piojos.

La tía Luisa las peló y ellas ya (6) no me volvieron a buscar. Ninguna de las dos volvió, seguro les dio vergüenza. Después supe que las regalaron. No faltaron vecinos que nos conocían y me encontraron en el mercado de San Lucas:

—La señora Concha tiene a las muchachas. ¿Qué (7) no las quiere recoger?

—Yo no tengo ningún derecho. (8) Si ellas quieren buscarme, pues que vengan a la peluquería y (9) yo sabré defenderlas. Pero (10) irme yo a meter a otra casa a sacarlas, eso sí que no.

> (Source: E. Poniatowska, *Hasta no verte Jesús mío*
> (Mexico: Ediciones Era, 1969))

## 9.11  Object pronouns used to denote personal involvement and possession (B&B 8.3.4, 11.11, Level 2)

Fill in the gaps with the appropriate pronoun.

1. Niño, no te ____ caigas que te vas a manchar el pantalón.
2. Tiene un marido que es una calamidad, se ____ emborracha todos los días.
3. A mi hija ____ tengo con sarampión.
4. Estos hijos no ____ comen nada, se ____ van a poner enfermos.

5. Se ____ escapó el perro de casa, están desconsolados.
6. Se ____ han ido todos los amigos, estamos completamente solos.
7. Tendré que ir al restaurante, se ____ ha quemado la comida.
8. Si se ____ han roto las gafas no vas a poder ni salir de casa.
9. Mira____ esto, a ver qué te parece.
10. En otoño se ____ caen las hojas a los árboles.

## 9.12 'Redundant' or reduplicative object pronouns (1)
(B&B 11.16, Level 2)

There are some pronouns missing from these sentences: put them back in.

1. A mí interesa muchísimo la política, en cambio a mi novia aburre cantidad.
2. A quienes más atraía la idea era a mi padre y a mi hermano.
3. A nadie parece bien que cambien las normas.
4. ¿A tu familia ha tocado la lotería alguna vez?
5. No a todo el mundo tiene que gustar lo mismo.
6. ¿A quién puede ir bien esta situación de caos?
7. Al público lo que más conviene es estar bien informado de cuáles son sus derechos.
8. ¡Hay que ver cómo son! a ellos nunca apetece salir.
9. A sus padres tenía en un pedestal, por eso se llevó tal decepción al enterarse de su fechoría.
10. A nosotros lo contaron todo con pelos y señales.

## 9.13 'Redundant' or reduplicative object pronouns (2)
(B&B 11.16, Level 2)

Answer the questions, following the example given.

*Example:*   ¿Has terminado de leer *el libro*?
       **Sí, el libro ya lo terminé hace días.**

1. ¿Has recogido *los pantalones* de la tintorería?
2. ¿Sacaste *las entradas*?
3. ¿Probaste ya *la mermelada*?
4. ¿Has limpiado *los cristales*?
5. ¿Has visitado ya *a los abuelos*?
6. ¿Viste por fin *aquella película*?

7.  ¿Te has fumado ya *el puro de la boda*?
8.  ¿Me has echado *las cartas*?
9.  ¿Pagaste ya *el seguro del coche*?
10. ¿Has telefoneado *a tus hijos*?

## Direct and indirect object pronouns

### 9.14 *Le/les* and *lo/la/los/las* (B&B 12.4, Level 2)

Answer the questions with the appropriate pronouns instead of the underlined words. You will have to adapt the verb forms and the other object pronouns, where they exist, as in the example.

*Example*:    ¿A dónde te llevas esos papeles?
→
**Me los llevo** al despacho.

1.  ¿En cuánto tiempo te fumas la cajetilla de tabaco?
    ____ en un día.
2.  ¿Quién os contó semejante tontería?
    ____ tú, ¿no te acuerdas?
3.  ¿Por qué te pusiste sombrero?
    ____ porque creí que era costumbre.
4.  ¿De qué van a operar al niño?
    ____ de anginas.
5.  ¿Cómo es que se creyó el cuento que le metieron?
    ____ porque es un infeliz.
6.  ¿Por qué dijeron que ellos no pensaban contribuir?
    ____ simplemente por fastidiar.
7.  ¿Adónde se llevaron a los niños de campamento?
    ____ a los Picos de Europa.
8.  ¿Cómo te hago el café?
    ____ bien cargado, por favor.
9.  ¿Dónde tienen el dinero blanqueado?
    ____ en una cuenta bancaria en Suiza.
10. ¿Cómo es que odia tanto a la suegra?
    ____ porque le hace la vida imposible.
11. ¿De qué van a disfrazar a la niña?
    ____ de Caperucita Roja.
12. ¿Cómo es que te teñiste el pelo de ese color?
    ____ porque es el último grito.

## 9.15 *Se* for *le/les* when followed by *lo/la/los/las* (B&B 11.13, 12.9, Level 1)

In the following sentences, move the indirect and direct objects to the front, as in the example.

*Example:*   Han comprado la moto a mi hermano.

$\rightarrow$

**A mi hermano le** han comprado la moto.
and
**La moto se la** han comprado a mi hermano.

1. Di mi dirección al agente.
2. Vendimos el piso a los vecinos de enfrente.
3. No habían reservado la habitación para los turistas en aquel hotel.
4. Dieron la noticia al equipo inmediatamente.
5. Eché fertilizante a la planta.
6. Dieron una paliza al intruso.
7. Enseñaron a todos los mismos cuadros.
8. Prometí a mis padres una visita.
9. En la biblioteca pública prestan discos a la gente.
10. Los Reyes Magos traen regalos a los niños.
11. Pusieron una multa al ciudadano por hacer sus necesidades en la vía pública.
12. Dieron una sorpresa a los recién llegados.

## 9.16 The *le/lo* controversy (B&B 12.6, Level 3)

Which of the following object pronouns are deemed acceptable?

1. A las chicas les/las veía jugando en el patio y luego les/las oía entrar en las clases.
2. Le/lo/la llevé a su casa en coche porque era tarde.
3. Me quedé mirándola/le fijamente a aquella sinvergüenza y la/le dije cuatro cosas.
4. Ignoro si tiene usted hogar o no le/lo tiene.
5. Así como de Juan a don Juan hay un abismo, así le/lo hay de Augusto a don Augusto.
6. Casi todas las mujeres me parecen atractivas, si por mí fuera les/las seguiría a todas.
7. Por eso no les/los quiero a mis hermanos, porque son demasiado egoístas.
8. ¿Que viene él? Ni hablar, dile/lo que no quiero verle/lo.

9. María le/lo dio la mano y él, cubriéndosela de besos le/la acompañó hasta la puerta.
10. Lo que la/le molesta a una mujer es que su hombre la/le ponga límite al dinero.
11. Tenía yo a la niña sobre mis rodillas y estaba contándole/la cuentos, besándola/le y acariciándole/la.
12. A mi hermano le/lo encontré un trabajo en mi empresa y no se lo/le creía.

## 9.17 Use with certain verbs (B&B 12.6.4, Level 3)

Translate the following sentences into Spanish using the verbs mentioned in B&B 12.6.4 with the corresponding pronouns and reduplicative forms whenever possible.

1. Remind your sister to be punctual.
2. I have vivid memories of my mother. I remember her standing in front of the mirror getting ready to go out.
3. Trying to attract her attention, he first threw a pebble at her and then went up to her from the back and pulled her plait.
4. If you don't obey Miss Bloggs, your teacher, she'll be very cross with you.
5. The teacher was dismissed for beating one of the girls at school.
6. My mother worries that I'm going to fail my test.
7. Pepe told Mary that in spite of the fact that it was no concern of hers he didn't mind telling her all about it.
8. What are you going to call the girl? Please call us when you have decided.
9. My mum is interested in most things but all my dad seems to be interested in is watching football.
10. Show your mother what you have just done.
11. The girl was taught to play the harp and the boy to play the saxophone.
12. It is her turn to be happy now: she's just won the lottery.

# 10

## Forms of verbs

### 10.1 Regular verbs (B&B 13.1.1, 13.5.1, 13.5.2, Level 1/2)

In the following table the 'model' verbs *hablar, comer* and *escribir* are used. Fill in the blanks in the table with the forms corresponding forms from each of the three conjugations using these verbs.

| Form | *hablar* | *comer* | *escribir* |
|---|---|---|---|
| | | como | |
| | hablábamos | | |
| | | | escribió |
| | hablando | | |
| 3rd pers. sing. Present Subjunctive | | | |
| | | | escribirías |
| | | ¡coman! | |
| 2nd pers. pl. Imperfect Subjunctive (-ra) | | | |
| | | comiésemos | |
| | hablé | | |

### 10.2 Spelling changes in verbs (B&B 13.2.2–10, 13.5.3, Level 1/2)

Which of the following verb forms are spelt incorrectly? Give the correct spellings.

1. efectúa
2. aislan
3. cojemos
4. tañó
5. arguimos
6. condujieron
7. pagéis
8. empezemos
9. prohíbo
10. confio
11. varie
12. bucéa
13. escogí
14. fluctüó
15. crié
16. cambian
17. reune
18. ciñió
19. sujiera
20. reina

## 10.3  Radical-changing verbs (B&B 13.1.4, Level 1/2)

Complete the table of verb forms, following the example given in the first line.

| Infinitive | 3rd pers. sing. Present | 3rd pers. sing. Preterite | 1st person sing. Present Subjunctive | 1st pers. plural/ imperfect subjunctive (-ra form) |
|---|---|---|---|---|
| recordar | recuerda | recordó | recuerde | recordáramos |
| pedir | | | | |
| cerrar | | | | |
| divertirse | | | | |
| entender | | | | |
| oler | | | | |
| dormir | | | | |
| seguir | | | | |
| despertarse | | | | |
| elegir | | | | |
| sentir | | | | |
| sentarse | | | | |
| aprobar | | | | |
| jugar | | | | |
| vestirse | | | | |
| tropezar | | | | |

## 10.4 Verb-forms crossword (general exercise)
(B&B 13, Levels 1/2)

(Don't use accents in this exercise.)

*Horizontales*

1 Les _____ las gracias por haberme ayudado. (3)
4 Este niño está pálido; ¡_____lo de paseo! (5)
7 Yo no _____ nada de este asunto. (2)
9 Nada más llegar _____ a bañarme. (3)
10 Nunca nos volvemos a ver, a menos que no _____ en Londres. (3)
12 Pablo _____ más dinero que yo. (4)
13 Espero que mis tíos no me _____ calcetines para Navidad. (3)
15 _____ esta noche con mis primos. (5)
16 La junta se _____ en un viejo palacio de la capital. (5)
18 ¡No _____ ustedes que les vaya a dar la lata! (5)
20 ¡_____lo en la mesa, por favor! (3)
21 No hay ninguna duda de que la ciudad asediada se _____. (7)
23 Hicimos todo lo posible para que ustedes _____ trabajar seguros. (8)

*Verticales*

1 Yo _____ una mirada hacia la puerta. (6)
2 Cuando andabas por el bosque _____ el canto del ruiseñor. (4)
3 En San Lorenzo de El Escorial _____ varios reyes de España. (5)

4  Cada tarde _____ muchas viejecitas vestidas de negro (6)
5  Los antiguos países comunistas se _____ ahora con los capitalistas. (5)
6  Si _____ llegar con tiempo, tendrían que ir en avión. (9)
7  ¡_____se, por favor, señores! (7)
8  _____se una vez una niña llamada Dorothy que vivía en Kansas. (3)
9  ¿Adónde _____ anoche? (5)
10  _____ difícil identificar a los responsables del crimen. (4)
11  Todos los animales importados _____ llevar una etiqueta electronica (7)
13  _____ por sentado que todos sabéis los términos gramaticales tradicionales. (5)
14  ¡Venga, niños, _____, que está muy rico el filete! (5)
15  No hay ningún problema que yo _____. (4)
17  No es nada fácil _____ las facciones opuestas (4)
19  ¿Qué hora _____ cuando salieron? (3)
22  Le ayudaré con tal que se _____ cuenta de sus responsabilidades (2)

## 10.5  Irregular verbs: preterites (B&B 13.1.7, 13.2, 13.3, Level 1)

Put the following sentences into the preterite.

1. Vamos a dar un paseo.
2. Estoy un mes en Sevilla.
3. ¿Tienes miedo?
4. Conduce como un loco.
5. No quieren salir.
6. Lo ponéis en el armario.
7. Sabemos lo ocurrido.
8. Haces tus deberes en casa.
9. No puedo entrar.
10. ¿Qué me dices?
11. Hay un estrépito horroroso.
12. Ustedes vienen a ver mi coche nuevo.
13. Esto se reduce a un simple malentendido.
14. Andamos con cuidado por la zona.
15. Es a las cinco y media cuando tenemos que hacerlo.
16. Nos da un susto.
17. El jefe le hace entrar en su despacho.
18. Eso se lo digo yo, pero no quiere contestar.
19. Entonces vemos el panorama.
20. Se produce una nueva situación crítica.

## 10.6  Irregular verbs: futures and conditionals
(B&B 13.1.8, 13.2, 13.3, Level 1)

Complete the sentences using the verbs given in brackets in either the future or conditional form, as appropriate.

1. Yo que tú ____ (saber) muy bien qué contestar.
2. Yo ____ (querer) saber el precio, si es tan amable.
3. ¿Qué ____ (hacer) mañana Marta y yo? ¿____ (salir) con las otras compañeras?
4. ¿____ (haber) sitio para todos en este coche?
5. Yo ____ (poder) ayudarte si quisieras.
6. No te preocupes: Elena no ____ (decir) nada a su madre.
7. ____ (caber) observar que los republicanos han experimentado un ligero descenso en los sondeos.
8. Si los geranios empiezan a marchitarse, mi marido los ____ (poner) a la sombra.
9. Si no fuera por los exámenes nosotros no ____ (tener) nada que hacer.
10. Estoy segura de que mañana ____ (hacer) buen tiempo.

## 10.7 Irregular verbs: positive imperatives
(B&B 13.1.11, 13.2, 13.3, 17, Level 1)

Respond to the following sentences with an appropriate command.

*Example:*   Esta habitación está sucia (tú) → **¡Límpiala!**

1. No quiero este plato (usted).
2. No puedo alcanzar mi maleta (usted).
3. Habláis demasiado (vosotros).
4. Me temo que no lleguemos a tiempo (ustedes).
5. La ventana está abierta y hace frío (usted).
6. Ahora necesito el libro que te dejé la semana pasada (tú).
7. En esta revista hay un artículo fantástico sobre los OVNIs (vosotros).
8. Parece que no me prestan atención (ustedes).
9. Quiero bajar aquí (usted).
10. Te veo muy deprimida (tú).
11. Esta pared está todavía sin pintar (usted).
12. ¿De qué se ríen ustedes? (ustedes).
13. ¿Así que fue divertido lo que hiciste ayer? (tú).
14. Con este jarabe te sentirás mejor (tú).
15. No puedo leer el cartel sin gafas (usted).

## 10.8 Irregular verbs: negative imperatives
(B&B 13.1.11, 13.2, 13.3, 17, Level 1)

Put the following positive imperative sentences into the negative.

1. ¡Ven a verme mañana por la mañana!
2. ¡Tome usted asiento!
3. ¡Dile la verdad!

4. ¡Ponla en la nevera!
5. ¡Escuchad lo que dice la abuela!
6. ¡Démelo la semana que viene!
7. ¡Entrégueselo cuanto antes!
8. ¡Vivid juntos!
9. ¡Acuéstate ahora mismo!
10. ¡Pruébelo!
11. ¡Cuélgalo allí!
12. ¡Elige la que más te guste!

13. ¡Espérenme en la estación de autobuses!
14. ¡Hazlo así!
15. ¡Pedídselo a vuestro tío!
16. ¡Tráemela!
17. ¡Léanlo en voz alta!
18. ¡Cámbiamelo por otro!
19. ¡Sed malos!
20. ¡Descríbame cómo fue!

## 10.9  The present subjunctive (B&B 13.1.9, 13.2, 13.3, Level 1/2)

Make appropriate sentences by combining elements from the boxes, replacing the infinitive with an appropriate present subjunctive form.

| (No) | | | (no) | |
|---|---|---|---|---|
| Vamos a la discoteca | a menos que | (yo) | | darse cuenta de lo difícil que es |
| Te digo la verdad | para que | (tú) | | |
| | | | | volver a casa |
| Pulse el botón rojo | en cuanto | (usted) | | |
| | | | | ir también |
| Mamá tendrá la cena preparada | mientras | Pedro | | haber apagado la luz |
| | en caso de que | (ella) | | |
| Vais a tener ningún problema | hasta que | (nosotros) | | tener tiempo |
| Leeré todo el Quijote | cuando | (vosotros) | | hacer los deberes |
| | de modo que | (ellos) | | decírselo |
| Te llevo al cine | | | | |
| | | mis padres | | llegar más pronto |
| Viajará en avión | | | | |
| | | (ustedes) | | sentirse enfermo |
| | | | | despertarse |
| | | | | llover |
| | | | | llamar la policía |

## 10.10  **The imperfect subjunctive** (B&B 13.1.10, 13.2, 13.3, Level 2)

Put the following sentences into the past.

1. El primer ministro niega que su política esté dictada por los extremistas.
2. Sólo pido que la gente me escuche.
3. Todos temen que el proceso de reforma pueda ser largo.
4. ¿Cómo es posible que no lo sepas todavía?
5. Los investigadores no creen que las consecuencias del escape sean tan graves.
6. Hay que convencer a Mario para que no haga nada que perjudique las buenas relaciones que tenemos.
7. Dice que el problema no estará resuelto mientras no sintamos vergüenza por la situación del tercer mundo.
8. Sé que cuanto más tengamos más querremos.
9. Me gusta mucho que haya tantas tiendecitas en el barrio.
10. Dudo que quepamos todos en el local.

## 10.11  **Voseo forms** (B&B 13.1, Level 3)

Study the *voseo* forms in the following extracts from Ernesto Sábato's *El túnel* (Madrid: Cátedra, 1983, 9th edn., pp. 104–6) and rewrite the passage using *tú* forms.

—¿Por qué te vas?

—Temo que tampoco vos me entiendas.

Me dio rabia.

—¿Cómo? Te pregunto algo que para mí es cosa de vida o muerte, en vez de responderme sonreís y además te enojás. Claro que es para no entenderte.

—Imaginás que he sonreído —comentó con sequedad.

—Estoy seguro.

—Pues te equivocás. Y me duele infinitamente que hayas pensado eso.

—No sabía qué pensar. En rigor, yo no había visto la sonrisa sino algo así como un rastro en una cara ya seria.

—No sé, María, perdoname —dije abatido—. Pero tuve la seguridad de que habías sonreído.

———————— • ————————

—¿Qué edad tenés vos?

—Treinta y ocho años.

—Sos muy joven, realmente.

————————————— • —————————————

—Y vos, ¿qué edad tenés? —insistí.

—¿Qué importancia tiene eso? —respondió seriamente.

—¿Y por qué has preguntado mi edad? —dije, casi irritado.

—Esta conversación es absurda —replicó—. Todo esto es una tontería. Me asombra que te preocupés de cosas así.

## 10.12 Project (general) (B&B 13.1, Level 2/3)

How many verb forms can you make from the letters of the following Spanish word? You may introduce the acute accent on vowels, but you must not use any letter more often than it occurs in the original word. And don't confuse 'n' and 'ñ', which are always thought of as separate letters!

### REGAÑADIENTES

Here is a start:

ríe, ríen, reís, ríes, ría, ganas, gane, ganes, ganar, engaña, engañas, engañar, engañad . . .

Note: You may think this is a trivial kind of exercise, but in fact it will make you very aware of different Spanish verb forms.

# 11

# Indicative usage

## 11.1 The present tense (B&B 14.3.2–14.3.4, 14.3.6, 14.6.3, Level 2)

In these sentences, the present tense is either used to refer to the past or the future, or as an imperative. Substitute the underlined present form with another tense that suits the context.

*Example:* Salís ahora a dar una vuelta con los niños y luego os recojo yo con el coche.
→
Salid (*imperative*) ahora a dar una vuelta con los niños y luego os recogeré (*future*) yo con el coche.

1. Estábamos a punto de despedirnos cuando dice Pepe: "¿qué tal si nos vamos todos a un chino a cenar?"
2. La próxima vez no traigo al niño, porque nos ha dado la lata toda la tarde.
3. Iba mi marido conduciendo tranquilamente por la N1, en eso se le cruza un zorro y casi se mata.
4. Os venís a casa a eso de las seis, aparcáis allí el coche y nos vamos andando al centro.
5. En 1492, cuando Cristóbal Colón descubre América, tiene también lugar la expulsión de los judíos de España.
6. Si encuentro algo que me guste, me lo compro.
7. El próximo congreso se celebra en Praga, dentro de dos años.
8. Niños, os vais a la cama ahora mismo, que es ya muy tarde.
9. ¡Vaya birria de película!, si lo sé, no vengo.
10. A la salida del partido, se pusieron a discutir dos hinchas y por poco se pegan.

*Project:* Look out for sentences in any Spanish you read or hear in which the present is used in the above ways.

## 11.2 Continuous and simple tenses (1)
(B&B 14.3.2, 15.2, Level 2/3)

Complete the sentences below by putting the verb in brackets into the most suitable form of the present (simple or continuous). Where both can be used, explain the difference in meaning.

1. (Buscar/yo) a la secretaria. ¿Dónde se ha metido?

2. (Tratar/nosotros) de encontrar una solución.
3. Le (decir) lo que yo he oído, no sé si será cierto.
4. Este reloj no (funcionar), hay que llevarlo a la relojería.
5. El cortejo fúnebre (acercarse) en estos momentos al panteón familiar.
6. Últimamente (trabajar/él) como un loco.
7. Esta carta (decir) que nos ha tocado un viaje al Caribe.
8. Oye, ¿no ves que me (pisar)?
9. ¿En qué (pensar/tú)?
10. ¿Qué (opinar/ellos) sobre ese asunto?
11. Ya sé lo que (querer/tú) decir.
12. Todavía me (preguntar) por qué harían semejante comentario.

## 11.3 Continuous and simple tenses (2) (B&B 15, Level 3)

Translate the following sentences into Spanish.

1. I was sitting at a table beneath a tree spreading butter on a bun.
2. The jacket I was wearing made her think I was her husband.
3. Is your husband staying here?
4. Where are we going tonight?
5. I'm not feeling very well, to tell the truth.
6. When is he meeting Mortimer?
7. Farmers are blaming the public for dumping rubbish in the countryside.
8. Farmers were expecting a good crop this year.
9. Introducing our fantastic sale!
10. For 30 hours we are giving a massive 30% off all stock.

## 11.4 The preterite and the imperfect (1)
(B&B 14.4, 14.5, Level 1/2)

Using both the *tú* and *usted* forms and the appropriate form of the preterite or the imperfect, ask for the following information about someone's holiday.

1. dónde (estar) de vacaciones el verano pasado
2. por qué (elegir) ese lugar
3. como (ir) hasta allí
4. cómo (desplazarse) por la zona, si no (tener) coche
5. (tener) algún conocido en aquel lugar
6. (hacer) amistades nuevas
7. (comer) en restaurantes o (preferir) quedarse en casa
8. (seguir) un horario o (improvisar) algo distinto cada día

9. qué impresión (sacar) del lugar
10. (estar) cara la vida, o barata; (salirte/le) caro el viaje a ti/usted

## 11.5  The preterite and the imperfect (2)
(B&B 14.4, 14.5, Level 2)

Change the verbs in brackets into the preterite or the imperfect tense, as appropriate.

1. Recuerdo perfectamente a mi primera maestra: (ser) alta, esbelta, (tener) los ojos castaños y el pelo negro. Al llegar a clase (ponerse) una bata blanca y nos (hacer) rezar las oraciones. Todos le (tener) auténtica adoración.
2. (Ser) automático: cada vez que Pelé y Melé (ir) juntos al fútbol, (acabar) riñendo; así que (decidir) no volver nunca más.
3. La última vez que mis padres (estar) de viaje no (dormir) en toda la noche porque el avión (salir) a las seis de la mañana y les dijeron en la agencia que (haber) que facturar las maletas con dos horas de antelación.
4. Como (vivir) en la costa, de pequeños (veranear) en un pueblecito de montaña hasta que, un buen día, mi hermana (decir) que ella (aburrirse) allí mucho y (dejar) de ir.
5. A los Pérez nunca les (caer) bien su nuera; de hecho (pasar) varios años sin verse apenas y nunca (llegar) a llevarse bien del todo.
6. (Estar/ellos) casados durante cinco años y entonces (romperse) el matrimonio, pero como los dos (adorar) a los niños, y ninguno (querer) separarse de ellos, (seguir) viviendo juntos hasta que los niños (hacerse) mayores.
7. Todo (ocurrir) tan de repente que nadie (darse) cuenta de la masacre que se había producido hasta que (ver) el reportaje en la tele.
8. Ayer cuando (volver) el niño del colegio, (sentarse) delante de la tele y (decir) que no (sentirse) bien y no (apetecer) merendar.

## 11.6  The preterite and the imperfect (3)
(B&B 14.4, 14.5, Level 2/3)

Translate the following into Spanish.

It was a fine August day when my brother decided to leave home. I remember that he took very little with him because in fact he had very little to take: he was wearing the only pair of shoes he possessed, and the only thing he had that was of any value was his grandfather's gold watch.

Yet as he set off he whistled happily. I stood in the doorway and watched him as he went down the road to where the bus stopped twice a day.

It was only five days later that we got a letter from him in which he said how he missed us but how he thought he had done the best thing. It was a great relief when we knew that he had at least found a job. In time he managed even to save some money, and sent two pounds to mother every week. He stayed in Bristol for a year, but during the whole of the time he never came home, even though he was only fifty miles away. I think he was afraid that he would never have the courage to set out on his own again.

It is now ten years since I have seen him and he has been in South America for the last five years. Once there, he found work on a farm and rapidly rose to be a manager. Two years ago he was able to buy himself a small property and last year he married a Peruvian girl. They had their first child in February and sent us photographs.

## 11.7 Future tense (B&B 14.6, Level 2)

Fill in the gaps in the following passage, which is taken from the Colombian newspaper *El Tiempo*, with the appropriate future form of the verbs listed.

Este 2 de diciembre y hasta el 15 de enero (1) _____ 180 mil bombillas de diversos colores y alrededor de 300 reflectores que (2) _____ a Medellín en "la ciudad luz" del país.

Todos los años se rinde un homenaje a algún aspecto de la ciudad. En esta ocasión se pensó en las flores, que identifican la capital antioqueña.

El recorrido por este jardín luminoso (3) _____ en el cruce de la Avenida Oriental con La Playa, en el centro de la ciudad. Allí, una estrella-flor de cinco metros, (4) _____ el punto de partida de la Navidad y (5) _____ la bienvenida a los visitantes.

En uno de los costados de la Avenida La Playa (6) _____ ubicado el pesebre, enmarcado en una gruta cuya forma semeja los pétalos de una flor. Una gran estela de luz en bombillos (7) _____ la estrella-flor de David sobre el pesebre, integrando en este transitado sector de Medellín las figuras representativas de la Natividad.

Sobre otro tramo de esta arteria, colibríes en actitud de vuelo (8) _____ siete pasacalles en estructura, bombillería y angeo. Con aplicaciones florales, intercaladas con abstracciones geométricas que simulan grandes rosas, (9) _____ un techo de luces.

Los Tres Reyes Magos, muñecos volumétricos de seis metros de altura, tejidos en lonas de diferentes colores, (10 )_____ el recorrido por la avenida.

En el bulevar de Junín —que (11) ____ sus puertas el dos de diciembre una galería de 30 figuras de ángeles pastores, ángeles abejas, ángeles trabajadores y ángeles tradicionales (12) ____ los postes.

Pero sin duda, el mayor descreste tecnológico (13) ____ un árbol de Navidad de cinco metros de altura, que conjuga sonido, luces y movimiento. (14) ____ al son de tonadas y villancicos, adornados con caballitos de madera, regalos, tambores y ángeles.

Con este árbol gigante (15) ____ aquellos visitantes que se dirijan por el sendero del río.

Como complemento (16) ____ 22 espectáculos artísticos a cargo de grupos musicales que (17) ____ villancicos, aires clásicos, colombianos, andinos y hasta música moderna para darle gusto a todo aquel que haga del recorrido su programa familiar de fin de año.

| | | |
|---|---|---|
| abrir | encender | iniciarse |
| adornar | encontrarse | presidir |
| conformarse | entonar | proyectar |
| convertir | estar | ser |
| dar | girar | sostener |
| demarcar | haber | |

## 11.8  Suppositional future (B&B 14.6.5, Level 1/2)

Replace the underlined words in the following sentences with a future tense.

*Example:*   Todavía no han llegado. Quizás se haya retrasado el tren.
→
Todavía no han llegado, **se habrá retrasado** el tren.

1. He llamado muchas veces en su casa pero nunca están. A lo mejor les ha pasado algo.
2. Ya no menciona nunca a su amiga Lola. Quizás se han enfadado.
3. Hemos gastado muchísimo este mes. Seguramente no queda ni un duro en la cuenta.
4. Vete a la cama inmediatamente, debes estar agotado de tanto trabajar.
5. No sé su edad pero seguramente ha cumplido ya los cuarenta.
6. ¿Cuánta gente crees que cabe aquí? Yo calculo que caben unas cien personas.
7. Hoy en día, un piso en el centro de Londres debe costar una auténtica fortuna.

8. En Ciudad de México <u>viven</u> unos veinticinco millones de personas.
9. A juzgar por el acento que tiene, este señor <u>debe ser</u> andaluz.
10. Lleva mucho tiempo de baja y se le ve muy pálido, <u>a lo mejor tiene</u> una enfermedad grave.

## 11.9  The conditional: use of the conditional in conditional contexts (1) (B&B 14.7.1, Level 1/2)

Put the infinitive in brackets into the conditional form.

1. ¡Cómo me (gustar) volver a Grecia de vacaciones! Hace años que no voy.
2. Les (parecer) mal que no aceptáramos la invitación.
3. ¡Vaya regalo miserable que te han hecho! ¡Cualquiera (decir) que están en la ruina!
4. En esas circunstancias no os (quedar) más remedio que pasar allí la noche.
5. Eso (tener) que haberlo discutido antes tu padre y yo.
6. (Ser, ustedes) tontos de no aprovechar semejante oportunidad.
7. Yo no (querer) perderme ese espectáculo por nada del mundo.
8. No les (salir) las cosas muy bien, cuando no han vuelto a mencionar el asunto.
9. Yo que tú me (haber) ido sin darles explicaciones.
10. Sin duda nos (ayudar), pero se lo tenemos que pedir con tiempo.

## 11.10  The conditional: use of the conditional in conditional contexts (2) (B&B 14.7.1, 14.7.5, Level 1/2)

(See also exercises 13.20–13.22)

**A** Complete the following conditional sentences with the information given in brackets, following one of the following patterns:

*si*+imperfect subjunctive _____ conditional
*si*+pluperfect subjunctive _____ perfect conditional

*Examples:*  Si tuviera permiso de conducir, (no meterlo a la cárcel).
→
. . . **no lo meterían a la cárcel.**

Si hubiera tenido permiso de conducir, (no meterlo a la cárcel).
→
. . . **no lo habrían metido a la cárcel.**

1. Si fuera un vago, (echarlo del trabajo).
2. Si no sintiera vergüenza, (no ponerse colorado).
3. Si nos hubiera dado tiempo, (ir a ver la exposición).
4. Si supiéramos jugar al tenis, (jugar).
5. Si el tiempo no lo impidiera, quizás (nosotros poder ir a la playa mañana).
6. Si hubieran llamado, (nosotros oírles).
7. Si de verdad pudieras, (deber ayudarme).
8. Si se hubiera roto el tobillo, (no seguir corriendo).
9. Si pudieran arreglarlo, (arreglarlo).
10. Si tuviera joyas, (ponérselas).
11. Si hubiéramos insistido, (conseguirlo).
12. Si estuvieran libres este fin de semana, (yo querer invitarles a almorzar).

**B** In which of the above sentences could the conditional form be substituted by the *-ra* subjunctive form?

## 11.11 Conditional for supposition about the past
(B&B 14.7.2, Level 2)

Transform the following sentences, expressing supposition and approximation by means of a conditional tense.

*Example:*  A las 12 aún no habían llegado. *Quizá se habían equivocado* de carretera.

→

**Se habrían equivocado** de carretera.

1. No conseguían abrir la puerta. *A lo mejor estaba rota* la cerradura.
2. Cuando se casó mi madre, *debía tener* unos veinte años.
3. He visto a una pareja haciendo eses por la calle. *Seguro que iban* borrachos.
4. *Debían tener* mucha prisa porque no quisieron entrar.
5. Entró sin encender la luz. *Probablemente no quería* despertar a sus padres.
6. *Yo creo que vinieron* unas treinta personas a la fiesta.
7. Le dije adiós pero no me contestó. *Quizás no me oyó* porque había mucho ruido.
8. El vecino de arriba *se debió dejar* los grifos abiertos, porque se nos inundó la casa.
9. El ayuntamiento *recibió* unas dos mil cartas de queja de los vecinos.
10. Como no dijeron nada, *seguro que estaban* de acuerdo.

## 11.12 Compound tenses (B&B 14.8, Level 2)

Correct the mistakes contained in the following sentences.

1. No la había nunca visto tan nerviosa como ayer.
2. Tenemos pintado las habitaciones y la cocina, ya sólo nos queda por pintar el salón.
3. Llevo escrito tres cartas de las cinco que tengo que escribir.
4. En cuanto seamos llegados a casa, se lo diremos para tranquilizarlos.
5. —¿Han vendido ya el negocio?
   —Sí lo han, y a muy buen precio creo.
6. Dudo que nos inviten ahora, si no nos han jamás invitado.
7. Mamá, tú nos has siempre dicho que te dejemos en paz, que tú solucionarás tu vida.
8. —¿Se habrá agotado la edición?
   —Con la publicidad que ha habido, seguro que se habrá.
9. ¿No han todavía recibido el paquete? Pero si hace un mes que lo enviamos.
10. Son muy precavidos, ya tienen reservado las vacaciones del año próximo.

## 11.13 The perfect: time phrases (1)
(B&B 14.9.4, 32, Level 2)

Translate the following sentences into Spanish, making use of the *acabar de* + infinitive and/or the *llevar* + gerund constructions.

*Examples:* I've just seen her in the supermarket.
   →
   **Acabo de verla** en el supermercado.

   They've been studying this language for many years.
   →
   **Llevan** varios años **estudiando** esta lengua.

1. Have you been trying long, mum?
2. Somebody has just smashed into the lamppost.
3. They've only just arrived and have kicked up a rumpus already.
4. We haven't seen each other for ages.
5. Your granddad has been repeating the same things ever since I've known him.
6. A parachutist has just landed on the roof.
7. How long have you been waiting?
8. Don't wake the child up, he's just gone to sleep.

9. It has been raining non-stop for the last week.
10. We've been here for two hours and there are no changes.
11. Mary and John have just got married.

## 11.14  The perfect: time phrases (2) (B&B 14.9.4, 32, Level 3)

Translate the following sentences with *for* and *since* into Spanish, using the present indicative.

*Examples*:  We've had this dog for six months.
  →
  Hace seis meses que **tenemos** este perro.
  *or*
  **Tenemos** este perro desde hace seis meses.

  We've had this dog since 1995.
  →
  **Tenemos** este perro desde 1995.

1. She's lived abroad for at least ten years.
2. He's been like that ever since I've known him.
3. I've had this job for a month now.
4. We haven't seen them for ages.
5. Since we bought the new piano she's hardly ever played.
6. They've been sitting here since lunchtime.
7. I haven't slept for two nights.
8. We've known each other since childhood.
9. I haven't been to the pictures since we saw *Lolita*.
10. Her family have owned this land since the sixteenth century.

## 11.15  The perfect: time phrases (3)
(B&B 14.4, 14.5, 14.9, Level 2)

Put the verbs in brackets into the preterite, the imperfect or the present perfect form.

### Revelación

Decidido como estoy a no salir ya nunca de casa, (1) ____(comprar) el ordenador personal más grande y completo del mercado. Voy a convivir con él después de haber recibido una revelación. El día del Corpus (2) ____(estar) en la catedral de Toledo. (3) ____(sonar) el órgano con acordes grandiosos mientras (4) ____(cruzar) el cardenal envuelto en oro, en incienso por la nave central. (5) ____(haber) un momento en que se (6) ____(detener) el cortejo y cerca de mí (7) ____(quedar) parados dos canónigos también vestidos con pesados ornamentos. (8) ____(comenzar) a cuchichearse entre sí. Uno (9) ____(exclamar): "¡Ya lo (10) ____(hacer)!" El otro (11) ____(preguntar): "¿Qué (12) ____(hacer)?" Y el primero (13) ____(responder): "¡Me (14) ____(meter) en Internet!" A continuación, el órgano (15) ____(soltar) una terrible descarga celestial y la procesión (16) ____ (continuar), pero a mí en ese instante se me (17) ____(caer) las escamas de los ojos y (18) ____(quedar) deslumbrado. (19) ____(adquirir) un ordenador con pantalla enorme y me (20) ____(meter) en Internet.

## 11.16  The perfect tense in Latin America (B&B 14.9.8, Level 3)

Study the use of the present perfect and the preterite in the following passages. They have been written by an Argentinian, a Mexican and a Spanish writer respectively. Establish which is which, and how the tenses might change in the others' usage.

**A**

—¿Ya te desayunaste, Molina?
—No, porque no te quería hacer ruido, para que durmieras.
—Pongo agua para los dos entonces.
—¡No! Vos quedate en cama que estás convaleciente. Yo preparo. Y ya tengo el agua por[1] hervir.
—Pero es el último día que permito esto.
—Contame qué leíste anoche.

——————————— ● ———————————

—Pero mirá lo que hiciste ... Si nos quedamos sin calentador, estamos listos. Y el platito ... Y el té ...
—Perdoname. Perdí el control. De veras, te pido perdón.
—El calentador no se rompió. Pero se volcó todo el kerosén.
—Molina, perdoname el arrebato.
—No hay nada que perdonar.
—Sí, mientras estuve enfermo si no era[2] por vos quién sabe dónde hubiese ido a parar.
—No tenés nada que agradecer.
—Sí que tengo qué agradecer. Y mucho.

—Olvídate, no pasó nada.

—Sí claro que pasó algo, y me muero de vergüenza.

For notes, see Key.

## B

Vicente soy yo, abre, ¿quién voy a ser?, el tío más guapo del país, ves como sí has sabido quién era, pues mira, a hacerte una visita, ¿qué tal?, no sabía si a estas horas estarías repartiendo propaganda por ahí, ¿ya no?, ¿Y eso?, ¡qué cabrones!, como siempre va a haber gente que lo va a hacer más barato al final trabajaremos de balde, sí, esto es Taiwán, pues yo nada, he puesto carteles de dar clases por todos los sitios, pero no aparece un alumno ni por espejeras, aunque ahora como la guardería me sirve para relacionarme con mucha gente, a ver si con mi sex-appeal el boca a boca funciona, ¿y el CAP[1] lo has terminado?, ¿sí?, ¿has dado las clases prácticas y todo entonces?, y qué, nervioso, ¿no?, habrá sido para verte, sí, éste es el libro de Correos, sí, aquí está todo, me lo ha dejado mi prima Elena para que me lo fotocopie, para eso he venido, por si tú querías, no, aunque aún no ha salido la convocatoria.

[1] Certificado de Aptitud Pedagógica

## C

Un día en la calle me encontré a Madalenita Servín:

—¿Qué ya vino? … me dijo.

—Sí, ya tengo[1] mucho tiempo de estar aquí …

—Entonces ¿ya dejó la tropa?

—Pues por ahora si …. Puse una peluquería.

—¡Válgame Dios!

—Y ahora ando buscando casa …

———————————— • ————————————

En los primeros tiempos dejaba yo a mi Perico encerrado en el cuarto. Echaba candado y así como dejo a estos animales, así lo dejaba a él. Me iba desde las siete de la mañana a la lavada y regresaba hasta[2] las cinco de la tarde. Y el niño aquí solo, sin sus hermanos, llore[3] y llore y llore.

—¿Por qué no comistes[4]? Allí te dejé comida …

—Porque no tengo hambre.

—Y entonces ¿por qué lloras?

—Pues porque me quedé encerrado.

—Bueno, pues entonces vente conmigo.

For notes, see Key.

## 11.17 **The pluperfect** (B&B 14, Level 2)

Put the verb in brackets into the correct tense. All the past tenses (simple and perfect) are used.

Una quinceañera de Chicago _____(pisar) el pasado jueves por primera vez la escuela. Hasta entonces la muchacha, cuyo nombre no _____(ser facilitado) por las autoridades, _____(pasar) toda su vida encerrada en casa viendo la televisión. Y eso porque su madre _____(temer) que le ocurriera "algo malo" si _____(andar) por las calles y, aún más, si _____(acudir) a las escuelas. La principal metrópolis de Illinois, _____(pensar), es un lugar muy peligroso.

El extraño caso _____(ser descubierto) a principios de mes, cuando la madre _____(telefonear) al número de emergencia del Ayuntamiento de Chicago para preguntar angustiada si la meterían en la cárcel por no haber escolarizado a la muchacha. La escolarización es obligatoria en EE UU a partir de la enseñanza primaria y hasta el bachillerato. "Chicago es una ciudad muy peligrosa y nuestro barrio mucho más" _____(explicar) la madre, 'y la televisión', _____(añadir), "da muy buenos programas educativos". (....). No obstante, la hermana menor de la protagonista de esta historia, una niña de 8 años, sí _____(acudir) a una escuela pública del modesto barrio donde vive la familia.

Source: *El País* (Spain)

## 11.18 **The -*ra* verb form** (B&B 14.10.2, Level 3)

Study the uses of the -*ra* verb form in the following sentences, which are taken from the Cuban author Alejo Carpentier's *Los pasos perdidos* (Barcelona: Bruguera, 1979). Which other verb forms could be used instead?

1. El miriñaque de mi esposa voló por sobre mi cabeza, pues me hallaba precisamente donde le tocara entrar, estrechándole el ya angosto paso.
2. El raso negro de la escena del baile había perdido la hermosa tiesura que lo hiciera sonar, en cada reverencia, como un revuelo de hojas secas.
3. En los días del estreno de esa tragedia de la Guerra de la Secesión, cuando nos tocara ayudar al autor joven servido por una compañía recién salida de un teatro experimental, vislumbrábamos a lo sumo una aventura de veinte noches.

4. Ahora llegábamos a las mil quinientas representaciones, sin que los personajes, atados por contratos siempre prorrogables, tuvieran alguna posibilidad de evadirse de la acción.
5. Antes, al menos, trataba de salvar su temperamento en un continuo repaso de los grandes papeles que aspirara a interpretar alguna vez.
6. Lo cierto era que ese abrazo, aunque resultara desabrido, volvía a apretar, cada vez, los vínculos aflojados por el desemparejamiento de nuestras actividades.
7. Al dejar a mi esposa en su escenario al comienzo de la función de tarde, tenía la impresión de devolverla a una cárcel donde cumpliera una condena perpetua.

*Project:* Make a note of other similar examples of *-ra* verb form usage in Latin American texts. Look also for examples of the *-ra* verb form with pluperfect meaning in subordinate clauses of time in Peninsular Spanish, especially in newspaper reports.

# 12

## The imperative

### The second person imperatives

#### 12.1  The *tú* and *vosotros* imperatives (1)
(B&B 17.1, 17.4, Level 1)

Fill in the missing forms in the following table:

| Infinitive | *tú* imperative | Negated *tú* imperative | *vosotros* imperative | Negated *vosotros* imperative |
|---|---|---|---|---|
|  |  |  | haced |  |
| ser |  |  |  |  |
|  | lee |  |  |  |
|  |  |  |  | no tengáis |
|  |  |  | poned |  |
|  |  | no re vayas |  |  |
| salir |  |  |  |  |
|  |  |  |  | no os sentéis |
|  |  | no digas |  |  |
|  | dame |  |  |  |

#### 12.2  The *tú* and *vosotros* imperatives (2) (B&B 17, Level 1/2)

The following text, from *El País* of 9 February 1994, is an injunction to the citizens of Zaragoza to have a good time during Carnival. It scandalized the more straitlaced members of the community! Change the infinitives to the *vosotros/as* form of the imperative.

Vecinos de Aragón habitantes de Zaragoza y de todos sus barrios, yo, caballero errante de recónditos lugares que celebran el Carnaval y que tengo el gusto de encontrarme con vosotros y el conde de Salchichón rey de Carnavales infantiles que entre charanga y alborozo se ha abierto paso para presidir este evento, declaro: que sea Carnaval, en esta plaza y sus alrededores, por lo cual es obligado, de ahora en adelante, cumplir las órdenes que a continuación siguen: primero, _____ (disfrazarse) y _____ (hacer) el animal mientras dure el Carnaval; segundo, _____ (andar) boca abajo, (cantar)_____, (correr)_____ y (pintar)_____ la pared, tercero, (aporrear)_____ las puertas, (abrir)_____ las ventanas y (voltear)_____ las campanas; cuarto, (bailar)_____ con locura, (beber)_____, (comer)_____ y (saciarse)_____ hasta más no poder; quinto, (asustar)_____ las ratas, (perseguir)_____ los conejos y (burlar)_____ los vencejos; sexto, (tirar)_____ las carteras, los libros, las notas, que son Carnavales, no (ser)_____ berzotas, y, séptimo, (bailar)_____ la verbena y (quedarse)_____ si es caso hasta que llegue la cena.

## 12.3  The *tú* and *vosotros* imperatives (3)
(B&B 17.2.2, 17.2.3, 17.3, 17.4, Level 2)

Give advice or make the requests expected in these situations.

1. A un hijo que está comiendo demasiado.
2. A unos hijos que van en bici al colegio por calles de mucho tráfico.
3. A un padre a quien le vas a decir que le has dado un golpe a su coche.
4. A un hijo de 14 años que va a una fiesta a casa de un amigo.
5. A alguien con quien estás quedando y que es muy impuntual.
6. A un hijo que te acaba de decir "vete a la porra".
7. A unos alumnos que están hablando sin parar, en clase.
8. A un amigo que trabaja demasiado.
9. A unos amigos que se preocupan mucho por todo.
10. A los niños que se han encerrado en el baño.

## 12.4  The *usted* and *ustedes* imperatives
(B&B 17.2.5, 17.3, Level 2)

What would the instructions be in the following situations? Use the verbs in brackets.

1. Un cliente al camarero, porque la comida está fría (calentar).
2. A una dependienta, pidiéndole una talla mayor (traer).
3. Un ciego a un transeúnte, pidiéndole ayuda para cruzar la calle (ayudar).
4. En un bar, pidiendo un vino y una ración de gambas (poner/sacar).
5. Un doctor a un enfermo del corazón que fuma y bebe bastante (dejar de + infinitive/no fumar, no beber).
6. La policía a los conductores, en una carretera bloqueada por un accidente (desviarse en el próximo cruce/dar la vuelta/tomar la siguiente desviación).

7. En unos almacenes donde se ha recibido una alarma de bomba (salir de/desalojar el edificio).
8. En un museo, a unos turistas que van con cámara, cuando está prohibido llevarla (llevar a/dejar en recepción).

## 12.5  The *vos* imperative (B&B 17.2.3, Level 3)

Find all the imperative forms in this extract from *El beso de la mujer araña* (Barcelona: Seix Barral, 16th edn., 1996) by the Argentinian writer Manuel Puig and give the equivalent Peninsular forms. Remember the role played by accents.

—¡¡¡Mirá lo que traigo!!!
—¡No! . . . estuvo mamá . . .
—¡¡¡Sí!!!
—Pero qué bueno . . . Anda bien entonces.
—Sí, un poco mejor. . . . Y mirá todo lo que me trajo. Perdón, lo que nos trajo.     5
—Gracias, pero es para vos, no embromés, hombre.
—Callate vos, apestado. Hoy acá se empieza una nueva vida, con las sábanas casi secas, tocá . . . Y todo esto para comer. Mirá, dos pollos al espiedo, dos, ¿qué me contás? Y los pollos son para vos, eso no te puede hacer mal, vas a ver que enseguida te componés.     10
—Jamás lo voy a permitir.
—Hacelo por mí, prefiero no comer pollo pero salvarme de tus olores, inmundo de porquería. . . . No, en serio te lo digo, vos tenés que dejar de comer esta puta comida de acá y vas a ver que te componés. Por lo menos hacé la prueba dos días.
—¿Te parece? . . .     15
—Claro, hombre. Y ya cuando estés bien . . . cerrá los ojos Valentín, a ver si adivinás. Decí.
—Qué sé yo . . . no sé . . .
—No abras los ojos. Esperate que te doy a tocar a ver si caés. A ver . . . tocá.
—Dos tarros . . . Y pesaditos. Me doy por vencido.     20
—Abrí los ojos.
—¡Dulce de leche!

## 12.6  Latin American and Peninsular usage (B&B 17, Level 2)

The following safety notice concerning cycling appeared in Cuba. Rewrite it using the Latin American second person imperative (*No transiten*, etc.) and the Peninsular second person familiar imperative (*No transitéis*, etc.).

¡¡PROHIBICIONES!!

NO TRANSITAR APAREADOS A OTRA U OTRAS BICICLETAS.

NO TRASLADAR BULTOS O PAQUETES QUE LO OBLIGUEN A MANEJAR LA BICICLETA CON UNA SOLA MANO.

NO TRANSPORTAR PASAJEROS EN EL CUADRO (Caballo) O MANUBRIO DE LA BICICLETA.

NO REMOLCARSE DE UN VEHÍCULO EN MARCHA.

NO CONDUCIR SOLTANDO EL TIMÓN, MANILLAS, PEDALES O HACIENDO ACROBACIAS.

**¡EVITAR ACCIDENTES!**

Source: *El Mundo* (Spain), 17.4.94

## Imperatives in other persons

### 12.7 First person imperatives (B&B 17.5, Level 2)

Translate the following sentences into Spanish.

1. Let's not deceive ourselves.
2. Let's not stay in this evening.
3. Let's not tell anyone anything about this.
4. Let's not get too excited.
5. Let's discuss it calmly.
6. What are we going to give them? Let me think.
7. Let's be off!
8. Let's join the sailing club.
9. Let's go to bed.
10. Let's be honest!

## 12.8 Third person imperatives (B&B 17.6, Level 2)

Translate the following sentences into Spanish.

1. Let them do it.
2. Let her come and see for herself.
3. Don't let them sit in front of the TV for hours.
4. Let the Government get us out of this mess now.
5. Don't let them come in yet.
6. Let them decide for themselves.
7. Let them move the furniture themselves.
8. May they rest in peace.
9. Long live the King!
10. God bless you!

## 12.9 Impersonal imperatives (1) (B&B 17.8, Level 2)

In exercise 22.4, there is a recipe for *cocido madrileño*. These are some of the instructions, expressed here with an infinitive. Make them into impersonal imperatives.

1. <u>Poner a remojar</u> los garbanzos la noche anterior en agua fría.
2. <u>Dejar hervir</u> el agua a fuego vivo, cosa de media hora.
3. Sin que deje de hervir el agua, <u>agregar</u> los garbanzos y la sal.
4. Después de hervir a fuego vivo media hora, <u>añadir</u> el tocino, el perejil y la cebolla.
5. Una hora antes de servirlo, <u>sacar</u> el caldo para colarlo.

## 12.10 Impersonal imperatives (2) (B&B 17.8, Level 2)

Translate into Spanish.

1. And God said, 'Let there be light'.
2. Let it be borne in mind that ...
3. Stir before use.
4. Break open in case of fire.
5. Pay the bearer ... (on bank notes).

# 13

# The subjunctive

## Possibility and probability

### 13.1 Expressions of possibility and probability
(B&B 16.3, Level 2)

A Complete the conversations with suitable verbal forms in place of the infinitives given in brackets. Where possible, give more than one answer. The different expressions of doubt and possibility are <u>underlined</u>.

1. —¿Sabes si te han dado el trabajo?
   —No. <u>Posiblemente</u> me lo (notificar) mañana.
2. —¿Dónde está Juan?
   —No lo veo. <u>Puede que</u> se (ir) al bar.
3. —¿Cómo es que no hay nadie en esta clase?
   —<u>Quizás</u> les (decir) que fueran a otra.
4. —Me extraña que no lleguen los abuelos.
   —Ya los conoces. <u>Tal vez</u> (llegar) cuando estemos comiendo el postre.
5. —¿Como <u>es posible que</u> te (gastar) todo el dinero que te di ayer?
   —No me lo he gastado, <u>probablemente</u> me lo (quitar).
6. —¿Dónde están mis llaves?
   —Si miras bien el bolso que llevabas ayer, <u>quizá</u> las (encontrar).
7. —¿Quién me podría echar una mano con estas cuentas?
   —Espérate a que llegue tu hermano que <u>es probable que él</u> (entender) de contabilidad.
8. —¡Qué raro! no llamaron ayer por la noche.
   —<u>Tal vez</u> no se (saber) nuestro nuevo número de teléfono.
9. —A ver, llama otra vez al timbre, <u>puede ser que no</u> (oír) o <u>quizás</u> se (retrasar) y (estar) a punto de llegar.
10. —¿Sacaré las entradas?
    —Yo que tú lo haría, si no <u>tal vez</u> te (quedar) sin ver la película.

B Repeat the same exercise with *a lo mejor*, *igual* or *lo mismo* instead of the underlined expressions.

## Influence

### 13.2 Verbs of influence (B&B 16.5.1, Level 2)

Complete the sentences with the information given in brackets.

1. Trataremos de evitar por todos los medios que (volverse a repetir esto).
2. Se ruega a los presentes que (abandonar la sala lo antes posible).
3. Tanto insistir, consiguieron al fin que (cambiarles de habitación).
4. Procura que (tus padres no oirte entrar en casa tan tarde).
5. Las autoridades han dispuesto que (repatriarse a los inmigrantes ilegales).
6. No consiento que (responderme de esa manera).
7. La abuela se ha negado a que (sacarla de casa y llevarla al hospital).
8. Es necesario que (producirse un cambio de mentalidad).
9. Nos desearon que (tener suerte y salirnos bien las cosas).
10. Os propongo que (salir juntos una noche, ir al cine y después a cenar).
11. Se empeñaron en que (ir todos ellos a tomar una copa a su casa).
12. La mamá les dijo a los niños que (ponerse las botas para salir al parque).
13. Esa señal de tráfico indica que (reducirse la velocidad).
14. Hace falta que (alguien prestarnos una camioneta para hacer la mudanza).
15. Les recomendaron que (ver la última película de Almodóvar).

## 13.3  Noun + *de que* (B&B 16.5.1, Level 1/2)

Make sentences by combining an element from box A with an element from box B:

| A | B |
|---|---|
| 1. La idea de que | a. dejaran descansar al enfermo, las visitas salieron de la sala. |
| 2. No escucharon la advertencia de que | b. se quedaran fue tal que se salió con la suya. |
| 3. Ante el ruego de que | c. se acerquen los presos de ETA al País Vasco genera grandes conflictos. |
| 4. La recomendación de que | |
| 5. Su empeño en que | d. se llevaran ropa para la lluvia y se mojaron. |
| 6. La negativa del gobierno a que | e. no se coman dulces está a la orden del día. |
| | f. salieran al amanecer le pareció descabellada. |

## 13.4  Verbs with a double meaning (B&B 16.5.1, Level 3)

In these pairs of sentences the meaning changes significantly depending on whether the indicative or the subjunctive is used. Choose the appropriate form of the verb and translate the sentences into English.

1. Nos advirtieron que aquel (ser) el último tren de la noche.
   Nos advirtieron que no (ir/nosotros) en el último tren de la noche.
2. Ya les han convencido de que no se (comprar) esa casa tan cara.
   Ya se han convencido de que no (poder) permitirse ese lujo.
3. Ya te dije que te (poner) el abrigo, que hacía frío.
   Ya te dije que (hacer) frío y se necesitaba abrigo.
4. La semana pasada escribió que (tener pensado) venir a visitarnos pronto.
   La semana pasada escribió que (pensar/nosotros) en ir a visitarle.
5. Ha quedado establecido que no se (experimentar) con la clonación humana.
   Ha quedado establecido que un gen (ser) el causante de la obesidad.
6. Insisto en que no me (apetecer) comer nada más.
   Insisto en que no me (dar) nada más, ya he comido bastante.
7. Hemos pensado que (ir/nosotros) a comer al restaurante.
   Hemos pensado que (venir/ellos) a comer con nosotros en el restaurante.
8. Insinuó que le (invitar) a pasar unos días con nosotros en la playa.
   Insinuó que (querer) pasar unos días con nosotros en la playa.

## Emotional reactions and value judgements

### 13.5 Expressions indicating emotional reaction and value judgement (B&B 16.6, Level 2)

Join the two sentences, bringing the second one to the front and making the necessary changes.

*Example*:    No piensa nunca en los demás. Está muy mal.

   →
   **Está muy mal *que no piense* nunca en los demás.**

1. Vete a ver la exposición. Merece la pena.
2. Se lo dicen para que cambie de actitud. Está bien.
3. Tíñete el pelo de rubio. Es mejor.
4. Le dicen de todo, él ni se inmuta. Es igual.
5. Los niños quieren jugar todo el tiempo. Es natural.
6. No nos quedó tiempo para verlo todo. ¡Qué pena!
7. Luce el sol, iremos a la playa. ¡Qué maravilla!
8. Estuvimos cuchicheando todo el rato. Les molestó.
9. Vigila la presión de los neumáticos. Es importante.
10. No tienen mi talla. ¡Qué rabia!
11. Les pagan a 500 pesetas la hora. ¡Qué vergüenza!
12. Quiere mejorar, como sea. Es lógico.

## 13.6  *Sería . . . que . . .* (B&B 16.6, Level 2)

In English one always says 'It'd be funny if . . .', but in Spanish always *Sería gracioso que . . .* Make sentences using this structure with material from the boxes: *Sería* + adjective or noun + *que* + verb in the subjunctive.

*Example:*

| sería | gracioso | Norman consigue el trabajo |
|---|---|---|

→

**Sería gracioso que Norman consiguiera el trabajo.**

| | fantástico | nos cae la lotería |
|---|---|---|
| | estupendo | tienen un accidente |
| | terrible | se agota el petróleo |
| | espantoso | nos roban las tarjetas de crédito |
| | absurdo | viajan en el mismo vuelo |
| | increíble | se puede ir de viaje a la Luna |
| | horrible | deja el trabajo sin tener otro |
| | lógico | conduce borracho |
| sería | una tontería | le meten a la cárcel |
| | una maravilla | se va la luz ahora mismo |
| | una casualidad | se escapa un león del circo |
| | una suerte | consigue el trabajo |
| | un error | llegamos y no hay nadie |
| | un riesgo | nos pierden el equipaje |
| | un disparate | gana nuestro equipo |
| | una locura | quitan el subsidio a los minusválidos |
| | una lata | tengo que repetir este ejercicio |
| | vergüenza | cierran un teatro para abrir otro cine |

## 13.7  Subjunctive and infinitive (B&B 16.6, Level 2)

Give the correct form of the verb in brackets. The underlined words dictate the mood of the verb. In some cases the infinitive may be required: why?

Me he dejado los regalos de Navidad para la madre y las hermanas de Antonio encima de la televisión. Maldigo en silencio mi mala memoria o mejor dicho mi ausencia de memoria. Maldigo también que (sentirme) responsable única por el olvido. Antonio podía haber pensado en los regalos.

Pero no. Porque lo natural es que (ser) yo quien (llevar) los regalos, quien (fregar) los platos acumulados en el fregadero, quien (sacar) la basura, quien (hacer) la cama, quien (cerrar) las persianas, quien (vaciar) los ceniceros, quien (hacer) y (deshacer) el equipaje, quien (llamar) a un amigo cuando han operado a su hijo o a su madre, o quien (escribir) a máquina el domingo una carta urgente para que él la (poder) enviar a primera hora de la mañana. Es natural.

Pues <u>estoy harta de que</u> (ser) natural. <u>Quiero</u> (vivir) sola otra vez. <u>Quiero que</u> las cosas no (ser) naturales, sino simplemente necesarias o no, apetecibles o no. Yo también <u>quiero</u> (llegar) a casa y (hacer) lo que me (dar) la gana, (dejar) la ropa tirada por el suelo y las tazas de café por las mesas y los ceniceros llenos de colillas por todas partes. <u>Quiero</u> (representar) yo todos los papeles en mi propia función.

Source: Carmen Rico-Godoy, *Cómo ser mujer y no morir en el intento*

## Verbs of denying and negated verbs of stating, declaring, knowing, thinking and understanding

### 13.8 General exercise (B&B 16.7.2, Level 2/3)

Transform these sentences, following the example.

*Example*:   Creo que piensan venir esta tarde.
  →
  *No* creo que *piensen* venir esta tarde.

1. Veo que está empezando a mejorar el tiempo.
   No veo que ____ .
2. Dijeron que tenían un interés especial por ver a Carmita.
   No dijeron que ____ .
3. Habíamos entendido que eran cinco los que venían a cenar.
   No habíamos entendido que ____ .
4. Se había imaginado que todo iba a salir a la perfección.
   Nunca se había imaginado que ____ .
5. A mi abuela le dio la impresión de que el gato estaba raro.
   A mi abuela no le dio la impresión de que ____ .
6. Siempre había sospechado que el español era una lengua difícil.
   Nunca había sospechado que ____ .
7. A mí me parece que es una lengua muy fácil.
   Pues a mí no me parece que ____ .
8. El gobierno ha anunciado que va a adoptar medidas de urgencia.
   El gobierno no ha anunciado que ____ .
9. Yo estaba seguro de que entendías lo que te estaba diciendo.
   Yo no estaba seguro de que ____ .

10. Es que querían darnos una sorpresa.
    No es que _____ .
11. Esto significa que van a declarar la guerra de un momento a otro.
    Esto no significa que _____ .
12. Ella siempre dijo que le caían mal los vecinos.
    Ella nunca dijo que _____ .
13. Se dice que la población mundial sigue aumentando al mismo ritmo que antes.
    No se dice que _____ .
14. Tanto a él como a mí se nos ocurrió que había que tomar una determinación.
    Ni a él ni a mí se nos ocurrió que _____ .
15. Sospechaba que iba a pasar algo.
    No sospechaba que _____ .

## 13.9 Indirect negative questions and negated imperatives
(B&B 16.7.1, Level 2/3)

Choose the correct form of the verb in the following sentences.

1. Nadie nos ha dicho si haya/hay que volver esta tarde.
2. No me explico qué le pudo/pudiera pasar para que reaccionara de ese modo.
3. Aún no he pensado qué me vaya/voy a poner para la fiesta de esta tarde.
4. No se imaginaban quién era/fuera el que llamara/llamaba a aquellas horas.
5. ¿No has notado qué simpáticos estén/están últimamente?
6. Aquí no dice si tengas/tienes derecho o no a pedir vacación sin sueldo.
7. No sé si te acuerdes/acuerdas de que este asunto ya lo habíamos discutido antes.
8. No me digan que no puedan/pueden hacerlo para el viernes.
9. No creas que es/sea la mejor película del año, pero no está mal.
10. Hijos míos, no penséis que la vida es/sea un camino de rosas.

## *Doubt, fear and hope*

## 13.10 General exercise (B&B 16.8, 16.9, 16.11.3, 16.11.13, Level 2)

Make your own statements of doubt, fear and hope on the basis of the following predictions.

*Example:*    Aznar se cortará el bigote.

→

**Dudo/Los socialistas temen/Nadie cree/Es de esperar/... que Aznar se corte el bigote.**

1. Estallará un nuevo conflicto en el Golfo.
2. Al Presidente le aparecerán varios hijos naturales.
3. Se descubrirá cura para el cáncer.
4. El euro será un éxito.
5. La oveja Dolly sufrirá una crisis pulmonar.
6. Prohibirán las corridas de toros.
7. El planeta se saldrá de su órbita.
8. El campeonato mundial de fútbol lo ganará Escocia.
9. Se legalizarán las drogas.
10. Se prohibirá el matrimonio.

## 13.11  General exercises on statements, assumptions and value judgements (B&B 16.6, 16.7, 16.9, 16.11, Level 3)

**A** This is an opinion column, and as such it presents a range of statements, assumptions and value judgements. Following the text closely, complete the sentences which follow it.

### *Imperio*

Siempre me ha irritado el anti-americanismo visceral: es un prejuicio modorro que, como todo dogma, impide el entendimiento de la realidad. Digamos una obviedad: los estadounidenses no son todos tontos, ni belicistas, ni inmaduros, ni carentes de capacidad crítica, ni imperialistas, como el tópico más bobalicón y etnocéntrico sugiere. Hay cosas de ellos que me desagradan (creo que es una sociedad muy dura con el débil, por ejemplo) y cosas que me gustan, como su sentido de la meritocracia, que es la antítesis de nuestro nepotismo y amiguismo.

Con todo, lo peor que tiene Estados Unidos es que es el país más poderoso, y todo poder tiende a la prepotencia y al abuso. Así sucedió con la España imperial, y con la Inglaterra victoriana; y así sucede cada vez que hay un relativo desequilibrio de fuerzas. Por ejemplo, parece ser que los Portugueses nos siguen viendo hoy a los españoles, seguramente con razón, como a unos chulos. Esto es lo que no entienden los norteamericanos: además de gobernar el mundo, y de colonizarlo con las ideas, los dólares, la cultura e incluso las armas, pretenden que los colonizados les amemos: y eso no es ni lógico ni humano.

Source: Rosa Montero, *El País Internacional* (Spain)

1. A la periodista le irrita que ____.
2. Los prejuicios y dogmas impiden que ____.
3. Es obvio que ____.
4. El tópico (*'stereotype'*) sugiere que ____.
5. Le desagrada que ____.
6. Le gusta que ____.
7. Lo peor es que ____.
8. Con la España imperial y la Inglaterra victoriana sucedió que ____.
9. Parece ser que ____.
10. Los portugueses seguramente tienen razón que ____.
11. Los americanos pretenden que ____.
12. No es lógico ni humano que ____.

**B** This is another column written by the same writer. Find all the verbs and expressions of the type we have been studying in this chapter. There are seven in total; three are followed by a verb in the indicative and four by a verb in the subjunctive. Try to establish why.

### La traición

Tengo la sospecha de que este sin-vivir que muchos padecemos últi-mamente por los escándalos políticos, esta penita pena y este abrirnos las venas ante tanta ilegali-dad y recochineo es un a obsesión propia de cierta edad. O sea, que a los más jóvenes, pongamos que de 25 años para abajo, les trae sin cuidado que Fulano robe o que no robe, o incluso que pague a pis-toleros. A ellos les interesan más que nada las cosas concretas de sus vidas, amores, exámenes, tra-bajos, el éxito, el dinero y que haya suficiente nieve en la montaña para poder esquiar el domingo próximo (a veces el orden de prioridad empieza por lo último), pequeñas cosas de vidas muy pequeñas, y no es que la mía sea ni un ápice mayor que la de ellos. Todas las existen-cias particulares son diminutas en cuanto que las contemplas desde fuera.

Comprendo que les aburra la insoportable mezquindad de nues-tra política, pero creo que se equivocan cuando piensan que lo que está sucediendo no les incumbe a ellos.

Source: Rosa Montero, *El País Internacional* (Spain)

### 13.12 'The fact that . . .' (B&B 16.10.1, Level 2)

Put the verb in brackets into the correct form and explain your choice.

1. Que (tener) alma barroca lo atestigua nuestra literatura.
2. El hecho de que muchos jóvenes (haber) irrumpido en los medios de comunicación tiene que ver con un momento específico, con una revalorización de la juventud.
3. Que la Habana (fiestear) las veinticuatro horas del día, desde que sale el sol hasta que se pone, ya se sabe.
4. Que el nacionalismo (ser) causa de muerte no deja de ser espeluznante.
5. Algunos hombres se sienten acomplejados por el hecho de que su mujer (aportar) mayores ingresos o simplemente (ocupar) un puesto superior al suyo.
6. El hecho de que la educación superior en España (necesitar) una seria transformación es de todos conocido.
7. No hay que alarmarse todavía por el hecho de que no se (poder) vender la carne de vacuno en el continente.
8. El hecho de que te (entrevistar) indica que tienen cierto intrés.
9. Que los escritores y poetas suelen ser vanidoso, egoístas y narcisos no (ser) nuevo.
10. Que los ciudadanos (tener) mala opinión de la justicia no es un gran descubrimiento.
11. Que hoy el cine europeo (necesitar) ser ayudado frente a la voracidad del americano, es evidente.
12. Que nuestro cine (gozar) por ahí de cierto cartel, da igual; que (haber) nuevos directores con ganas de trabajar, le trae sin cuidado al Director de cinematografía.

## 13.13  Verbs with a double meaning (B&B 16.11.2, Level 3)

Give the appropriate form of the verb in parenthesis and translate the sentences into English.

1. Se comprende que te (poner) como un loco cuando dijeron semejante cosa.
   No he comprendido ni una palabra de lo que (decir) el conferenciante.
2. De verdad, siento mucho que no (poder/tú) venir mañana.
   Siento que me (estar) poniendo mal por momentos.
3. Eso supone que (salir) de casa a las seis en punto si no, llegaremos tarde.
   Supongo que (querer) hacerlo, ¿no?
4. Explicó que (querer) venir sin falta.
   Eso explica que (querer/él) venir.
5. ¿Te parece que les (regalar/nosotros) el coche a los chicos?
   Parece que (vivir) felices y contentos pero andan bastante escasos de dinero.

6. Nos advirtieron que nos (ir) por otra carretera porque aquella estaba cortada.
   Nos advirtieron que (haber) obras en aquella carretera y por tanto (estar) cortada.

## Subjunctive after subordinators

### 13.14 Purpose, cause, manner and result
(B&B 16.12.3, 16.12.4, 16.12.5, 33, Level 2)

Change the infinitives given in brackets into the correct verbal forms, and translate numbers 2, 3, 5, 6, 7, 10 and 12. The subordinators are underlined. (Note the variety of subordinators used here.)

1. Te voy a invitar al cine para que (ver) que cumplo con mi palabra.
2. No llegues antes de las 7, no sea que no (encontrar) a nadie en casa y (tocarte) esperar.
3. He venido a que (echarme) una mano con estos impresos.
4. Hicieron toda aquella publicidad con la intención de que (irnos) acostumbrando.
5. Dile que sí enseguida, no sea que después (arrepentirse).
6. El causante del accidente se dio a la fuga, no fuera que le (detener) la policía.
7. ¡Conque tú no te (comer) el pastel! ¿eh? Entonces, ¿quién se lo ha comido?
8. Puesto que (ser) tan listo, arréglatelas como puedas.
9. Estaban tan asustados que (no poder) dar razón de lo que había pasado.
10. El gobierno está en minoría, de ahí que (querer) convocar elecciones.
11. He devuelto los pantalones, es que no me (convencer) cómo me quedaban.
12. Si lo hago, no es porque tú (decirlo), sino porque me (dar) la gana.
13. Lo explicó de tal manera que nadie (enterarse) de lo que dijo.
14. Salieron callando de forma que ni el portero les (oír).
15. ¿De modo que no (pensar/tú) volver esta noche a casa?
16. Lea la carta en voz alta de modo que todos (saber/nosotros) lo que nos dice este señor.
17. Se fue la luz , de tal forma que la ciudad (quedar) paralizada.
18. Programa el horno, de manera que (encenderse) a las seis y media.

### 13.15 Subjunctive and indicative with *como*
(B&B 16.12.4, 16.12.5b, 25.8.2, 33.5.2, 35.11, 36.2, Level 2/3)

Give the correct form of the verb in the infinitive.

1. Ya te dije que lo (guisar) como te (dar) la gana.
2. Me extrañó bastante la manera como la (tratar) la policía.
3. Como no (querer/tú) que te ayude, no hace falta que vaya a tu casa.
4. Háganlo como (querer).
5. Como no (tener/nosotros) dinero, no podemos ir de vacaciones.
6. Les dijeron que como no (llegar) antes de las ocho al hotel, perderían la reserva de la habitación.
7. Siempre actuaban como mejor les (parecer).
8. Ya te tengo dicho que como no (hacer) los deberes, esta tarde no sales a jugar.
9. Como (tener/ella) la gripe hoy tiene que guardar cama.
10. No será haciendo el vago de esa manera como (conseguir/tú) triunfar en la vida.

### 13.16 *Como si* (B&B 16.12.5c, 16.16, Level 1/2)

Give the correct form of the verb in the infinitive.

1. Nos trataron como si nos (conocer) de toda la vida.
2. Sonreía como si no (ocurrir) nada.
3. Parecía como si no le (interesar) nada de lo que se le estaba diciendo.
4. Estamos despilfarrando los recursos naturales como si (ser) inagotables.
5. Los pasajeros de primera clase siguieron bailando como si no (poderse) hundir el Titanic.
6. Se ruborizó como si no (decir) la verdad.
7. Usted habla como si nunca (haber) estado en Latinoamérica.
8. Era como si no (saber/ellos) qué contestar.

### 13.17 Time (B&B 16.12.7, Level 2)

Make sentences relating to the past and the future, as in the example.

*Example:*   Miguel esperar aquí – hasta que – venir su amiga
       →
       **Miguel esperó aquí hasta que vino su amiga.**
       **Miguel esperará aquí hasta que venga su amiga.**

1. Los niños jugar al fútbol – hasta que – tú llamarles.
2. Yo preparar el té – en cuanto – nosotros llegar a casa.
3. Marta apagar la tele – en cuanto – el timbre sonar.
4. Yo decírtelo – antes de que – la película empezar.
5. Nosotros recoger las sillas – apenas – empezar a llover.

6. Nosotros no poder sacar el coche del aparcamiento – después de que – (ellos) cerrarlo.
7. Sarita soltar una carcajada – siempre que – darle la gana.
8. Yo no decirte nada – hasta que – irse tu madre.
9. No aburrirme – mientras – estar tú conmigo.
10. Yo escabullirme – antes de que – él darse cuenta.

## 13.18 Concession (B&B 16.12.9, 16.13.2, Level 2)

Give all the possible forms of the verb in brackets and translate into English numbers 1, 7, 9, 10, 12 and 14.

1. Es un terco, no da el brazo a torcer así le (matar/ellos).
2. No se dejó convencer aunque (tratar de ellos) persuadirle por todos los medios.
3. Trataré de hablar con ella siquiera (ser) un momento para darle la noticia.
4. A pesar de que la evidencia (parecer) estar a favor del convicto, lo declararon culpable.
5. Aunque (haber) cantidad de italianos y de españoles, no se oía demasiado jaleo por los pasillos.
6. Por mucho interés que (poner), nunca me entero de nada en esta clase.
7. Por más que os lo (decir), no os lo vais a creer.
8. Por más que (empeñarte) no les vas a convencer.
9. Por más/muchas reclamaciones que (hacer), nunca nos devolvieron el dinero.
10. Por muy rico que (ser), la chica no se habría casado con él.
11. Por muy felices que (parecer), no hay que fiarse de las apariencias.
12. Por más que (entrenarse) no conseguía llegar a la final.
13. Por muchas/más dietas que (hacer) nunca consiguió adelgazar ni un gramo.
14. Por más/muchas vueltas que le (dar) no vas a lograr entenderlo.

## Condition and exception

### 13.19 Subordinators other than *si* (B&B 16.12.8, Level 2)

Give the correct form of the verb in brackets, and translate into English sentences 1, 3, 5, 7, 10 and 12.

1. Mientras no (dar) la lata, te puedes estar ahí todo el tiempo que quieras.

2. Cómprense lo que quieran, <u>siempre que</u> no me (pedir) dinero prestado.
3. <u>Con que</u> vosotros les (dar) una buena acogida, ya me conformo.
4. <u>Con que</u> (sacar/tú) las entradas con dos días de antelación, ya es suficiente.
5. <u>Como</u> no me (entregar/ustedes) los ejercicios a tiempo, no se los corrijo.
6. Podríamos ir a esquiar, <u>salvo que</u> (preferir/vosotros) hacer otra cosa.
7. <u>Siempre que</u> (tener/ustedes) dinero abundante, no tendrán que preocuparse.
8. <u>Con tal de que</u> (rebajar/él) un poco el precio, yo me daría por sastisfecho.
9. <u>Caso de que</u> no (haber) dicho nada para el lunes, tendremos que darles otra llamada.
10. <u>A poco que</u> (hacer), lo terminarás para la fecha indicada.
11. <u>A menos que</u> (enviar) usted la carta por correo urgente, tardará cinco días en llegar a su destino.
12. <u>Como no sea que</u> (olvidarse), tarde o temprano llegarán.
13. <u>Como</u> no (dejar) de comer tanto, te vas a poner como un tonel.
14. No teníamos donde dormir, <u>salvo que</u> (estar) dispuestos a compartir la habitación con extraños.

## 13.20  *Si* clauses (1) (B&B 25, Level 2)

Substitute the phrase in italics by a phrase beginning with *si*.

1. *Siempre que no molestes*, puedes quedarte un rato.
2. *De haber tenido las gafas* lo habría leído.
3. *Telefoneando por la noche* se ahorra mucho dinero.
4. *De haberlo sabido antes*, no vengo.
5. *Como no termines pronto*, hoy no sales.
6. *A menos que te urja mucho*, no le molestes ahora.
7. *Yo, en su lugar*, no lo volvía a repetir.
8. *Caso de que venga*, se lo diré.
9. *Con que se lo digas para las diez*, es suficiente.
10. Puedes ir a la fiesta *con tal que vuelvas antes de medianoche*.

## 13.21  *Si* clauses (2) (B&B 25.8.2–25.8.4, Level 3)

Replace *si* by *de*+infinitive, *como* and other conditional expressions.

1. Si hubiera sabido ayer lo que sé ahora, no me habría pasado esto.
2. Si llaman ¿qué les digo?
3. Si no te portas mejor, este fin de semana no sales.
4. Si lo piensas bien, no me parece que sea tan grave el asunto.

5. Te cuido al niño esta noche, si me prestas el coche para volver a casa.
6. Si trabajas un poco todos los días, pasarás el examen sin dificultad.
7. Si esa fuera la única dificultad, no habría por qué preocuparse.
8. Si yo fuera ustedes, no le daba más vueltas.
9. Si no es por el perro, se les ahoga el niño.
10. El paraguas estará en su sitio, si no te lo has dejado olvidado en alguna parte.

## 13.22 *Si* clauses (3) (B&B 25.1–25.4, Level 2/3)

Correct the mistakes you find. Not all the sentences are incorrect.

1. Si decíamos siempre lo que pensábamos se producirían cantidad de conflictos.
2. Yo no cuento algo si no me lo crea yo mismo, si no, ¿quién se lo va a creer?
3. El sabía perfectamente que si nevaba más aquella noche, se quedaría aislado.
4. Esta planta apenas si crece nada, la voy a trasplantar.
5. Pensaron que si tenían dinero se irían a un hotel, y si no, dormirían al raso.
6. Nosotros podríamos continuar esto, si alguien nos lo empiece.
7. Nos dijeron que si teníamos prisa, procurarían servirnos cuanto antes.
8. Si habrías llamado como quedamos, no estaría de tan mal humor ahora mismo.
9. Si no hagas lo que te digan, creo que no les va a gustar.
10. Mis padres siempre creyeron que si me iba al extranjero, no regresaría a mi país.
11. Si yo diga lo que tú acabas de decir, seguro que me pones verde.
12. Si no se comporten como deben, que les castiguen.

## Relative clauses

### 13.23 The subjunctive in relative clauses (1)
(B&B 16.14, Level 3)

Give the correct form of the verb in brackets.

1. Ya he encontrado el libro que (necesitar) para escribir el ensayo.
2. No hay libro que te (poder) resolver esta duda.
3. Lo que (suceder o dejar de suceder) en aquella ocasión sigue siendo un misterio.

4. Busco a alguien que (andar preguntando) por mí.
5. No hay persona más feliz que la que (contentarse) con lo que tiene.
6. ¿Hay alguien que (necesitar) alojamiento?
7. Para ser alguien que (tener) tantos millones, no es muy generoso que digamos.
8. Cualquiera que (tener) menos millones que él, sería más generoso.
9. Todavía no se ha descubierto ningún medicamento que (curar) el sida.
10. A mí me gusta la gente que (hacer) su vida y no (meterse) con nadie.

## 13.24  The subjunctive in relative clauses (2)
(B&B 16.14, Level 3)

Translate into Spanish.

1. I know there is a restaurant that serves curry here, but I doubt that there's one that serves paella.
2. I've never come across anyone who agrees with the present system of taxes.
3. Pretend you don't know any of the colleagues you meet at the party.
4. There was hardly anyone in the class who had seen the film.
5. It's almost impossible to find a Spaniard who has never been to a bullfight.
6. That is a subject which has caused tremendous controversy.
7. There isn't a single foreigner who has never complained of English food.
8. Is there anything you fancy?
9. Anyone who's finished may leave now.
10. If there's anything you don't like, just send it back.
11. I've just finished reading the best book ever written.
12. This is the most awkward position I've ever found myself in.

## 13.25  Translating 'however', 'whatever', 'whoever', 'whichever', etc. (B&B 16.13, Level 3)

(See also exercises 4.8, 4.9 and 13.18)

Translate into Spanish.

1. Whoever said that was totally mistaken.
2. I shall go and find her, wherever she is.
3. However you look at it, the answer is no.
4. I'll pay, however much it costs.
5. Whatever you do, it is important that you continue to read, as it is only by reading that you will recognise how the process of writing works.

6. Everywhere he went he and his crew had a cover story, which had them allegedly travelling on all manner of unrelated journalistic business.
7. Whatever your approach to travelling, *Sun & Sea* is the ideal choice. Whether you want an adventure holiday or a quiet and torrid spell by the sea, we can make it happen.
8. Wherever they went they were welcomed with open arms.
9. Anyone who believes that is being taken for a ride.
10. Don't ever part with it, whoever it is who asks for it.
11. Anyone who has experienced the like knows what I'm talking about.
12. They come whenever they fancy.
13. They'll come whenever it suits them.
14. Do whichever exercise you like best.
15. Whichever way you look at it, there is no way out.
16. Whatever you find, whatever you like, you may take with you.
17. Whatever they do, the terrorists will never achieve their mad objectives.
18. Democracy is choosing whoever you like to speak for you, and granting this right to others.

## 13.26 General exercise on the subjunctive (B&B 16, Level 3)

Give the correct form of the verbs in brackets. They are all in the present or present perfect indicative or subjunctive. Find the words, i.e. subordinators, verbs, expressions, etc. that dictate the subjunctive forms.

### *Relaciones personales*

Acabo de terminar la primera versión de un libro sobre los hombres, una especie de manual ligero para la reconversión masculina. Se lo comunico a un amigo. "No (pensar) leerlo", se apresura a decirme. Y añade: "No sea que me (dar) ideas". Me veo obligado a contraatacar: "No hace falta que lo (leer), basta que lo (comprar) cuando (salir) y lo (recomendar)". Me pregunto qué razón (inducir) a mi interlocutor a ponerse inmediatamente a la defensiva. Yo no estoy seguro de que el libro (contener) amonestaciones para él. En realidad, lo conozco poco y es posible que (tener) superados los achaques y manías masculinas de las que hablo en el libro. ¿Qué le hace suponer, por el contrario, que la lectura del libro le va a crear problemas, o simplemente algún desasosiego? ¿Qué le hace suponer que el libro (ir) por él o va a por él? No es infrecuente esta doble reacción masculina ante las críticas al colectivo o simplemente a algunos hombres. El varón, por una parte, (tender) a darse por aludido siempre como si (ser) una vergüenza no estar incluído en cualquier comentario sobre los varones, aunque (ser) adverso. De otra parte, tiende a rehuír la confrontación y aun la simple reflexión. El primer fenómeno delata la persistencia de la neura patriarcal: ser varón es prestigioso. La segunda revela una crisis que no (querer) ser asumida.

Source: J.V. Marqués, *El País* (Spain)

# 14

## Reported speech

### 14.1 Sequence of tense (B&B 14 and 16, Level 2)

Write out (or read aloud) the following text, beginning: *Pepita le comentó a su marido que . . .*

Tengo el frigo averiado desde el martes —dijo Pepita— y no consigo hablar con el electricista antes de que salga de casa para todo el día. Y es inútil decirle a su mujer que le dé el recado, porque él es un vago y no quiere molestarse. Trataré de engatusarle, sé que una vez que lo prometa no se echará atrás. Yo le comprendo perfectamente: ¿por qué ha de trabajar pudiendo permitirse el lujo de no hacerlo? Dinero no le falta, ya hace su agosto con los veraneantes ...

### 14.2 Indirect questions (B&B 24, Level 1/2)

Change the following questions into indirect form, beginning with the phrase in brackets.

*Example:* ¿Cuándo piensas volver? (Mi novio me preguntó ____)
→
Mi novio me preguntó **cuándo pensaba volver**.

1. ¿Qué hora es? (Me preguntó ____)
2. ¿Cómo funciona este aparato? (Pregunté ____)
3. ¿Por qué no quieres que lo sepa tu madre? (Pregunté a mi amiga ____)
4. Los venezolanos ¿hablan español? (¿Sabes ____?)
5. ¿Cuántos pasajeros hay en el avión siniestrado? (No se sabía ____)
6. ¿Qué opinas sobre la nueva estrategia del gobierno? (Todavía no me has dicho ____)
7. ¿En qué ciudad nació Cervantes? (No hay nadie que desconozca ____)
8. ¿Dónde se habrán metido los críos? (Ignoraba ____)
9. ¿Cuántos años lleva aquí esta familia? (El oficial quería saber ____)
10. ¿Cuál es más importante: el bienestar social o la prosperidad económica? (Los políticos siempre están discutiendo ____)

### 14.3 Indirect commands (B&B 16.2.4, 16.5, Level 2)

Change the following imperatives into indirect commands, beginning with the words in brackets.

*Example:*   ¡Salga de la habitación! (Le pedimos ____) → Le pedimos **que saliera de la habitación**.

1.  ¡Lea más alto! (Le aconsejé ____)
2.  ¡Ten cuidado con las tijeras! (Te dijo ____)
3.  ¡Pague la habitación mañana! (Le sugirieron ____)
4.  ¡Terminad este trabajo cuanto antes! (Os ordenan ____)
5.  ¡No pongas excusas! (Te dirán ____)
6.  ¡Haga caso a los peatones! (Le insististe ____)
7.  ¡No actuéis de esa manera! (Nos suplicaron ____)
8.  ¡Dime la verdad! (Te pidió ____)
9.  ¡Cómprate otro coche! (Me animasteis ____)
10. ¡No vuelva a decirnos tales mentiras! (Le dijimos ____)

# 15

# The syntax of verbal constructions

## General

### 15.1 Infinitive constructions with verbs (B&B 18.2.3, Level 2)

Fill in the gap with an appropriate preposition if necessary.

1. No estamos acostumbrados ____ recibir tales noticias.
2. ¿Qué pretendes ____ demostrar con tantos ejemplos?
3. Todo el mundo bajó ____ ver al recién llegado.
4. ¡No se te olvide ____ hacerlo!
5. Quedamos ____ vernos al día siguiente.
6. Te debes guardar ____ decir cosas así.
7. Todo induce ____ pensar que no cambiarán de opinión.
8. ¿Adónde piensas ____ ir mañana?
9. Si te puedo ayudar, no dudes ____ llamarme.
10. Juan siempre procura ____ comportarse cortésmente.
11. Su madre le ha prohibido ____ salir de noche.
12. El lesionado no recordó ____ haber chocado contra el árbol.
13. ¿No preferirías ____ tomar una infusión de menta?
14. Me negué terminantemente ____ hacer un discurso en público.
15. Por favor, enséñeme ____ tocar la flauta.
16. Se resistió ____ estrecharme la mano.
17. Prometimos ____ enviar una tarjeta a mi tía.
18. No quiero evitar ____ mencionar dos otros factores importantes.
19. Decidieron ____ luchar ____ librar a los presos políticos de la cárcel.
20. El tren tardó dos horas y media ____ llegar a Zaragoza.
21. El presidente ni siquiera se dignó ____ responder.
22. Me mandaron ____ salir cuanto antes.
23. Mi abuela sueña ____ ganar la lotería de Navidad.
24. Trata de persuadirle ____ dejar de beber.
25. Opté ____ no hacer todos lo exámenes necesarios.

### 15.2 Infinitive and full clause (B&B 18.2.1, Level 2/3)

Change the subject of the second verb in the following sentences as indicated. This will generally need a change of construction type from infinitive to full clause, or *vice versa*.

*Example:*   Quiero salir con Jaime esta noche (tú).

   →

   Quiero que **salgas** con Jaime esta noche.

1. Preferimos tomar precauciones contra la insolación (ustedes).
2. Temo no poder bajar (el gatito).
3. Recordó haber visto a Juan en la playa (nosotros).
4. Los testigos afirmaron que Paco era el culpable (los testigos).
5. Los izquierdistas han conseguido formar gobierno (la coalición).
6. El ministro prometió rebajar los impuestos (el próximo gobierno).
7. Tu padre quiere alquilar un piso (mis primos).
8. Todo el mundo reconoce estar muriendo de hambre (los somalíes).
9. Nunca consentiré en hacer puenting (vosotros).
10. Espero pasarlo bien en la montaña (los niños).

## Particular constructions

### 15.3 Verbs of permitting and forbidding
(B&B 16.5.2, 18.2.4, Level 2)

Following the example, construct one sentence from the two sentences given. (Sometimes there will be two constructions possible, one with the infinitive and one with the subjunctive.)

*Example:*   Compré dos botellas de tinto. Mi padre lo mandó.

   →

   **Mi padre me mandó comprar dos botellas de tinto.**
   **Mi padre mandó que comprase dos botellas de tinto.**

1. Elena salió a la discoteca. Su madre lo permitió.
2. Los niños comerán las alubias. Les animaré.
3. No se trata de un accidente. Todo lo indica.
4. Todos colaboran para mantener limpia la ciudad. El Ayuntamiento les ha invitado.
5. Usted abre una cuenta corriente. Lo recomiendo.
6. Entraste en el museo de cera. Lo querías.
7. Tomasico me lo devolvió. Su padre le obligó.
8. Cenamos juntos. El director lo propuso.
9. El agua salía del tubo. El niño lo impedía.
10. No salga usted con este tiempo tan malo. Le aconsejó.

## 15.4 Verbs of perception (B&B 18.2.5, Level 2)

Express what is being seen or heard in the following sentences.

*Example:*   Sonaba el teléfono (oí).

   →

   **Oí sonar el teléfono.**

1. Mi corazón latía (sentía).
2. Se cantó una canción muy hermosa (oímos).
3. Casi todos los reclutas desfilaron delante de mí (he visto).
4. Se cerró de repente la puerta trasera (oyeron).
5. Marcaste un gol ayer (vimos).
6. Se dice que es un libro buenísimo (hemos oído).
7. La anciana cruzaba la calle (vieron).
8. Tocarán la Novena Sinfonía de Beethoven (vamos a ir a oír).
9. La preparaba ella (no vimos).
10. Subió la temperatura considerablemente (se notó).

## 15.5 Verbs with the gerund (B&B 20.8, Level 2/3)

Study the constructions with the gerund in the following sentences, and discuss how they can best be translated into English.

1. Bilbao ha ido creciendo constantemente a lo largo de su historia.
2. Desde entonces he venido asociando los viernes con el olor a pescado.
3. Llevamos veinte años investigando las propiedades de este gas.
4. ¡Vamos yendo!
5. Siempre acabamos riñendo.
6. Si quieres andar criticando a los otros, por lo menos no dejes que te oigan.
7. Nos quedamos contemplando la puesta del sol.
8. Salió consiguiendo la cátedra de historia.
9. Vamos arreglando todas estas piedrecitas para hacer un mosaico.
10. Venimos diciendo que Bernardo es un auténtico sabio.

## 15.6 Pronoun shifting (B&B 11.14.4, 18.2.3, Level 2/3)

Change the underlined material in the following sentences into a pronoun and move the pronoun to stand with the finite verb if the verb admits such movement.

*Examples:*    Aprendimos a leer <u>el alemán</u> en muy poco tiempo.

→

Aprendimos a leer**lo** en muy poco tiempo.

**Lo** aprendimos a leer en muy poco tiempo.

Le ayudaré a preparar <u>la cena</u>.

→

Le ayudaremos a prepara**rla**.
(*\*Se la ayudamos a preparar* is impossible.)

1. ¿Te atreves a subir <u>la escala</u>?
2. Conseguí encontrar <u>la solución perfecta</u>.
3. Le invité a tomar <u>una cerveza</u> conmigo.
4. Montse intentó traducir <u>la carta</u>.
5. Necesito ver enseguida a <u>mi secretaria</u>.
6. Los revolucionarios lucharon por restaurar <u>la democracia</u>.
7. Empezamos a recorrer <u>la ciudad</u>.
8. ¡Deje de soltar <u>injurias</u>!
9. ¿Me permite abrir <u>la ventana</u>?
10. Juré entonces no revelar <u>el secreto</u>.
11. ¿Podemos ver <u>los fuegos artificiales</u>?
12. Preferirían dar <u>las flores</u> a <u>la profesora</u>.
13. El médico se limitó a recetar <u>aspirinas</u>.
14. Espero cobrar <u>el sueldo</u> mañana.
15. Se esforzó por comer <u>los garbanzos</u>.
16. Me invitó a contar <u>la historia completa</u>.
17. No pretendo saber <u>la verdad</u>.
18. Temen no poder ver a <u>la reina</u>.
19. ¿Qué te ha impulsado a recortar <u>la foto</u>?
20. ¡Trata de recordar <u>tu nombre</u>!

# 16

# Non-finite forms of the verb

## Infinitive

### 16.1 Infinitive governed by a verb (B&B 18.2, Level 2)

Infinitive construction or *que* construction? Complete the sentences by using the words given in brackets, and remember that with some verbs the subordinate verb must be in the subjunctive.

*Examples:* María propuso (todos ir) al mismo bar.

→

María propuso **que fuéramos todos** al mismo bar.

María creía (ella misma estar) en aquel restaurante antes.

→

María creía **haber estado** en aquel restaurante antes.

1. A mis hermanos no les gusta (yo salir) con ellos.
2. A mis hermanos no les gusta (ellos mismos salir) conmigo.
3. Mi padre prometió (él mismo regalarme) un coche para mi cumpleaños.
4. Mi padre me prometió (yo tener) el coche para mi cumpleaños.
5. ¿Estás seguro de (yo decir) eso alguna vez? Yo no recuerdo haberlo dicho nunca.
6. ¿Estás seguro de (tú decir) eso alguna vez? Yo no recuerdo habértelo oído nunca.
7. Creo (yo ver) esa exposición el año pasado contigo.
8. Yo creo (tú ver) esa exposición de pintura el año pasado conmigo.
9. Mi hemana quería (todo el mundo pasarlo bien) en su fiesta.
10. Mi hermana quería (ella misma pasarlo bien) en su fiesta.
11. Prefiero (tú quedarse) haciéndome compañía.
12. Prefiero (yo quedarse) haciéndote compañía.
13. Siento (tú comprarlo) en esta tienda, porque has pagado más de lo debido.
14. Siento (yo comprarlo) en esa tienda, porque he pagado más de lo debido.
15. A él le interesa (él mismo vender) la propiedad cuanto antes.
16. A él le interesa (el agente vender) la propiedad cuanto antes.
17. Hace mucho que no veo a mis padres, espero (yo poder ir) pronto a visitarles.
18. Hace mucho que no veo a mis padres, espero (ellos poder venir) pronto a visitarme.

19. Temo (yo llegar) tarde a clase y que no me dejen entrar.
20. Temo (ellos llegar) tarde a clase y que no les dejen entrar.

## 16.2 Infinitive after prepositions (B&B 18.3.1, 18.3.3, Level 2)

Fill in the gaps with either *con, sin, por, al,* or *de* and give the meaning of the preposition + infinitive expression in English.

1. ____ salir de la clase no se olviden de apagar las luces.
2. ____ trabajar no se puede vivir.
3. ____ haberse mudado de casa, ya nos lo habría dicho.
4. No te vayas de casa ____ despedir.
5. ____ echarse a llorar no se solucionan las cosas.
6. ____ haberme hecho caso, no te hubiera pasado eso.
7. Eso te pasa ____ ser tan testarudo.
8. Me caí ____ bajar del autobús.
9. Lo hizo ____ ayudarnos.
10. Este se cree que ____ trabajar dos horitas ya le basta.

## 16.3 Choice between infinitive and *que* + finite verb
(B&B 18.3.2, Level 2)

Infinitive construction or *que* construction? Complete the sentences, following the examples shown.

*Examples*:  He venido para (tú decirme) qué debo hacer.
   →
   He venido **para que me digas** qué debo hacer.

   He venido para (yo decirte) qué debes hacer.
   →
   He venido **para decirte** qué debes hacer.

1. Después de (el presidente terminar) su discurso, la gente empezó a marcharse.
2. El presidente tomó asiento después de (él terminar) su discurso.
3. La librería nos mandó la factura antes de (nosotros recibir) los libros.
4. La librería nos mandó la factura antes de (ellos enviarnos) los libros.
5. Es un niño muy trabajador, sin (nadie decirle) nada, se pone a hacer los deberes.
6. Niño, no estés ahí sentado sin (tú decir) nada, parece que te aburres.
7. Con (tú tocarlo) otra vez al piano, me conformo.
8. Con (tú tocarlo) otra vez no te basta, tienes que practicar más.

9. Dijo que no salía de casa hasta (él terminar) la tarea.
10. Dijo que no salía de casa hasta (alguien llamarlo) por teléfono.

## 16.4 Infinitive as a noun (B&B 18.6, Level 1)

Complete the sentences with an appropriate infinitive.

1. ____ veinte cigarrillos al día es muy malo para la salud.
2. Me gusta ir de viaje pero odio ____ las maletas.
3. ¿Qué tiene de malo ____ toda la mañana en la cama?
4. Mi actividad favorita es ____, pero en mi ciudad no hay piscina.
5. Aunque no me gusta nada ____, mis padres pretenden que vaya a la universidad.
6. ¿Cuál es tu trabajo? ____ al teléfono y ____ cartas.
7. ____ por la Patria es lo que hacen los soldados.
8. Según los científicos, es muy conveniente ____ un poco de vino todos los días.
9. ____ pesos y ____ troncos son los deportes tradicionales vascos.
10. Los niños están deseando ____ los regalos de Navidad.

## 16.5 Adjective + *de* + infinitive (B&B 18.10, Level 2)

In the following sentences, make the underlined material the subject of a new sentence, as in the example.

*Example*:  Es fácil entender el plano del metro de Londres.
$\rightarrow$
El plano del metro de Londres es fácil **de** entender.

1. Para los occidentales, es muy difícil aprender el chino.
2. Es imposible memorizar la guía telefónica.
3. Es imposible hacer todos esos deberes en un día.
4. Es relativamente fácil diagnosticar la enfermedad, pero es difícil tratarla.
5. Es imposible vender este coche tan viejo, ¿quién lo va a comprar?
6. Es muy difícil distinguir a los hermanos gemelos.
7. Es imposible localizar al gerente de la empresa, se ha dado a la fuga.
8. Es casi imposible entender al jefe, cada día dice una cosa distinta.

## Past participles

### 16.6 Forms (1) (B&B 19.1, 19.2, Level 2)

Put the verb in brackets into the correct form of the past participle.

1.  Llevo (escribir) veinte invitaciones y ya tengo (enviar) otras veinticinco.
2.  Había (poner) las flores en un jarrón de cristal y al ir a colocarlo sobre la cómoda, se le ha (caer) y se ha (romper).
3.  Dice que ya ha (ver) casi todas las películas que se han (estrenar) este año.
4.  Os tengo (decir) que lo que se ha (hacer) dos veces no se vuelve a repetir.
5.  Han (abrir) el armario y se lo han (encontrar) todo (cubrir) de serrín.
6.  Tus problemas están (resolver) pero los míos han (aumentar) desde que te vi.
7.  Desde que se declaró la famosa enfermedad han (morir) cantidad de vacas, y las han (quemar).
8.  Se ha (disolver) la compañía porque han (descubrir) irregularidades fiscales.

### 16.7 Forms (2) (B&B 19.2.1, Level 2/3)

Complete the table with the missing forms.

| Infinitive | Verbal participle | Adjectival participle |
|---|---|---|
|  | soltado |  |
| despertar |  |  |
|  |  | atento |
| freir |  |  |
|  | presumido |  |
|  |  | extinto |
|  | nacido |  |
| sujetar |  |  |
|  | proveído |  |
| suspender |  |  |
|  |  | maldito |

## 16.8 Verbal and adjectival past participles (B&B 19.2.1, Level 3)

Choose the correct alternative in each of the sentences below.

1. Para el siglo XV había en España cantidad de judíos *convertidos/conversos.*
2. Con aquellas instrucciones tan *confundidas/confusas* no sabía a qué atenerse.
3. Como no he tomado el café todavía no me he *despierto/despertado.*
4. ¿Te han *atendido/atento* bien en ese restaurante?
5. Yo quiero el filete bien *freído/frito*, no me gusta la carne poco hecha.
6. Es un señor muy *atendido/atento* y muy educado.
7. La letra *impresa/imprimida* resulta muy cómoda para el lector.
8. Me he *soltado/suelto* la trenza porque prefiero llevar el pelo *soltado/suelto.*
9. Lleva el bolso bien *sujeto/sujetado* para que no te lo roben.
10. Es un deportista *nato/nacido*, todos los deportes se le dan bien.

## 16.9 Participle clauses (B&B 19.3, Level 2/3)

Match the clauses in the left-hand column to those in the right-hand column, and think of a possible translation into English.

| | |
|---|---|
| 1. Empezada la representación, | a. la gente se dispersó y la policía se retiró. |
| 2. Terminado el plazo de suscripción, | b. nos pondremos a comer. |
| 3. Una vez rellenado el impreso, | c. los montañeros plantaron la bandera. |
| 4. Cumplidos los 60, | d. llévelo a la ventanilla número dos. |
| 5. Una vez solucionado el problema, | e. se levantó y salió de la habitación. |
| 6. Los libros, una vez leídos, | f. no dejan entrar en la sala. |
| 7. Acabada la manifestación, | g. hacen su aparición los achaques. |
| 8. Llegados a la cumbre, | h. pudimos dormir tranquilos. |
| 9. Dicho esto, | i. no pude matricularme. |
| 10. Visto que no llegan los invitados, | j. se devuelven a la biblioteca. |

## *Forms in* -nte

## 16.10 Forms (B&B 19.4, Level 1/2)

Complete the table with the missing forms.

| Infinitive | Gerund | -*nte* form |
|---|---|---|
|  | agobiando |  |
|  |  | imponente |
| asfixiar |  |  |
|  | preocupando |  |
| crecer |  |  |
| poder |  |  |
|  | influyendo |  |
|  |  | alarmante |
| interesar |  |  |
|  | pendiendo |  |
| frustrar |  |  |
|  |  | poniente |
| entrar |  |  |
| nacer |  |  |
|  | aplastando |  |
|  |  | acomplejante |
| desesperar |  |  |
| estresar |  |  |

**16.11 Use** (B&B 19.4, Level 2/3)

Complete the gaps with one of the -*nte* forms from the table in exercise 16.10.

1. El dinero da poder, por eso el que es ____ es también ____ .
2. El calor ____ y húmedo que padecimos en agosto era ____, no se podía trabajar.
3. Se dice que los que trabajan en la City llevan una vida agobiante, o por darle un calificativo moderno, ____ .
4. No hay manera de que contesten al teléfono, es ____, comunican sin parar.
5. Es un tipo con un físico ____ y una conversación muy ____, pero sabe tanto que resulta un poco ____ .
6. El ____ aumento del consumo de drogas va siendo no ya ____ sino ____ .

7. Es ____ tener que dejar tantos asuntos ____ para solucionar la próxima
vez.

8. El sol ____ y el sol ____ son otros términos para referirnos a la salida
del sol y al ocaso.

9. La ____ derrota sufrida por el Partido Conservador ha llenado de
euforia al partido ____ .


## 16.12 Spanish -*nte* forms as the equivalent of English '-ing' forms (B&B 19.4, Level 2)

Translate the following phrases into Spanish. Note that there a
Spanish form in -*nte* is not always available.

1. an interesting book
2. a thinking mind
3. a smiling face
4. a reassuring answer
5. a barking dog
6. The Wandering Jew
7. a retreating army
8. an entertaining business
9. the remaining four
10. a retiring person
11. a building looking south
12. an amusing reply
13. the defending counsel
14. a sour-looking person
15. a charging bull
16. writing paper


# The gerund

## 16.13 Forms (B&B 20.2, Level 1)

Put the verb given in brackets into the gerund form.

(Venir) a casa, junto a ese edificio nuevo que están (construir), he visto a
uno de esos señores que anda (pedir) limosna y que se suele ir (caerse)
del alcohol que lleva encima. Por el aspecto no se sabía si estaba (dormir)
o (morirse). Unos que pasaban por allí estaban (decir) que le habían visto
(reñir) con un compañero suyo que había salido (huir), dejándole a éste
no (poderse) levantar del suelo.


## 16.14 Adverbial use of the gerund (B&B 20.4.1–5, Level 3)

A Describe the role of the underlined gerunds (condition, manner,
concession, cause, purpose, time) in the following sentences by turn-
ing them into finite verb constructions, as in the example.

*Example:*   <u>Habiendo terminado</u> la ceremonia, los huéspedes se dirigieron al hotel.

→

**Time: Cuando terminó** la ceremonia, los huéspedes se dirigieron al hotel.

1. Nos llamó <u>diciendo</u> que se iba a suicidar.
2. <u>Paseando</u> por la plaza, he visto que han abierto una tienda nueva.
3. <u>Estando</u> tan bien cualificado, no encuentra trabajo.
4. <u>Siendo</u> tan antipático, no me extraña que no tenga amigos.
5. <u>Conduciendo</u> a esa velocidad, va a tener un accidente.
6. Se hizo millonario <u>vendiendo</u> pólizas de seguros.

**B** Now do the exercise the other way round, saying what type of clause the underlined words are and changing them into a gerund with a similar function.

7. <u>Si tienes tanto dinero,</u> ¿cómo no te jubilas ya?
8. <u>Aunque es tan blanca de piel</u>, no se quema cuando toma el sol.
9. <u>Cuando salía de casa</u>, me retorcí un tobillo.
10. <u>Como vive tan cerca</u>, puedes ir andando.
11. Les voy a escribir <u>para anunciarles</u> la buena nueva.
12. <u>Tras repetirlo una y otra vez</u>, consiguió memorizar el discurso.

## 16.15 The gerund as a substitute for a relative clause verb
(B&B 20.3, Level 3)

Whenever possible, substitute the relative clause with a gerund.

1. Vi una niña gitana <u>que vendía</u> *La Farola*[1], el periódico de los 'sin techo'.
2. Increparon a los policías <u>que cargaban</u> contra los manifestantes.
3. Se oía el reloj de la iglesia <u>que daba</u> las doce.
4. Encontré a unos nudistas <u>que se bañaban</u> en pleno invierno.
5. Sacamos una foto a un edificio <u>que se caía</u> de viejo.
6. Dejé a la niña, <u>que lloraba</u> como una Magdalena, con la vecina.
7. Nadie de la clase conoce a ese chico <u>que se sienta</u> en la primera fila.
8. Todos los días hago una lista <u>que me ayuda</u> a recordar lo que tengo que hacer.
9. He comprado un libro <u>que describe</u> la vida de la princesa con todo detalle.
10. Buscamos gente <u>que quiera</u> triunfar en la vida.

[1]The Spanish equivalent of *The Big Issue* in Britain.

## 16.16  The gerund after a finite verb (B&B 20.8, Level 3)

Change the infinitive given in brackets into a gerund preceded by *acabar, quedarse, andar, ir, venir, seguir, llevar* or *salir*.

*Example:*   Mi hermano (hablar) por teléfono más de media hora.

   →

   Mi hermano **lleva hablando** por teléfono más de media hora.

1.  Hace tiempo que yo (pensar) que deberíamos mudarnos de casa.
2.  Al oír llorar al niño, la madre (correr) hacia la habitación.
3.  Los Pérez (vivir) en esta ciudad unos diez o doce años, los que tiene su hija.
4.  Mi padre (trabajar) en la misma empresa de siempre y ya no creo que cambie nunca.
5.  Por fin, el presunto asesino (confesar) la verdad, como era de esperar.
6.  Anoche me (estudiar) hasta muy tarde.
7.  Mientras yo frío la carne, tú (poner) la mesa.
8.  No le creas nada de lo que te dice, siempre (contar) mentiras por ahí.

## *Translating English '-ing'*

### 16.17  Translating English '-ing'
(B&B 20.3, 20.4.2, 20.6, 20.7, 20.9.4, Level 3)

Translate these sentences into Spanish.

1.  I saw Mary waiting for a bus.
2.  As we passed his house we heard him practising the violin.
3.  Can you imagine our parents drinking tequila in Mexico?
4.  I could feel something crawling up my leg.
5.  Dad took a picture of granny skiing with us.
6.  It was a mixture consisting of oil, vinegar and herbs.
7.  Here you see a man carrying water from the fountain.
8.  This is a long-standing tradition dating back to the Middle Ages.
9.  The cats used to sleep in the room overlooking the garden.
10. The airport accommodates flights carrying up to one million passengers.
11. Does your fear of flying prevent you from travelling?
12. By making a list you won't forget anything.
13. I'm bad at playing tennis.
14. She's very good at playing the piano.
15. I apologize for being so rude.

## 16.18 Translating '-ing': general exercise (B&B 20.9, Level 2)

Translate into Spanish.

1. I've finished reading your book.
2. They ran out of the school laughing.
3. Doing nothing cannot possibly be the right response.
4. I'm going to Madrid tomorrow.
5. Place the eggs in boiling water.
6. Carry on reading!
7. Not going out is a good way of saving money.
8. I've just read a book describing Indian customs.
9. She was waiting for him at the church.
10. The instructions you have given are very confusing.
11. They heard the boys whispering.
12. There was not a living soul left in the crumbling village.
13. This is a picture of my friends throwing me in the swimming-pool.
14. You'll recover more quickly by not attempting to do too much at the beginning.
15. Studying hard is the best way to pass your exams.
16. This radio isn't working.
17. The boat had been turned into a floating hotel.
18. After working for the whole day I like watching television.
19. His favourite hobby is collecting stamps.
20. Trying to get him singing is a losing battle.

# 17

# Modal auxiliaries

## Poder and saber

### 17.1 Expression of ability (B&B 21.2, Level 1)

Complete the dialogues with the appropriate form of *poder* or *saber*.

**A**

—¿(1) _____ venirte conmigo a la piscina después de comer?
—No, no (2) _____
—¿Cómo que no (3) _____? ¿Tienes algo que hacer?
—Pero ¿cómo (4) _____ preguntarme eso? ¿Tú no sabes que yo no (5) _____ nadar?
—¡Ah, claro que no (6) _____ nadar! (7) _____ hacer otra cosa si quieres.

**B**

—Me encantan los roscos de aceite, (1) _____ comerme medio kilo sin darme cuenta. ¿(2) _____ hacerlos?
—Pues no, no (3) _____ hacerlos. Ni siquiera tengo la receta pero no hace falta porque mi madre los hace en cuanto (4) _____. (5) _____ pasarnos por casa a ver si queda alguno.
—¡Uy, qué maravilla! No sabes lo feliz que me haces. No (6) _____ cómo agradecértelo.
—Muy fácil, (7) _____ invitarme a comer cualquier día.

### 17.2 *Pudo, no pudo/podía, no podía?* (B&B 21.2.2, Level 2)

El verano pasado, Luis se cayó de la bici, se rompió la pierna y tuvo que estar enyesado y con la pierna en alto durante veinticinco días. Por lo tanto, había muchas actividades que *podía* o que *no podía* hacer y otras que *pudo* o *no pudo* realizar. Elige de la lista de posibilidades cuáles eran unas y otras.

bañarse

participar en un campeonato de tenis al que se había apuntado

leerse las obras completas de Crichton

hacer deporte

andar sin muletas

terminar de escribir un cuento que había empezado hacía tiempo

adelantar trabajo para el curso siguiente

ver todos los programas de televisión que quiso

hacer vela

correr en una maratón que se celebró en el pueblo

bailar

escuchar música

estar sentado

hablar por teléfono

aprender a jugar al ajedrez

escribir cartas que debía hacía tiempo

ir a un baile al que le habían invitado

pasarse horas oyendo sus discos favoritos.

| Podía ... | No podía ... | Pudo ... | No pudo ... |
|---|---|---|---|

## 17.3  The imperfect of *poder* used for reproaching
(B&B 21.2.3, Level 2)

Answer the questions as in the example. Use object pronouns where appropriate.

*Example*:   ¿Cómo no me has traído un regalito de tu viaje?
   →
   **Ya podías habérmelo traído** or **ya me lo podías haber traído.**

1.  ¿Cómo no fuiste a visitar a tu madre cuando pasaste por Valencia?
2.  ¿Cómo no me dijiste que esta noche tenías cena de trabajo?
3.  ¿Cómo no le ayudaste a tu hermano con la mudanza?
4.  ¿Cómo no les advirtieron a los empleados que la empresa iba mal?
5.  ¿Cómo no llevaste a los niños al cine el sábado?
6.  ¿Cómo es que no te acordaste que hoy tenías gimnasia?
7.  ¿Cómo no me telefoneaste para avisarme que venías tarde?
8.  ¿Cómo tardaron tanto en llegar las ambulancias?

9. ¿Cómo no te informaron enseguida?
10. ¿Cómo no pensaste en mí al hacer el reparto?

## 17.4 *Poder* used in speculations and suggestions
(B&B 21.2.3, Level 3)

Answer the following questions with suitable suggestions, using *puede que* followed by the appropriate tense of the verb in the subjunctive.

*Example*:  ¿Por qué no vendrían al cine ayer como habíamos quedado?
(estar cansados)
→
**Puede que estuvieran cansados.**

1. ¿Por qué estará el profe de tan mal humor hoy?
(dormir mal anoche)
2. ¿Por qué llevará gafas de sol si está lloviendo?
(tener algún problema con los ojos)
3. ¿Por qué no vendrían ayer Pepi y Juan a la fiesta?
(pelearse)
4. ¿Por qué estaría aquel policía mirando debajo del coche?
(estar buscando un paquete bomba)
5. ¿Dónde he podido dejar mi bolso?
(robártelo alguien)
6. ¿Por qué no habrán llamado para felicitarme?
(estar preparándote una sorpresa)
7. ¿Por qué no iría ayer el jefe a la oficina?
(estar de viaje)
8. ¿Por qué tiene ese señor un aspecto tan demacrado?
(tener alguna enfermedad grave)
9. ¿Qué hemos hecho con el cuchillo del pan?
(haberlo tirado a la basura alguien)
10. ¿Por qué estará enfadado conmigo?
(haberle ofendido tú)

## *Deber, deber de* and *tener que*

## 17.5 Expression of obligation (B&B 21.3.1, 21.3.3, Level 3)

Insert *deber* or *tener que* in the gaps in the following sentences. In some cases both are possible.

1. Nos hemos quedado sin papel, (yo) ____ salir ahora mismo a comprar.
2. ¿Qué haces aquí a estas horas? ¿No ____ estar en una reunión con el jefe?
3. Anda, vete al bar y tráeme un café. ____ tener el dinero en el bolso, cógelo.
4. La gente no ____ fumar cuando hay niños cerca.
5. Sara, no ____ hacer vela hoy porque hay marejadilla.
6. No (tú) ____ habérselo contado a nadie, ya te dije que era un secreto.
7. En mi opinión, yo creo que no (ellos) ____ mudarse de casa.
8. Como me llevó mi hermana a la estación, no ____ pedir taxi.
9. ¡Qué cabeza la mía! ____ haber hecho una llamada urgente ayer y se me olvidó.
10. Yo creo que la gente no ____ tener animales en los pisos.

## Haber que

### 17.6 *Haber que* and *tener que* (B&B 21.3.1, 21.4.2, Level 2)

Fill in the gaps with *haber que* or *tener que* (in some cases there is more than one answer).

1. No se ____ comer todo lo que apetece.
2. No ____ fiarse de todo lo que dice la prensa.
3. Yo sé muy bien lo que ____ hacer, no hace falta que me lo diga nadie.
4. Usted lleva dos días a dieta y hoy ____ comer algo.
5. La abuela está mal, yo creo que tú ____ llamar al médico.
6. No salimos anoche porque ____ ver la telenovela.
7. ____ terminar aquello como fuera y no nos quedó más remedio que trasnochar.
8. Se puso a llover de tal forma que ____ refugiarnos en los soportales de la plaza.

## Querer

### 17.7 'To want to' (B&B 21.5, Level 2)

Complete the sentences in these dialogues with the appropriate form of *querer* and justify your choice for (3), (5), (6), (10) and (11).

**A**

—Ah, pero eres ingeniero. ¿No decías que (1) ____ ser médico?
—Mis padres eran los que (2) ____ que fuera médico pero yo no (3) ____, me negué en redondo.

**B**

—Si (4) _____ vernos cómo no llamaste ayer al pasar por delante de casa.
—Es que era muy tarde y no (5) _____ molestar.

**C**

—Buenos días, (6) _____ hablar con el encargado.
—Lo siento, pero en este momento está en una reunión. ¿Si (7) _____ esperar?
—Es que (8) _____ enterarme de lo del trabajo ése que han anunciado.
—¡Ah! pues si sólo es eso lo que (9) _____, ya se lo han dado a alguien.

**D**

—¿Cómo es que no (10) _____ ni siquiera entrevistarte para el empleo?
—Me dijeron que no daba el perfil, que (11) _____ a alguien con lenguas y más experiencia.

## *Soler*

**17.8 'Usually'** (B&B 21.6, Level 3)

Translate the following sentences using *soler* for all of them.

1. Are you in the habit of drinking herbal tea with your meals?
2. They are usually right.
3. We used to book our summer holidays in February.
4. I can usually manage to persuade them.
5. They were in the habit of contradicting me as a matter of course.
6. Mary won't usually work overtime.
7. John is hardly ever ill.
8. My intuition sometimes fails me.

# 18

# Negative constructions

## General

### 18.1 The syntax of negative sentences (B&B 23.3, Level 1)

Put *no* before the verb in the following sentences, as needed.

1. ____ conozco a nadie tan atrevido.
2. Ningún miembro de la delegación ____ estaba dispuesto a abordar el tema del SIDA.
3. Raras veces ____ he visto una cosa semejante.
4. ____ sería imposible que ____ acudiera nadie.
5. Apenas ____ conozco a nadie del pueblo.
6. ____ encuentro la bolsa en ningún sitio.
7. ____ sabe escribir el español mejor que ningún otro autor castellano.
8. Nada ____ sabemos de este asunto.
9. En mi vida ____ oí noticias tan catastróficas.
10. Mi tío lo hizo todo, sin que mi tía ____ tuviese que preocuparse por nada.
11. Tampoco ____ vendrán a visitarnos mis primos canadienses.
12. Este diamante ____ vale más que ningún otro del mundo.
13. ____ se dignaron saludarle ni el presidente ni su esposa.
14. ¡Jamás ____ lo había creído!
15. Nadie ____ dijo nada a nadie.

### 18.2 General exercise (B&B 23.4, 23.5, Level 2)

Fill in the gaps with an appropriate negative form.

1. ____ lo dijo, estallaron los aplausos.
2. —¿Te importa si cierro la ventana? —____ .
3. ____ he visto tanta gente reunida en este edificio.
4. Santi no quería ir a dar un paseo, ____ Asun ____ .
5. Hacía tanto calor que ____ los perros estaban por las calles.
6. El director salió de su despacho sin decir ____ .
7. Me sorprendería bastante que ____ admitiese el error.
8. Ése es el mejor salto que ____ hiciste.
9. Antes de ____ vamos a mirar el mapa.
10. Después de esta experiencia ____ si se acordaba de su nombre.
11. —A mí no me gustan los mejillones. —____ a mí.

12. En el colegio no me gustaban ____ la historia ____ la enseñanza religiosa.
13. Ella sabe bordar como ____.
14. ¡Váyase y no se atreva a volver ____ .
15. —¿Sabes hablar guaraní? —____ palabra.

## 18.3 Translating English 'no' (B&B 23.2.2, Level 2/3)

Translate the following sentences into Spanish.

1. I have no idea what you're talking about.
2. Now there are no pencils left.
3. No entry for anyone under eighteen.
4. My sister has no money.
5. There is no pleasing some people.
6. No strong men were available.
7. I see no reason to doubt what he says.
8. From here to Washington is no distance at all.
9. No doubt Sara knows the answer.
10. Reading the entire Bible is no small task.
11. Mummy said no!
12. There is no moon tonight.
13. There's no denying the fact that we are in a mess.
14. My nephew has no permanent job.
15. No problem!

## Individual negative elements

### 18.4 *Ninguno, nada* and *nadie* (B&B 23.5.1–23.5.3, 23.5.5, Level 1/2)

Put the appropriate negative element in the gaps of the following sentences.

1. ____ de los concursantes esperaba ganar.
2. No sabemos ____ bueno de él.
3. No vas a sacar ____ provecho de lo que tienes proyectado.
4. Por mucho que gritó, no vino ____ en su ayuda.
5. No hay ____ experto capaz de desactivar la bomba.
6. No se ha casado todavía ____ de las hijas.
7. No es ____ fácil cruzar el Canal de la Mancha a nado.
8. ____ de allá quería participar en la fiesta local.
9. ____ de los dos sabía cómo funcionaba el ordenador.

10. Es un secreto: ¡No se lo digas a ____!
11. No me gusta ____ lo que acabas de contar.
12. Ya no queda ____ águila en las montañas del este.
13. Hay que dar un regalo o a todos los niños o a ____ .
14. No hay ____ razón que yo sepa para no encender la luz.
15. Los refugiados llegaron a este país sin ____ .

## 18.5 'Redundant' *no* (B&B 23.2.4, Level 3)

In which of the following sentences is the 'redundant' *no* possible? Cross out any which are impossible.

1. Quédate aquí hasta que no te diga que puedes salir.
2. ¡Cuántas horas no había pasado estudiando en aquella biblioteca polvorienta y sombría!
3. Es mejor que se haga abiertamente que no en la clandestinidad.
4. Temo que el barquito no se haya hundido.
5. Más vale que vayas tú que no yo.
6. Te llamamos pasado mañana a menos que no nos llaméis vosotros antes.
7. No empiecen hasta que yo no se lo diga.
8. Mucho tememos no hayan perecido en la selva los miembros de la expedición.
9. Preferiría que me dijeras la verdad que no que ocultaras lo que hicieron.
10. No lo comas a menos que tu padre no lo pruebe antes.

## 18.6 *Nomás* (B&B 23.2.5, Level 3)

Study the following sentences, which are taken from Adolfo Bioy Casares, *El lado de la sombra* (Buenos Aires, Tusquets, 1991), and translate them into English, or if you are familiar with it, into Peninsular Spanish.

1. Voy a buscar la carta, ahora nomás, y te la muestro.
2. Ayer nomás vi al chico en el triciclo.
3. Como le dije, últimamente fui muy feliz. La otra noche, nomás, yo pensaba que no estaba.
4. ¿Pueden alquilarme un cuarto? Por la noche, nomás.
5. Por un minuto nomás te dejo.

# 19

## Interrogation and exclamations

### 19.1 General exercise (B&B 24, Level 1)

Give the questions to the following answers (the information sought is underlined).

*Example:*  Mi padre toca <u>el oboe</u>.
  →
  **¿Qué toca tu padre?**

1. El tren tarda <u>dos</u> horas en llegar a la capital.
2. Me llamo <u>Silvia</u>.
3. El concierto empieza <u>a las diez de la noche</u>.
4. Vamos esta tarde <u>al faro</u>.
5. Me ayudaron a construir la barca <u>los vecinos</u>.
6. <u>No</u> nos queda <u>mucho</u> dinero ahora.
7. Cervantes nació <u>en Alcalá de Henares</u>.
8. Estoy <u>bien</u>, gracias.
9. Su novia es <u>maestra de un colegio rural</u>.
10. Son <u>las nueve de la mañana</u>.
11. Estoy pensando <u>que ya se nos hace tarde para empezar</u>.
12. Voy a comprar <u>esta</u> falda.
13. El problema es <u>que no tengo un destornillador</u>.
14. Se hace la tortilla <u>de esta manera</u>.
15. Mi cuñado es de <u>Bogotá</u>.
16. Quiero un lápiz <u>para dibujar</u>.
17. Fue <u>García Márquez</u> quien escribió *Cien años de soledad*.
18. Tuve que volver a casa <u>por no tener dinero</u>.
19. Vimos <u>leones y tigres</u> en el zoo.
20. Este artículo versa sobre <u>la deuda nacional</u>.

### 19.2 Que and qué (B&B 24.1, Level 1/2)

(See also exercise 32.5)

Write an accent on *que* in the following sentences if it is needed.

1. ¡Que bien huelen las rosas!
2. Haz lo que quieras: no me importa que vuelvas tarde.
3. Por ahora no digo nada, pero, luego, que no me vengan con excusas.
4. Contesté que sí.

5. Todos sabíamos que quería hacer.
6. Ignoramos que hicieron los niños en el parque.
7. La policía sabía bien que fue la causa del accidente.
8. Pregúntale que hora es.
9. Voy a pedirle que deje un recado.
10. Sé que cantaste.

## 19.3 *Cuál* and *qué* (B&B 24.3, 24.4, Level 1/2)

Fill in the blanks with the appropriate form.

1. ¿____ de los dos te gusta más?
2. No sabemos ____ hacer hoy.
3. ¿____ es la diferencia entre un panecillo y un bollo?
4. ¿A ____ hora se suelen acostar?
5. ¿____ son los derechos humanos básicos?
6. ¿____ inconveniente hay en irse de vacaciones en octubre?
7. ¿De ____ libro se trata, por favor?
8. Cabe preguntarse en ____ empresa no hay condiciones de trabajo difíciles.
9. ¿____ es la fecha de hoy?
10. Dos hombres están hablando en la esquina de la calle: ¿____ es tu padre?
11. ¿____ fueron las causas de la Guerra Civil?
12. ¿____ es su opinión?
13. ¿En ____ país vives?
14. ¿____ es un diodo?
15. Tengo tres hermanas: ¿a ____ te refieres?

## 19.4 *¡Qué – más/tan – !* (B&B 24.4.4, Level 1)

Make exclamations from the following sentences:

*Example:*   El paisaje es muy hermoso.
           →
           **¡Qué paisaje más/tan hermoso!**

1. La idea es muy interesante.
2. Este árbol es muy viejo.
3. El río es muy ancho.
4. Ese corredor es muy veloz.
5. Tus pendientes son muy monos.
6. La lección es muy difícil.

7. La película es muy vanguardista.
8. Esta expresión es muy anticuada.
9. Este vino es muy agrio.
10. Tienes el pelo muy moreno.

## 19.5 Translating 'how' (B&B 24, 7.2.2, Level 2/3)

(See also exercise 6.2)

Translate into Spanish.

1. How much is that doggie in the window?
2. How tall you've grown!
3. How long is this piece of string?
4. I don't know how you can tell the difference between the twins.
5. How sorry I am!
6. Do you know how high this mountain is?
7. How stupid of me!
8. How are you today?
9. How strong that elephant is!
10. How much better it would be if you stayed at home!
11. I am surprised how difficult this exercise is.
12. How often has your mother told you not to talk to strangers?
13. How was the party?
14. Do you realize how late it is?
15. We never knew how ill she really was.

# 20

# Pronominal verbs

## The literal reflexive: reciprocal use of the reflexive

### 20.1 Making reciprocal meaning clear (B&B 26.2, 26.3, Level 2)

The following passage, from an article in *El País* by Rosa Montero, contains a number of examples of the reflexive used reciprocally. Find them, and identify what strategies if any are used to make it clear that a reciprocal usage is involved.

### Besos y otras cosas

Es curioso lo mucho que nos besamos en España. Me refiero al beso social en las mejillas, y no a esos otros besos más lentos y sabrosos también más conflictivos, que pertenecen al reino de lo privado. Eso, besuquearse con el prójimo a modo de saludo, no se estilaba antes, en mi infancia. Es decir, antes sólo se besaban las señoras, y no siempre. El lanzarse a las mejillas de los chicos sólo se empezó a poner de moda en los años setenta, y en poco tiempo se convirtió en algo habitual.

Y así, ahora, al saludarnos, si es entre mujeres siempre nos besamos, y si es entre hombres y mujeres, casi siempre, con la sola excepción de aquellas ocasiones extremadamente formales u oficiales, tratos de negocios, personas muy mayores. Tampoco estos besos suelen ser unos besos auténticos, esto es, un restallar de labios en el moflete, sino que más bien son un leve refrote de carrillos, un soplar de tópicas palabras de saludo sobre las orejas del contrario. Pero, de todas formas, nos rozamos, nos aproximamos, nos tocamos mucho más los unos a los otros que casi todos los pueblos que conozco.

Los españoles siempre hemos sido muy tocones, para bien y para mal. Casi siempre para bien, diría yo, aunque a veces resultamos demasiado invasores: esas manos que te empujan por la calle, sin siquiera pedir disculpas por el empellón, son muy molestas. Debió de ser nuestra inveterada afición a palpar carne lo que hizo que la costumbre del beso cuajara tan pronto y felizmente. Los franceses también se besan al despedirse o encontrarse, pero me parece que es un gesto que reservan sólo para los más amigos. En cuanto a los anglosajones, los alemanes o los nórdicos, se limitan a darse la mano, y si te abalanzas hacia el cuello de un hombre al saludarle, le dejas estupefacto y apuradísimo.

## *Problems for English speakers*

### 20.2 Translation of '-self' (B&B 9.11, 11.5.3, 26.2, Level 3)

Translate into Spanish.

### Reflexive

1. Susie bought a book and taught herself to play the guitar.
2. María fell off her bicycle and hurt herself badly.
3. We can't afford to buy ourselves a new car yet.
4. When babies start to feed themselves, they make a terrible mess.
5. Just look at yourself in the mirror!

### Idiomatic expressions

6. Behave yourself!
7. Enjoy yourselves!
8. Help yourself!
9. Make yourself at home!
10. To be by oneself.

### Emphatic use

11. Please don't help me! I'd rather do it myself.
12. If necessary I'll speak to the President himself .
13. The building itself is small, but the gardens are beautiful.
14. I myself don't approve of boxing.
15. My brother always cuts his hair himself, and looks a fright.

### 20.3 Errors in the use of the reflexive (B&B 9.11, 11.5.3, Level 1)

The following sentences contain some common errors made by English speakers. Correct them.

1. Hay que estar en paz con sigo mismo.
2. Los franceses ellos mismos no están muy convencidos de las ventajas del euro.
3. Lo hice mí misma.
4. La vida sí misma es lo más importante.
5. Sírvanse sí mismos.
6. Esto se lo inventó la autora sí misma.
7. Lo hará sí mismo, porque no se fía de los demás.

8. El jefe él mismo fue a pedirle disculpas.
9. Llevaron las maletas consigos.
10. ¡Conócete tí mismo!

## Spanish pronominal verb corresponding to an English intransitive verb

### 20.4 Pronominal and non-pronominal forms of the same verb (B&B 26.4, Level 2)

Study the following three sentences in Spanish, and their translations into English.

a. **He** acostado al niño ahora mismo.
   I've just this minute put the child to bed.
b. **Se ha** acostado el niño ahora mismo.
   The child has just this minute gone to bed.
c. **Se me ha** acostado el niño ahora mismo.
   My child has just this minute gone to bed.

Following this pattern, create a similar sequence in the sentences below and translate numbers 4, 5, 9 and 11 into English.

1. a. He quemado la paella.
   b. _____
   c. _____
2. a. He despedido al primo.
   b. _____
   c. _____
3. a. He pinchado dos ruedas del coche.
   b. _____
   c. _____
4. a. He cerrado la puerta de un golpe.
   b. _____
   c. _____
5. a. He enamorado al vecino.
   b. _____
   c. _____
6. a. He perdido las llaves.
   b. _____
   c. _____
7. a. He espantado al perro.
   b. _____
   c. _____

8. a. He terminado el vino.
   b. _____
   c. _____
9. a. He casado ya al hijo mayor.
   b. _____
   c. _____
10. a. He tirado al gato por la ventana.
    b. _____
    c. _____
11. a. He metido el coche en la cuneta.
    b. _____
    c. _____
12. a. He roto dos vasos.
    b. _____
    c. _____

## Nuances of pronominal verbs

### 20.5  Optional and obligatory reflexive pronouns
(B&B 26.5, 26.6, 26.9, Level 3)

Study the following passage. Which of the pronouns in bold are incorrect and should not be there? Which ones add some nuance but could be removed without rendering the text ungrammatical?

El año pasado, mi marido el niño y yo **nos** (1) fuimos de vacaciones a un complejo turístico de montaña. En cuanto **nos** (2) llegamos, **nos** (3) bajamos a la piscina. De repente, sin dar**nos** (4) cuenta, **se** (5) nos escapó el niño, **se** (6) subió al trampolín y **se** (7) tiró —o **se** (8) cayó, no lo sé —a lo más hondo de la piscina. De inmediato, uno de los bañistas **se** (9) saltó al agua para rescatarlo. Al ver que **se** (10) arremolinaba la gente yo **me** (11) acerqué a ver qué pasaba. Mi marido **se** (12) había entrado al bar a comprar algún refresco. Para cuando **se** (13) regresó a la piscina, el niño **se** (14) había salido ya del agua, le habían hecho la respiración artificial y **se** (15) contaba entre los vivos. A mí me saltaban las lágrimas sin poder**me** (16) contener, en medio de un ataque de histeria. **Me** (17) volví hacia él y lo increpé diciendo:
    —Más te valía dejarte (18) de bebidas y preocupar**te** (19) de tu hijo.
    —Tóma**te** (20) esta copa —me dijo.
    Yo **me** (21) la bebí de un golpe, al tiempo que **me** (22) fumaba el último cigarrillo de la cajetilla. Allí **se** (23) acabaron nuestras vacaciones.

Aquella misma tarde **nos** (24) pasamos por una agencia de viajes y al día siguiente **nos** (25) volvimos para Madrid.

## 20.6  Rendering pronominal nuances in English
(B&B 26.6, 26.7, Level 3)

Translate into Spanish the following pairs of sentences, which involve a pronominal and non-pronominal use of the verb given.

*Example:*   *creer*

Do you think I didn't realize you were cheating?
I believe everything I'm told.

→

**¿Crees** que no me he dado cuenta de que estabas haciendo trampa?
**Me creo** todo lo que me dicen.

1. *negar*
   I don't deny it wasn't interesting.
   I refuse to obey the rules.
2. *pasar*
   You could easily be taken for a Spaniard.
   You have overstepped the mark.
3. *salir*
   Things turned out better than we expected.
   The lorry went off the road.
4. *saltar*
   You've skipped at least two pages.
   I had to jump over the boxes.
5. *dar*
   They gave me the car keys and left.
   She is very good at languages.
6. *ocurrir*
   Something unheard of has happened.
   It occurred to Newton that the Earth attracted objects.
7. *dirigir*
   The person who directed his thesis is one of the best in the field.
   He was heading for work when he got mugged.
8. *volver*
   He returned home late.
   She turned round and looked.
9. *caer*
   The thief fell into the trap laid by the police.
   My grandmother fell downstairs.

10. *parar*

He was stopped by the police to be breathalysed.

We stopped to look in the shop-window.

## 20.7 Quedar and *quedarse* (B&B 26.7.32, Level 3)

Fill in the gaps with the corresponding forms of the verb *quedar/quedarse*, and translate the sentences into English. Where the reflexive is optional, put it in brackets.

1. Le gusta ____ bien con la gente, siempre manda regalos.
2. A pesar del buen tiempo (nosotras) ____ en casa, sin pisar la calle en todo el día.
3. El taxista nos timó, ____ con parte del cambio.
4. A raíz del accidente (yo) ____ paralítico.
5. (Ellas) ____ estupefactas al oír la noticia.
6. El asunto ____ zanjado por decisión del juez.
7. ¿Dónde ____ el hotel que acaban de construir?
8. ¿A qué hora y dónde ____? Por mí que sea más bien tarde y a cubierto.
9. ¿Con cuál de los dos ____, niños? ¿Con el rojo o con el azul?
10. Nos ____ muy poco café, acuérdate de comprar cuando vayas al supermercado.

# 'Passive' and 'impersonal' uses of the third person reflexive

## 20.8 Expression of an indefinite subject
(B&B 26.10, 26.11 and 28, Level 3)

In all the following sentences, the verbs in brackets have an indefinite subject (English 'one', people, etc.). Express this notion using either (a) a 'passive' reflexive (*se venden libros*), (b) an 'impersonal' reflexive (*se mató a los inocentes*) or (c) the pronoun *uno/a* (*uno se pone un abrigo en invierno*).

*Example:*   En este bar (necesitar) camareros.

   →

   En este bar **se necesitan** camareros.

1. Ahora mismo (estar construyendo) cantidad de viviendas en este país.
2. Ahora mismo (estar construyendo) sin orden ni control.
3. (Asustarse) de la cantidad de edificios que están levantando por todas partes.

4. (Detener) a dos sospechosos de traficar cocaína.
5. (Detener) las obras por falta de licencia.
6. (No pararse a pensar) en todo lo que hace, la vida es muy corta para eso.
7. Hoy en día (no sorprenderse) ya de casi nada.
8. Está claro que los problemas nunca (solucionar) del todo.
9. (Decir) que los auténticos problemas no tienen solución.
10. Los optimistas creen que los problemas (poder y deber solucionar).
11. (Hartarse) de hacer tanto ejercicio gramatical.
12. (Poner) en libertad a los presos por falta de pruebas.

## 20.9　Definite or indefinite subject? (B&B 12, 26, 28, Level 3)

All these sentences were written by English speakers commenting on a Spanish text that discussed reading and the use of computers. All of them contain an error related to the use of the pronouns, including the passive and/or impersonal *se*. Correct them.

1. Antes no se enseñaban a todos los niños a leer.
2. En realidad no se les querían enseñar a leer.
3. A aquella generación les enseñaba a leer mal.
4. Los utensilios que se utiliza hoy en día son más avanzados.
5. Se hizo muchos progresos a partir de entonces.
6. A la generación mayor se desanimó a leer con ojo crítico.
7. Pero a la generación actual se ha inculcado el odio a la lectura.
8. Hoy se puede ver dos actitudes distintas.
9. Las ideas que se encuentra en el texto son contradictorias.
10. Esto refiere a lo que decía antes.
11. ¿No se siente usted que eso es degradante?
12. Se puede hacerlo mientras los niños están en el cole.

## *Miscellaneous*

### 20.10　Use of *se* (B&B 26, Level 2/3)

In the following passage, *se* has been inserted where it is sometimes inappropriate or ungrammatical. Cross out the *se* in such cases. Then look at the 'correct' uses of *se* in the passage and describe their functions.

Desde un punto de vista continental, la Reconquista debe enmarcarse dentro del proceso de crecimiento y expansión ofensiva que se caracteriza la historia del Occidente europeo entre los siglos X y XIII, frente a húngaros, eslavos y musulmanes. El resultado de esta dinámica será la creación del área que actualmente conocemos como Europa occidental.

El planteamiento estratégico de la expansión cristiana, que se careció por lo general del carácter de "cruzada" que comúnmente se le atribuye, tuvo cuatro fases principales. En la primera de ellas, correspondiente al siglo XI, se consolida la línea del Duero, el curso medio-alto del Ebro, y el sur de la actual provincia de Barcelona.

La segunda y más decisiva se comprende parte de los siglos XI y XII y se consiste en el control del valle del Tajo y del curso medio-bajo del Ebro. Esta ofensiva se disloca el dispositivo estratégico de la España musulmana, apoyado en la comunicación entre los valles del Guadalquivir y del Ebro, que se queda partida en dos. La tercera fase, en el siglo XIII, se completará con la ocupación del valle del Guadalquivir y, en el Mediterráneo, con el control de los valles del Turia y del Júcar.

El reino nazarí de Granada se mantuvo hasta el 2 de enero de 1492. El fin de la Reconquista se produjo honda emoción en la Europa cristiana, porque se consideró que equilibraba la caída de Constantinopla a manos de los turcos.

Los monarcas cristianos conquistaban colonizándose, es decir, ofreciendo tierras a quien se comprometiese a ocuparlas, cultivarlas y defenderlas, lo que se dio lugar a trasvases y migraciones del norte peninsular y de Europa nada frecuentes en otras latitudes por aquellas épocas. Aquellos colonizadores, a quienes se dibuja con una azada en una mano y la espada en la otra, se fueron formando una sociedad de campesinos relativamente más libre que las existentes en la Europa coetánea.

Source: *España 1995* (Madrid: Secretaría General del Portavoz del Gobierno), p. 59 (adapted).

# 21

## The expression of 'becoming'

### 21.1 Verbs expressing the notion of 'becoming'
(B&B 27.2, Level 2)

Give the verb that expresses the notion of becoming associated with each of the following adjectives.

*Example:* aburrido → **aburrirse**

1. puro
2. duro
3. delgado
4. triste
5. alegre
6. vacío
7. agudo
8. gordo
9. blanco
10. rojo
11. enfermo
12. peor
13. mejor
14. pálido
15. viejo
16. oscuro
17. loco
18. cansado
19. bajo
20. tranquilo

### 21.2 Special verbs meaning 'becoming' (B&B 27.3, Level 2/3)

Fill in the blanks with *hacerse, ponerse, volverse, convertirse en* or *quedarse* as appropriate.

1. En la época de Felipe Segundo Madrid ____ la capital de España.
2. Cuando oyó las noticias ____ muy triste.
3. Lincoln ____ Presidente en 1861.
4. Su madre ____ viuda a los treinta años.
5. Don Quijote ____ loco con sus lecturas.
6. Fue entonces cuando la misión espacial ____ pesadilla.
7. Deja de preocuparte, si no, vas a ____ enferma.
8. Este sofá es de los que ____ cama.
9. El rey se cansó de gobernar y ____ monje.
10. ____ tarde: tenemos que marcharnos.
11. De repente me di cuenta de que la niña de antes ____ mujer.
12. Después de varios años, el mecánico ____ dueño del taller.
13. No mires directamente al sol, o ____ ciego.
14. Observamos que al añadir azúcar el líquido ____ más espeso.
15. Los pobres prisioneros ____ muy débiles después de pasar tantas calamidades.

## 21.3 Translation of English 'become' (B&B 27, Level 3)

Discuss possible translations of the following sentences, which are all taken from John Le Carré's *The Little Drummer Girl* (Hodder & Stoughton, London, 1983) into Spanish. There may be more than one way of translating the idea of 'becoming'. The key gives the published translation in *La chica del tambor* (Planeta/Seix Barral, Barcelona, 1983), with comments on some of the possible alternatives.

1. Their sad white petals afterwards became a feature of the débris.
2. Then suddenly, with Schulmann's arrival, everything became clear in a different way.
3. The second time they hit a school, then some settlements, then another shop, till it became monotonous.
4. A tall, unhurried man who at once became his guide.
5. The day grew hotter, the dull hills turned red and yellow.
6. Yanuka became the fatal victim of his own plush lifestyle.
7. So it was not until the final tableau that she first became aware of him sitting among the schoolchildren.
8. He detested gossip so much he could become red-faced and almost rude.
9. She's become much more moderate latterly, you know.
10. The mountain crag had become the black rectangular outline of a building.
11. Her voice, with its forced jauntiness, was becoming unfamiliar to her.

# 22

# Passive

## General

### 22.1 Translation of the English passive
(B&B 28.2.1–28.2.3, Level 2/3)

Discuss the problems in translating the following sentences into Spanish. Which *cannot* be translated by the Spanish passive?

1. He was given a gold watch by his mother.
2. Was she seen by anybody? Yes, she was seen by me!
3. Radium was discovered by Marie Curie.
4. The rooms are cleaned twice a day.
5. At five o'clock I was woken by my father.
6. Who were you taught Spanish by?
7. Children should be read to by their parents.
8. The school was founded in the sixteenth century.
9. The speaker was given a warm welcome.
10. The agent was betrayed by an ex-policeman.
11. *Guernica* was painted by Picasso.
12. I don't need to be lectured by you!
13. The house is reached by an underground tunnel.
14. The vase was broken by the cat.
15. Your aunt would be shocked if she knew.

### 22.2 The passive in formal registers (B&B 28.2.3, Level 2/3)

Rewrite the following sentences as far as possible avoiding the use of the *ser* + past participle construction.

1. Los sospechosos fueron puestos en libertad tras prestar declaración.
2. Las organizaciones de los derechos humanos aseguran que ninguna de las denuncias ha sido investigada todavía.
3. De las personas que se encontraban a bordo del avión, al menos 50 fueron rescatadas con vida.
4. El oficial dimitió la semana anterior después de que le fuera abierta una nueva investigación por presuntos delitos.
5. El presidente francés acaba de ser recibido por el Papa.
6. El Ministro de Exteriores portugués ha sido muy criticado por su homólogo argelino.

7. La posibilidad de que la víctima fuese confundida con otra persona fue sugerida por las fuerzas del orden.
8. El director de la empresa fue considerado como el principal sospechoso.
9. A continuación el malhechor fue llevado a la cárcel.
10. Los infractores serán expulsados del lugar y castigados con fuertes multas.

## Choice of auxiliary

### 22.3 *Ser/estar* + past participle (B&B 28.2.5, Level 2/3)

Fill in the gaps with the appropriate form of *ser* or *estar*.

1. Vieron la barca, que ____ atada al muelle.
2. El SIDA está muy lejos de ____ controlado.
3. El banco ____ atracado por dos jóvenes delincuentes.
4. La provincia ____ poblada de gente indígena.
5. Ahora (yo) ____ persuadido de su inocencia.
6. (Nosotros) ____ muy interesados en la filatelia.
7. El asesino ____ denunciado por su propia madre.
8. El último aparato ____ vendido hace media hora.
9. Tu jarrón chino ____ hecho añicos.
10. Los argumentos ____ bien estructurados.
11. Poco a poco el antiguo sistema ____ desmantelado.
12. Hay muchas palabras modernas que no ____ incluidas en este diccionario.
13. (Yo) ____ tentado a ir a vivir a otra ciudad.
14. Los auténticos genios suelen ____ criticados muy duramente durante su vida.
15. Los tres últimos años han ____ marcados por un creciente afán de hacer las paces.

*Project:* Can you construct other sentences with these past participles, using *ser* in place of *estar*, and vice versa?

## Constructions with se

### 22.4 Passive *se* (B&B 28.4, Level 1/2)

Spanish recipes are often written using the third person reflexive. The following recipe has been written using the polite imperative.

Rewrite it using the third person reflexive, beginning *Se ponen a remojar* . . .

### Cocido madrileño

Ingredientes: Medio kilo de carne de buey o vaca, 300 grs. de garbanzos, 200 grs. de patatas, 100 grs. de tocino añejo, un hueso de pierna, una mano de ternera, un hueso de jamón (o un cuarto de gallina), 3 zanahorias no muy grandes, puerros, perejil, una cebolla y sal.

Ponga a remojar los garbanzos la noche anterior en agua fría, siendo de preferencia los de buena calidad.

A la mañana siguiente, en una olla de cuatro litros ponga tres de agua, déjela al fuego, y cuando hierve a borbotones añádale la carne de buey, el hueso de la pierna, la mano de ternera, el hueso de jamón (o el cuarto de gallina).

Vaya echándolo todo en la olla en el orden indicado; y sin que deje de hervir el agua, agregue los garbanzos y la sal.

Déjelo hervir a fuego vivo cosa de media hora y añada entonces el tocino añejo, perejil, puerros, zanahorias y la cebolla.

Hecho esto, llene la olla de agua hirviendo, porque no debe dejar de cocer, desengrase el caldo y déle color con azúcar quemado o un pedacito de zanahoria frita en manteca hasta que se tueste, pero sin que llegue a amargar.

Entonces aparte el puchero al lado de la hornilla para que cueza muy despacio, dejándolo medio tapado. Una hora antes de servirlo, póngale las patatas a trozos, sacando el caldo y colándolo con un tamiz espeso.

## 22.5  Project (B&B 28, Level 3)

Take a piece of Spanish prose and count up the number of times the following constructions are used:

(a)   the passive with *ser* + past participle
(b)   *estar* + past participle
(c)   the reflexive.

Which construction is most frequent? Is this what you would have expected? Do the figures vary for different kinds of Spanish?

## 22.6 Other impersonal constructions (B&B 28.7, Level 2/3)

The following sentences are all expressed using an indefinite third person plural subject. If possible, convert them into a construction using *se* or *uno/una*. Are there any which cannot be converted?

1. En Suecia se quejan del coste de la vida.
2. Pueden comer en una de las fondas que hay en la ciudad.
3. Tienen que apretar el botón rojo para parar el tapiz metálico.
4. Se suelen poner la falda más corta que encuentran.
5. Está claro que sufrían mucho a causa de la peste bubónica.
6. Si leen, nunca se aburren.
7. Vieron a los niños jugando en la calle.
8. No van a asustarse de lo violenta que es la película.
9. Hoy en día viajan por toda Europa sin el menor problema.
10. Temo que se precipiten a vender los tesoros nacionales.

## 22.7 The 'passive' meaning of the infinitive
(B&B 28.2.4, Level 2)

Translate the following into Spanish (in each case an infinitive with a 'passive' meaning can be used):

1. An unpainted wall.
2. It was to be expected.
3. The article is half written.
4. That remains to be seen.
5. He was unshaven.
6. This is the sum to be paid.
7. The table was unpolished.
8. The programme is still to be discussed.
9. I'm only half dressed!
10. There is a lot still to be done.

# 23

## Ser, estar and *haber*

### Basic uses

#### 23.1 *Ser* and *estar*: general exercise (B&B 29, Level 1/2)

Fill in the gaps with a form of *ser* or *estar* as appropriate.

1. Mi marido ____ anestesista.
2. Dos y dos ____ cuatro.
3. Ver ____ creer.
4. ____ tu hermana quien me lo dijo.
5. La clase de lengua ____ en el aula número 5.
6. Todas las cosas ____ en su sitio.
7. Mamá ____ muy triste hoy, no sé qué le pasa.
8. Esa película ____ muy triste, no quiero verla.
9. La nieve ____ blanca.
10. Ahora ya____ todos informados de lo ocurrido.
11. Yo ____ una persona feliz, siempre ____ contento.
12. ____ en Mexico donde me perdieron las maletas.
13. ¡Niño, ____te quieto! No puedes parar ni un momento.
14. ¡____ buenos, niños! Si no, me voy a enfadar.
15. Esta paella ____ riquísima, me voy a servir un poco más.
16. ¡Qué verde ____ la hierba hoy!
17. Mi padre ____ capitán de infantería durante la guerra civil.
18. Mi madre ____ muy orgullosa de sus hijos.
19. Temo que el pobrecito ____ muerto.
20. Las cartas ____ todavía por escribir.

#### 23.2 *Haber* and *estar* in contrast (B&B 30.3, Level 1)

Fill in the gaps in the following dialogues with a form of *haber* or *estar*, as appropriate.

1. Perdone, ¿____ un estanco por aquí cerca?
   Sí, creo que ____ uno, pero no sé exactamente dónde ____.
2. ¿Dónde ____ el Banco de Bilbao en esta ciudad?
   No sé si ____ sucursal del Banco de Bilbao aquí; si la ____, ____ en la plaza.
3. ¿Dónde ____ los ceniceros en esta casa?
   Lo siento, no ____ ninguno, no fumamos.

4. Oiga, ¿dónde ____ unos servicios por aquí?
   Por aquí cerca no ____. Los más próximos ____ en la estación.
5. Oiga, ¿dónde ____ la estación?
   En este pueblo no____ tren. ¿Se refiere a la estación de autobuses?

## 23.3 Direct object pronouns with *haber, ser* and *estar*
(B&B 7.4, 30.2.2, Level 2)

(See also exercise 6.4)

Substitute the underlined forms with an object pronoun.

*Example*:   ¿Había <u>mucha gente</u> en la fiesta?
   $\rightarrow$
   Sí que **la** había.

1. ¿Hay <u>catedrales</u> en Londres?
   Sí que ____ hay. Hay tres por lo menos.
2. ¿<u>Están abiertas</u> al público?
   Sí que ____ están; de 10 a 5 todos los días.
3. ¿Hay <u>inmigrantes</u> en tu país?
   Sí que ____ hay, y muchos.
4. ¿Hay <u>tensiones</u> raciales?
   Claro que ____ hay, como en todas partes.
5. ¿Sabes si hay <u>vuelo</u> directo de Londres a Santiago?
   No sé si ____ hay, pero supongo que sí.
6. ¿Hay <u>farmacias</u> de guardia en Inglaterra?
   No, no ____ hay. A partir de las 5.30 hay que ir a urgencias.
7. Pero eso <u>es muy raro</u>, ¿no?
   Sí que ____ es; ellos sabrán por qué lo hacen.
8. ¿De verdad <u>estás harto</u> de hacer tantos ejercicios?
   Si que ____ estoy.

## 23.4 Sentences involving both *ser* and *estar*
(B&B 29.2.2, 29.3.1, 29.3.6, Level 2)

Looking for a flat? Make sentences describing the type of flat you are
looking for or have seen.

*Example:*   He visto un piso que **es barato** pero **está alejado**.

| | |
|---|---|
| Busco un piso que sea/esté ____ .<br>He encontrado/visto un piso que es/está ____ .<br>Me han enseñado un piso que es/está ____ .<br>He visto un piso que me gusta porque es/está ____ .<br>He visto un piso que no me gusta porque es/está ____ pero es/está ____ .<br>He visto un piso que me gusta bastante porque es/está ____ pero es/está ____ .<br>He encontrado el piso ideal: es/está ____ . | caro/barato<br>bien/mal comunicado<br>céntrico/alejado<br>claro/oscuro<br>soleado/sombrío<br>orientado al sur/al norte<br>alegre/triste<br>grande, enorme/pequeño<br>poco estropeado/poco usado/muy estropeado/muy poco usado<br>nuevo/viejo<br>cerca del metro/lejos del metro<br>amueblado/sin amueblar<br>en una zona peatonal/en una calle de mucho tráfico<br>recién pintado/sin pintar<br>muy cuidado/poco cuidado<br>mugriento/reluciente<br>renovado/sin renovar<br>espacioso, amplio/angustioso, claustrofóbico<br>cómodo/incómodo<br>bien/mal distribuído, diseñado<br>antiguo/moderno, de nueva construcción<br>de protección oficial/de lujo<br>frío/caliente |

## More advanced uses of ser and estar

### 23.5 General exercise (1) (B&B 29.4.2, Level 2)

Complete the dialogue with the appropriate forms of *ser* or *estar*.

*En la frutería*

| | |
|---|---|
| *Cliente:* | ¿A cuánto (1) ____ los tomates? |
| *Frutero:* | A 100 pts el kg, señora, no pueden (2) ____ más baratos. Además (3) ____ de una calidad inmejorable. Ésta (4) ____ la época, ahora (5) ____ cuando mejor (6) ____ el tomate. |
| *Cliente:* | Oiga pero (7) ____ demasiado maduros, yo creo que algunos (8) ____ podridos. |

| | |
|---|---|
| *Frutero:* | Señora, es que estos (9) \_\_\_\_ para freír o para embotar. ¿No embota usted tomate, señora? |
| *Cliente:* | Huy no, ni hablar. (10) \_\_\_\_ una lata y (11) \_\_\_\_ muy pocos de familia. No merece la pena. Oiga, y la piña ¿a cómo (12) \_\_\_\_? |
| *Frutero:* | A 200 pts la unidad. Pero éstas sí que (13) \_\_\_\_ verdes, no se las recomiendo, (14) \_\_\_\_ fruta importada y ya se sabe, (15) \_\_\_\_ difícil dar con el punto. |
| *Cliente:* | ¡Oiga!, ¿y estos higos tan baratos? |
| *Frutero:* | ¡Ah sí! (16) \_\_\_\_ de oferta. Hay una cosecha tremenda este año. El mercado (17) \_\_\_\_ saturado y (18) \_\_\_\_ a precio de ganga. |
| *Cliente:* | Póngame 10 kgs, que voy a hacer mermelada, y me dice cuánto (19) \_\_\_\_ todo. |
| *Frutero:* | (20) \_\_\_\_ 1.150 pts señora. |

## 23.6  General exercise (2) (B&B 29, Level 2/3)

In the picture below, taken from a series offering practical advice about home appliances, the forms of *ser* and *estar* have been erased. Fill them in.

**¿ANDA BIEN Tu CALCULADORA?**

¿\_\_\_\_ estropeada o son las pilas? Si no \_\_\_\_ seguro, haz la prueba. Multiplica 12345679 por 9 (sin el 8). Si el resultado \_\_\_111 111 111, tu calculadora \_\_\_ perfectamente.

(Source: Grupo Consum, Spain)

## 23.7  General exercise (3) (B&B 29, Level 2/3)

Fill in the gaps in the following letter with the correct form of *ser* or *estar*. In some cases either verb is possible.

Madrid, 15 de agosto de 1997

Querido Antonio:

¿Cómo (1) _____ ? ¡Tanto tiempo sin tener noticias tuyas! Ya sé que esto de escribir cartas (2) _____ pasado de moda, pero bien podías llamar por teléfono, aunque (3) _____ un poquito más caro.

Aquí (4) _____ yo en casa, tratando de protegerme del calor. (5) _____ domingo y hace un calor sofocante. (6) _____ uno de esos días calurosos del verano madrileño en los que sólo apetece (7) _____ metido en una piscina o quedarse en casa, a poder (8) _____ con aire acondicionado. Seguro que (9) _____ a más de 40. Se comprende que éste (10) _____ el mes de las vacaciones. Madrid (11) _____ vacío, todo el mundo (12) _____ de veraneo. Todos, claro (13) _____ , menos los que como yo (14) _____ en el paro y no tenemos ni dónde caernos muertos. ¡Cómo se puede (15) _____ tan desgraciado! Me consuelo pensando que la mayor parte de mis amigos (16) _____ tan pobres como yo; ya sabes eso de 'mal de muchos consuelo de tontos', triste, pero así (17) _____ .

Pero ya (18) _____ bien de lamentaciones. (19) _____ un quejica y un pesado. Seguro que hay muchos que (20) _____ peor que yo y no se lamentan tanto. También tengo motivos para (21) _____ contento: Tita, la chica con la que salgo, que ya (22) _____ colocada, (23) _____ dispuesta a mantenerme y además , (24) _____ convencida de que pronto me saldrá trabajo. (25) _____ una optimista. Mi madre, por otro lado, que (26) _____ tan pachucha y tan deprimida, ha mejorado mucho. Siempre (27) _____ una mujer delicada pero, por lo menos, hace su vida normal.

Antonio, (28) _____ consciente de que te he dado la paliza; lo siento mucho, pero para eso (29) _____ los amigos ¿O no? A ver si escribes o llamas de una vez. Quiero saber qué (30) _____ de tu vida y cómo te van las cosas.

Un abrazo y hasta cuando quieras.

Paco

# Ser *and* estar *in specific contexts*

## 23.8 *Ser de and estar de* (B&B 29.2.4, 29.3.2, Level 2)

Fill in the gaps with *ser* or *estar* as appropriate.

1. No han contestado el teléfono porque ____ de vacaciones hasta finales de mes.
2. Nunca supimos qué ____ de aquel chico tan inteligente.
3. Los suelos de los baños ____ de cerámica y los de las habitaciones ____ de madera.
4. Yo que tú no aceptaría, esa persona no ____ de fiar.
5. Esta muchacha ____ de una ingenuidad enternecedora.
6. (Ellos) ____ de juerga toda la noche.
7. ____ usted de suerte, han aparecido los documentos que le habían robado.
8. Como ____ de piel morena, no se queman aunque pasen horas al sol.
9. ¿Ese bolso ____ de piel? Hacen unas imitaciones tan buenas que resulta difícil distinguirlos.
10. Mis hijos ____ abogados los dos pero ____ de camareros en un hotel.
11. —¿De quién ____ ese cuadro?
    —____ de Picasso.
    —____ de broma.
    —No, te lo digo en serio. ____ de herencia. ____ de mis padres, que en paz descansen.
12. ____ de pena, como tratan a esta gente que ____ de fuera; ____ de malísima educación, por no decir otra cosa.

## 23.9 *Ser and* estar with adverbs like *bien, mejor, mal*
(B&B 29.3.4, Level 2)

Fill in the gaps with *ser* or *estar*, as appropriate.

1. ____ más cómodo no ir pero ____ mal que no aceptes la invitación.
2. Mi padre ____ muy bien ahora, ya se ha recuperado del todo.
3. El que mejor te ____ es el traje rojo, yo me pondría ése para la ceremonia.
4. Perdió el trabajo y le ____ bien, porque es un irresponsable.
5. Este calor ____ demasiado para mí.
6. ¡Vaya casita! No ____ nada mal.
7. ____ mejor que lo vuelvas a hacer.
8. Este mueble ____ mejor en el salón que en el dormitorio.

## 23.10  *Ser* and *estar* with expressions of location
(B&B 29.2.8, 29.3.6, Level 2)

Fill in the gaps with the appropriate form of *ser* or *estar*.

1.  El concierto ＿＿＿ el próximo fin de semana en el parque de atracciones.
2.  —Hemos ＿＿＿ por ahí.
    —¿Y dónde ＿＿＿ "por ahí"?
3.  Mi hermano se casa en una ermita que ＿＿＿ a las afueras de Soria y la comida va a ＿＿＿ en el Parador nacional.
4.  Aquel despacho que ＿＿＿ junto al ascensor ＿＿＿ donde yo trabajo.
5.  ¿Cuándo y dónde ＿＿＿ las últimas olimpiadas? Se me ha olvidado por completo.
6.  Me han dicho que la conferencia ＿＿＿ en el aula magna, pero no ＿＿＿ seguro.

## 23.11  *Ser* and *estar* with adjectives (1)
(B&B 29.2.2, 29.2.3, 29.4, Level 3)

Explain the difference in meaning between the following pairs of sentences.

1.  La vida es difícil.
    La vida está difícil.
2.  Las cosas son así.
    Las cosas están así.
3.  Ya es otoño.
    Ya estamos en otoño.
4.  Es muy confuso.
    Está muy confuso.
5.  ¡Qué alto está!
    ¡Qué alto es!
6.  ¡Qué aburrido eres!
    ¡Qué aburrido estás!
7.  Éramos cinco en casa.
    Estábamos cinco en casa.
8.  Este ejercicio es perfecto.
    Este ejercicio está perfecto.
9.  Está en Cartagena de Indias.
    Es en Cartagena de Indias.
10. ¡Qué limpio es!
    ¡Qué limpio está!

### 23.12 *Ser* and *estar* with adjectives (2): change of condition
(B&B 29.4.3, Level 2)

(See also exercises 6.2 and 6.3)

Express the observable change of condition in answer to the cue by using *estar*.

*Example*:   Con lo delgada que era esta niña . . .
→
**Hay que ver lo gorda que está.**

1. Con lo simpático que era este chico . . .
2. Con lo mayor que es esa señora . . .
3. Con la cantidad de pelo que tenía mi padre . . .
4. Con lo rica que suele ser la tortilla . . .
5. Con lo claro que estaba el día . . .
6. Con lo que has usado ese traje . . .
7. Con lo caro que era antes el salmón . . .
8. Con lo difícil que era antes entrar en la universidad . . .
9. Con lo ágil que era yo antes . . .
10. Con lo divertidas que eran antes las fiestas . . .

# 24

# Adverbs

## General

### 24.1 Formation of adverbs in *-mente* from adjectives
(B&B 31.2, Level 1)

Make adverbs from the following adjectives.

1. riguroso
2. rápido
3. terminante
4. cuidadoso
5. práctico

6. fácil
7. económico
8. inconsciente
9. nuevo
10. cortés

### 24.2 Combining adverbs in *-mente* (B&B 31.2.3, Level 2)

Match the pairs of adverbs in the following lists and link them with an appropriate conjunction, dropping *-mente* from the first one. Try some of the following conjunctions: *y, pero, ni . . . ni . . . , tanto . . . como . . .*

1. honestamente
2. rápidamente
3. literalmente
4. firmemente
5. mentalmente
6. dulcemente
7. lentamente
8. felizmente
9. culturalmente
10. lógicamente

a. armoniosamente
b. cortésmente
c. económicamente
d. cuidadosamente
e. socialmente
f. abiertamente
g. físicamente
h. estéticamente
i. figuradamente
j. tranquilamente

### 24.3 Avoiding adverbs in *-mente* (B&B 31.2, 31.3.2, Level 2)

Re-phrase the following sentences in a way which does not involve the use of an adverb in *-mente*.

1. El soldado disparaba ciegamente en la creciente oscuridad.
2. Estas sillas han sido hechas manualmente.
3. Los novios se amaban locamente.
4. Lograron evacuar muy rápidamente el avión siniestrado.

5. Contestó muy malhumoradamente que no quedaba ningún asiento libre.
6. Levantó muy cuidadosamente el jarrón.
7. Desgraciadamente no hay sitio para tanta gente.
8. La jovencita se había ataviado espectacularmente.
9. La deuda externa se ha visto muy reducida recientemente.
10. Constituye actualmente la más grave amenaza a la seguridad europea.

## Discrimination of adverbs

### 24.4 *Aquí, ahí, allí, acá, allá* (B&B 31.6.1, 31.6.2, Level 2/3)

Fill the gaps with the appropriate adverb.

1. Vamos a empezar por visitar el Museo del Prado, que está ____ cerca.
2. ____ en Australia hace buen tiempo par Navidad.
3. Mauricio, ¡ven ____!
4. ¿Ves ese colegio? Pues ____ estuve yo cuatro años.
5. Sería peligrosísimo ir más ____ de esta sierra.
6. ____ en Japón comen casi todos los días cosas que ____ serían un lujo.
7. De ____ se deduce que no nos había dicho toda la verdad.
8. Una bocacalle más, y ____ mismo está.
9. ¿Cuál es en la actualidad su profesión ____ en este país?
10. Si no quieren estudiar, pues ____ ellos.
11. ¡____ va una comadreja!
12. ¿Quiere telefonear? Pues justo ____ está el teléfono, en esa pared.
13. Desde la guerra ____ ha habido muchos cambios en este país.
14. Por fin vendí la casa, porque no podía seguir viviendo ____ .
15. – ¿Dónde están los niños? – Por ____.

### 24.5 *Aun and aún* (B&B 31.7.3, 31.7.4, Level 2)

Fill the gaps in the following sentences with either *aun* or *aún*.

1. ____ hoy en día hay quienes creen que la Tierra es llana.
2. ____ si tuviera mil pesos, no le daría nada.
3. Pedro es un chico alto, pero Mario es más alto ____ .
4. ____ no se han descubierto las causas del apagón.
5. La ropa está ____ sin planchar.
6. ____ no había salido del hotel cuando se dio cuenta de que había olvidado su agenda.

7. Todos escucharon las noticias, ____ los niños.
8. Este mes ha llovido ____ más de lo que se pronosticaba.
9. ¿Está ____ de vacaciones el jefe?
10. ____ sin maquillaje no la habría reconocido.

## 24.6 *Bajo, abajo* and *debajo de* (B&B 31.6.6, 34.3, Level 2/3)

Fill in the gaps with the appropriate form.

1. La vieja tenía todo su dinero ____ la cama.
2. ¿Quiere usted algo de ____?
3. Los exploradores fueron río ____ en su piragua.
4. Más ____ veremos que hay varios argumentos en contra.
5. ____ los Borbones la administración española se organizó de manera más eficaz.
6. ____, en la calle, se veía un desfile de penitentes.
7. En la etiqueta se leía "Oxígeno ____ presión".
8. Todo el paisaje resplandecía ____ un sol abrasador.
9. El gato se escondió ____ el cobertizo.
10. ¡____ los fascistas!

## 24.7 *Luego* and *entonces* (B&B 31.7.5, Level 2)

Fill the gaps in the following sentences with either *luego* or *entonces*.

1. No se me había ocurrido pensar en mi madre hasta ____ .
2. Desde ____ no ha hecho nada para nosotros.
3. No podemos esperarlo más, pero estoy seguro de que vendrá ____ .
4. Vi cómo Mauricio miraba a Elena, y ____ me di cuenta de que se habían enamorado.
5. Primero se agrega tomillo, ____ sal.
6. ¿El cuarto ya está limpio? Pues ____ no tienes nada más que hacer para hoy.
7. Me puse el sombrero y los guantes y esperé a que parara el tren. ____ bajé y busqué a mi hermana en el andén.
8. ____ de haber sido identificado por las fuerzas del orden, el presunto culpable se dio a la fuga.
9. Hemos mantenido relaciones muy amistosas a partir de ____ .
10. Fue a la cocina para tomar un vaso de agua, y ____ salió al jardín.

## 24.8 *Tras, detrás, detrás de, atrás* (B&B 31.6.7, 34.18, Level 2)

Fill in the gaps in the following sentences with *tras, detrás, detrás de* or *atrás*.

1. ____ del altar pueden contemplar un magnífico retablo churrigueresco.
2. ____ muchos años de sequía, por fin están llenos los embalses.
3. Los invitados suelen dormir en la habitación de ____ .
4. Los golpes vinieron uno ____ otro.
5. Los de ____ no podían oír el discurso del Presidente.
6. Más ____ vislumbramos a dos jinetes cabalgando muy de prisa.
7. Varios años ____, la familia se había instalado en Belchite.
8. ____ haber sido condenado a cadena perpetua, el pobre rompió a llorar.
9. No te pongas ____ de la puerta: alguien puede entrar.
10. Sin pensar, dio marcha ____ al coche.

# *Ya*

## 24.9 *Ya* (B&B 31.7.1, Level 2/3)

Study the use of *ya* in the following sentences, which are taken from Vicente Soto, *La zancada* (Barcelona: Destino, 1967) and translate them into English.

1. —No —me dijo ya con cierta irritación el párroco de Mira—, a su tatarabuelo no llegué a conocerlo.
2. —A don Armando, como ya le he dicho —prosiguió con su grave susurro—, sí que lo conocí.
3. El relato tenía ya vida propia y yo no contaba para nada.
4. —Es sólo un momento, créanme; tenemos que liquidar algo.
   —Ya. Usted siempre tiene algo que liquidar.
5. Papá decía que el viejo se había salido del ataúd; en sentido figurado, ya comprendéis.
6. Me volví a la abuela y ya no estaba allí.
7. Por mí ya se podían ir aquellos dos idiotas adonde quisieran.
8. ¡Ay, ábreme ya, corre!
9. Bueno, ya lo he insultado bastante.
10. Habéis de saber que Marina ya es mujer.

## Adverbial phrases

### 24.10 Adverbial phrases of manner (B&B 31.3.2, Level 2/3)

Match up the sentences in the left-hand column with the adverbial phrases in the right-hand column (take care to insert the adverbial phrase appropriately into the sentence: see B&B 31.3.8):

| | | | |
|---|---|---|---|
| 1. | Puedo recitar las coplas de Jorge Manrique | a. | en el acto |
| 2. | A pesar de que todo el mundo la miraba, la muchacha siguió caminando | b. | de ordinario |
| 3. | No sé si habrá sitio para los tres clientes que llegaron | c. | a regañadientes |
| 4. | ¡Deje de bromear: hable usted . . .! | d. | a tiempo |
| 5. | Se entregan las fotos | e. | a duras penas |
| 6. | Los dos rivales aceptaron hacer las paces | f. | a toda velocidad |
| 7. | Si no se da prisa, no llegaremos al aeropuerto | g. | de improviso |
| 8. | El tren bajó la pendiente | h. | de memoria |
| 9. | Llegamos a la cumbre | i. | en serio |
| 10. | Me acuesto a las once y media | j. | sin empacho |

# 25

# Expressions of time

## 25.1 'Since' expressions (B&B 32.3.1–32.3.3, Level 2)

Using expressions involving *desde*, *(desde) hace/hacía* or *llevar*, make as many sentences as you can which correspond to the information given.

*Example:*  Dejó de fumar hace siete años.

→

**No fuma desde hace siete años.**
*or*
**Lleva (tiene** *in much of Latin America***) siete años sin fumar.**
*or*
**Lleva (tiene** *in much of Latin America***) siete años que no fuma.**
*or*
**Hace siete años que no fuma.**

1. Empecé a estudiar el hebreo hace siete meses.
2. Dos años después de que llegamos a Lima se marchó mi mujer.
3. Nuestra amistad empezó en 1978.
4. La guerra terminó hace cinco años.
5. La nueva comisión para refugiados se estableció el año pasado.
6. Me di cuenta de que le había visitado por última vez tres años antes.
7. Mañana celebramos nuestras bodas de plata.
8. No te he visto en dos años.
9. Después de estar un año en la empresa fue nombrado vicepresidente.
10. Me dijo que empezó a pintar en marzo pasado.

## 25.2 Translating 'for' (B&B 32.2, 32.3, Level 2/3)

Translate the following sentences into Spanish (some of them may be translated in several different ways).

1. I haven't seen my brother for sixteen years.
2. Wait here for five minutes, and then call the police.
3. My aunt is coming to stay with us for a few days at Christmas.
4. I was a teacher at that school for ten years.
5. A cathedral has stood here for centuries.
6. Have you got enough food for next week?
7. We've been married for forty years.

8. They haven't been out shopping for weeks.
9. For many years I thought he was a Mexican.
10. Would you like to sit down for a few minutes?


## 25.3  Translating 'since' (B&B 32.3, Level 2/3)

Translate the following sentences into Spanish.

1. What have you been doing since I saw you last?
2. The doors have been open since five o'clock.
3. How many times have you been back to Greece since the war?
4. The old man said he had sung in the festival since his youth.
5. Since when have you known that Mario was resigning?
6. There had been a dictatorship in that country since the beginning of the century.
7. We've been waiting here since this morning.
8. I've been left-handed ever since I was a child.
9. She said that she hadn't seen her brother since the soldiers took him away.
10. My aunt has never stopped talking since arriving.
11. It's ten minutes since he left.
12. This is the worst national catastrophe since the floods of 1963.
13. Since then no one has dared to say what they really think.
14. Since winning the lottery you have been unbearable.
15. They stated that it was fifty years since they first met.


## 25.4  Translating 'ago' (B&B 32.4, Level 2)

Translate the following sentences into Spanish.

1. Twenty years ago prices were much lower.
2. How long ago did Cervantes die?
3. It will be ten years ago on Thursday that my daughter got married.
4. Mother said that she had been a secretary years ago.
5. Did you hear someone ring at the door a little while ago?
6. Where were you five years ago yesterday?
7. As long ago as the 1960s women wore trousers.
8. It's not long ago that you were saying the opposite.
9. I saw the news on TV only a few minutes ago.
10. It must be thirty years ago that I first heard that song.

## 25.5 *En or dentro de?* (B&B 32.5, Level 2)

Fill in the gap with either *en* or *dentro de*.

1. El tren sale ____ unos minutos.
2. No he visto una tormenta así ____ más de veinte años.
3. ____ un rato todo se explicará.
4. ____ mi vida he oído nada tan absurdo.
5. ____ un momento estoy con usted.
6. Los niños prometieron limpiar la casa ____ media hora.
7. De hoy ____ quince días tengo mi dieciocho cumpleaños.
8. ____ diez minutos llegamos a Badajoz.
9. Lee muy rápido: leyó todo el *Quijote* ____ menos de una semana.
10. Las fiestas de San Antón empiezan ____ dos semanas.

## 25.6 Verbal constructions expressing notions of time
(B&B 32.6–32.8, Level 2)

Make appropriate sentences from the following:

| El tren | acaba de | explicar el teorema |
|---------|----------|---------------------|
| El profesor | acabó | parar |
| María | acabó por | muriendo |
| Mi amigo | continuó | llegar |
| Tía Elena | sigue | enferma |
|  | suele | charlando |
|  | tardó dos horas en | contar chistes |
|  | termina por | maquillándose |
|  | volvió a | triste |

# 26

# Conjunctions

## Pero, sino, si no

### 26.1 General (B&B 33.1, Level 2)

Fill in the gaps with *pero*, *sino* or *si no*.

1. Mi tío no es electricista, _____ fontanero.
2. Tengo prisa, _____ me quedaba contigo un ratito más.
3. Es muy inteligente, _____ no trabaja nada.
4. No fue un amigo quien me lo dijo, _____ el vecino de enfrente.
5. No me molesta que vengan, _____ que se pasen toda la tarde.
6. Repíteme el nombre otra vez, _____ se me olvidará.
7. Hoy no se habla _____ de política y de economía.
8. No me apetece, _____ iré por educación.
9. Estamos en pleno verano, _____ hace un frío que pela.
10. Abrígate bien, _____ cogerás un resfriado.
11. No me apetece comer, _____ sí que quiero beber un poco.
12. No he visto la película, _____ no me arrepiento.
13. _____ riegas las plantas, se te van a secar.
14. Me enfadaré de verdad, _____ vienes.
15. Con tanto darle vueltas al asunto, no vas a hacer _____ marearte.

### 26.2 *Sino* and *sino que* (B&B 33.1, Level 3)

Make one sentence by linking the two given with *sino* or *sino que*, as in the examples.

*Examples*:  No fue Juan. Fue su hermano.
   →
   No fue Juan, **sino** su hermano.

   Juan no me regaló su coche. Juan me prestó su coche.
   →
   Juan no me regaló su coche, **sino que** me lo prestó.

1. No es a ti a quien quiero ver. Es a tu hermano a quien quiero ver.
2. No quiero que me hagas el trabajo. Quiero que me ayudes.
3. No vengo de visita. Estoy aquí para pedirte un favor.
4. No nos dijo que fuéramos el lunes. Nos dijo que fuéramos el jueves.
5. No dijo que fuéramos el lunes. Quería que llamáramos el lunes.

6. No compraron una casa. Compraron un piso.
7. No compraron una casa. Vendieron la que tenían.
8. No fue Pepe quien me avisó. Fue Toni quien me avisó.
9. Pepe no me llamó. Pepe me envió un recado con Toni.
10. No han sido dos las veces que te has equivocado. Han sido cinco.

## Y (e), o (u), ni

### 26.3 General (B&B 33.2, 33.3, Level 1)

Fill in the gaps with the appropriate conjunction.

1. Me he propuesto andar siete ____ ocho kilómetros diarios ____ intentar comer menos, a ver si adelgazo.
2. Es guapa ____ inteligente, pero no tiene modales ____ educación.
3. ____vamos a pie ____ vamos en coche, pero de uno ____ otro modo, tenemos que ir saliendo ya.
4. Arregló la casa ____ hizo la comida, ____ se puso a esperar pacientemente a que llegaran su marido ____ hijos.
5. Una de dos: ____ te cambias ____ sales con nosotros, ____ te quedas en casa.
6. ____ trabaja ____ deja trabajar a los demás, siempre está molestando a todo el mundo.
7. Habla español ____ inglés perfectamente, ____ además es un excelente abogado.
8. Julia se echó a reír con una risa franca ____ histérica ____ colgó el teléfono.

## Que

### 26.4 Que, qué or de que? (B&B 33.4.2, Level 2)

Fill in the gaps with *que, qué* or *de que* as appropriate.

1. Estábamos convencidos ____ había ratones en la bodega.
2. Se alegraron ____ nos hubiéramos acordado de ellos.
3. Siempre me olvido ____ en este país se circula por la izquierda.
4. Opino ____ debiéramos largarnos cuanto antes, ¿tú ____ crees?
5. Está tan seguro ____ él siempre tiene razón que nunca da el brazo a torcer.
6. Está tan claro ____ no tienes razón que no merece la pena seguir discutiendo.
7. Me huelo ____ aquí hay gato encerrado.

8. ¿Se imaginaba usted ____ le iban a hacer semejante faena?
9. Creyeron ____ les daba algo cuando se enteraron ____ su hijo estaba en la cárcel.
10. Vi ____ venían hacia nosotros, pero no me di cuenta ____ pedían ayuda.
11. La teoría esa ____ un meteorito acabó con los dinosaurios es un tanto extraña.
12. Vivían con la obsesión ____ les iban a robar, por eso procuraban ____ no quedara la casa vacía.
13. Estaban tan hartos ____ el vecino aparcara el coche delante de su casa que casi se alegran ____ se lo hayan robado.
14. Partiendo de la base ____ ya se ha casado tres veces, no es de extrañar ____ lo haga una vez más.
15. He llegado a la conclusión ____ no merece la pena sulfurarse por nada.
16. El motivo ____ se enemistaran los hermanos fue ____ los padres dejaron todo al más pequeño.

### 26.5 Dequeísmo (B&B 33.4.3, Level 2/3)

Which of these sentences make incorrect use of *de que*?

1. Pensé de que te habías vuelto loco de repente.
2. Se trata de que no se vuelva a repetir esto nunca.
3. Nadie sospechaba de que este señor pudiera ser el asesino.
4. Hablaban de que quizás se cambiaran de casa.
5. Dudo de que te hagan caso.
6. El director ordenó de que estuvieran allí todos a las nueve en punto.

## Conjunctions of cause and consequence

### 26.6 Por qué, porque or porqué? (B&B 33.5.1, Level 1)

Complete the sentences with *por qué, porque* or *porqué*.

1. Consiguió entrada ____ conocía a uno de los actores.
2. No sé ____ me preguntas eso.
3. No sale ____ tiene cosas que hacer.
4. Desconozco el ____ de la cuestión.
5. ¿____ no nos vamos de vacaciones esta misma semana?
6. Lo hago ____ quiero y ____ puedo.
7. Ignoro ____ se habrán ofendido.
8. No vamos a preocuparnos ____ no hayan aparecido todavía.

## 26.7 *Como, porque, así que* (B&B 33.5.1–2, Level 1)

Put the sentences together, using *como, porque* and *así que*.

*Example:*   No come nada. Se va a quedar en los huesos.

   →

   **Como** no come nada, se va a quedar en los huesos.
   Se va a quedar en los huesos **porque** no come nada.
   No come nada, **así que** se va a quedar en los huesos.

1. Es muy simpática. Tiene cantidad de amigos.
2. Hace mucho frío. No vamos a salir hoy.
3. No ponemos la tele. No nos enteramos de las noticias.
4. Se me ha acabado el detergente. No puedo poner la lavadora.
5. Se nos ha roto la calefacción. Nos vamos a congelar en casa.
6. No tenía vehículo propio. Siempre iba a pie.
7. Sólo hablan su propio idioma. No les apetece viajar al extranjero.
8. Conducía como un loco. Le retiraron el carnet de conducir.
9. Tiene úlcera de estómago. El doctor le ha puesto a dieta.
10. Las máquinas hacen el trabajo. Sobra la mano de obra.

## 26.8 Conjunctions of consequence and result
(B&B 33.9, Level 2)

Complete these sentences in any way you like with a conjunction of consequence or result, i.e. *por lo tanto, por consiguiente, así pues, así que, de modo/manera/forma que, de ahí que* (+ subjunctive), *de tal modo/manera/forma que.* Try and use a different one for each sentence.

1. Le dolían muchísimo las muelas _____ .
2. Su padre es diplomático _____ .
3. Está en el paro _____ .
4. La campaña publicitaria ha sido un fracaso _____ .
5. No nos convencía ninguno de los programas electorales _____ .
6. Nosotros no tenemos dinero, no podemos pagarte los estudios _____ .
7. Es muy tarde _____ .
8. Salieron a escondidas _____ .
9. Ninguno de los dos tenía pasaporte _____ .
10. Se quedaron sin gasolina nada más salir de casa _____ .

## Concession

### 26.9　Aunque, a pesar de que, por . . . que (B&B 33.6.1, Level 3)

**A** Rewrite the following sentences to start with either *aunque, a pesar de que* or *por . . . que*.

*Example:*　Lo he leído en un periódico serio, pero yo no me lo creo.
　　　　　　**Aunque** lo haya leído en un periódico serio, yo no me lo creo.

1. Nos matamos a trabajar, pero aquí nadie nos lo agradece.
2. Javier no ve muy claro lo del nuevo trabajo, sin embargo va a firmar el contrato.
3. Llevan años luchando por sus derechos, pero no hay manera de conseguirlos.
4. Me resulta muy duro hacerlo, sin embargo sé que es muy importante para mí.
5. El médico se niega a darle el alta, pero él piensa ir a trabajar mañana mismo.
6. Según cuenta el periódico, la economía está boyante, pero eso no hay quien se lo crea.
7. Les hemos advertido varias veces que no metan ruido, pero ellos no hacen caso.
8. Mi hermano no tiene la más mínima posibilidad de conseguir ese puesto, sin embargo lo va a solicitar.
9. No nos apetece nada ir a trabajar, pero no nos queda más remedio.
10. Le estoy dando muchísimas vueltas al tema, pero no le veo la solución.

**B** Rewrite sentences 2, 5, and 7 incorporating *y eso que*. Remember that *y eso que* takes the indicative and that you will have to change the order of the sentence.

## Condition and exception

### 26.10　Substitutes for *si* (B&B 33.7, Level 3)

Substitute *si* in these sentences with other conditional conjunctions or structures. Do you observe any pattern in the consequent changes in the verb forms used?

*Example:*　<u>Si</u> sigue aumentando la contaminación de este modo, vamos a morir todos asfixiados.
　　　　　　**Como siga** aumentando la contaminación . . .

1. Firmaremos la carta <u>si</u> la firman todos los vecinos.
2. <u>Si</u> siguen mimando al niño de este modo, se va a volver insoportable.
3. Te presto el dinero <u>si</u> me lo devuelves para el mes que viene.
4. <u>Si</u> sigue así de malo el tiempo, se van a ir todos los turistas.
5. Me caso <u>si</u> hacemos separación de bienes.
6. <u>Si</u> no molesta mucho, puedes tener un bicho en casa, pero te encargas tú de cuidarlo.
7. <u>Si</u> hay un poco de pan y queso para comer, a mí ya me basta.
8. <u>Si</u> se pierde la carta en el correo, no se qué hago.
9. <u>Si</u> se lo recuerdas al salir de casa, ya no se le olvidará.
10. <u>Si</u> es verdad lo que se rumorea, el presidente se divorcia.

## Purpose and aim

### 26.11 *Para que* (B&B 33.8, Level 2/3)

(See also exercise 13.14)

Rewrite the sentences using *para que*.

*Example*:   Hay que regar las plantas, si no, se mueren.
   →
   Hay que regar las plantas **para que no se mueran**.

1. Dame la mano que me voy a caer.
2. Pon otra manta en la cama porque, si no, te vas a resfriar.
3. Haced publicidad de la conferencia o no irá nadie.
4. Vamos a pedir un taxi, de lo contrario tendrá que llevarnos mi hermano a la estación.
5. Si la empresa ha de sobrevivir, hay que echar gente a la calle.
6. Bajad el volumen de la música, que se van a quejar los vecinos.
7. Van a mejorar el transporte público porque se quejan mucho los usuarios.
8. Me pasé la tarde con mi abuela porque se sentía muy sola.
9. Como sigue subiendo la fiebre, hay que ponerle antibióticos.
10. Voy a hacer de canguro para mis hermanos esta noche porque van a ir al cine.

## Conjunctions of time

### 26.12 General (B&B 33.10, Level 3)

Fill in the gaps with a different conjunction of time for every sentence.

1. ____ llegáramos a casa teníamos siempre la calefacción encendida.
2. ____ hayas terminado de pagar la hipoteca ya podrás permitirte algún capricho.
3. ____ sepáis algo llamadme, que estoy muy preocupado.
4. No me llames ____ no tengas todos los resultados.
5. Adiós, que te vaya bien, ____ nos veamos de nuevo.
6. ____ iban entrando los niños, les iban dando un lápiz y un papel.
7. ____ viajo en autobús me mareo.
8. ____ cenemos podríamos ver la tele un rato.
9. ____ me hicieron esa pregunta me puse nervioso.
10. ¡Qué casualidad que hayamos llegado ____ los demás!

# Prepositions

## Personal a

### 27.1 Before nouns denoting human beings or animals
(B&B 22.2, Level 1)

Insert *a* where necessary.

1. Se buscan secretarias bilingües con experiencia.
2. Busco mi secretaria, ¿dónde se habrá metido?
3. Con tanta construcción, necesitan albañiles y fontaneros por todas partes.
4. Yo conozco un albañil estupendo, que lleva trabajando para nosotros muchos años.
5. Odio los perros, tú lo sabes; sin embargo, tengo que aguantar este monstruo de perro por ser tuyo.
6. Admiro las enfermeras mucho más que los médicos.
7. El club busca jugadores extranjeros para salir de la crisis.
8. La policía busca un preso que se ha fugado de la cárcel.
9. Cría sus hijos entre algodones, los va a echar a perder.
10. Antes la gente criaba varios hijos con toda naturalidad.

### 27.2 General: basic usage (B&B 22.2–3, 22.6, Level 2)

In some of the following sentences, *a* is missing where it should be present or is used where it should not be. Make the necessary corrections.

1. Quiero huevos para desayunar.
2. Quiero mi madre más que nadie en este mundo.
3. Al llegar a casa encontré a mi madre hecha un mar de lágrimas.
4. No encuentro a las tijeras, ¿sabes dónde pueden estar?
5. Tengo a los dos niños con gripe, y al perro tristísimo; espero que se les pase pronto.
6. Tengo dos niños y un perro, que es peor que si tuviera familia numerosa.
7. Mis vecinos necesitan alguien que les haga unos arreglillos en casa.
8. Los jóvenes hoy en día parecen necesitar más sus amigos que sus propios padres.
9. Los niños esperan a la llegada de los Reyes Magos con más ilusión que nunca este año.

10. Los niños están esperando los Reyes Magos con una ilusión tremenda este año.
11. Yo la habría despreciado como una pobre mujer.
12. Para visitar la abuela hay que armarse de paciencia.
13. Con carnet de estudiante se puede visitar al museo gratis.
14. Le pido dinero a mi marido para pagar el taxi.
15. Pago el taxista y nos bajamos del taxi.

## 27.3 Personal *a* before pronouns and before relative pronouns (B&B 22.4.1, Level 1)

Is *a* necessary in all the following gaps?

1. ¿____ quiénes viste en la fiesta?
2. Yo no he visto nunca ____ ningún pigmeo.
3. El nuevo jefe nos dijo que nos iba a hacer trabajar el doble ____ todos.
4. ____ ésa no la deberían dejar conducir, es un peligro público.
5. Registraron todo el barco y no encontraron ____ ningún polizón.
6. Señalaban ____ algunos de los cabecillas como posibles incitadores a la huelga.
7. Invita ____ cualquiera, no tiene prejuicios.
8. Eliminaba ____ unos y promocionaba ____ otros, el caso era mantener el control.

## 27.4 Before relative pronouns (B&B 22.4.2, Level 2)

Supply the missing relative and *a* where necessary.

*Example:*   Eso molestó mucho a la niña, ____ nadie había tenido en cuenta
→
Eso molestó mucho a la niña, **a la que/a quien** nadie había tenido en cuenta.

1. Ví que había en la lista una gran cantidad de gente ____ tenía que haber invitado.
2. Hay otro tipo de amigos ____ no se echa en falta casi nunca.
3. Tras morir su marido, ____ cuidó hasta la muerte, se dedicó a la caridad.
4. Estaba con una serie de compañeros ____ conozco desde hace años.
5. ¿Sabes quién es esa chica ____ tú consideras una fresca?
6. Está al teléfono un tal Jorge Méndez, ____ no conozco de nada.

# A and *en*

### 27.5 **Miscellaneous uses** (B&B 34.1, 34.9, Level 2)

Fill in the gaps with *a* or *en*, making any adjustments necessary.

Ayer cuando iba (1) ____ Madrid, (2) ____ la estación de Guadalajara me encontré con un viejo amigo (3) ____ quien no veía desde hacía tiempo. (4) ____ llegar (5) ____ Madrid me dijo:

—¿____(6) dónde vas? Tengo el coche (7) ____ un aparcamiento junto (8) ____ la estación y no tengo prisa; he quedado (9) ____ las dos. Te llevo (10) ____ el coche (11) ____ donde quieras. Aquí tienes el plano de la ciudad para que me guíes.

Nos metimos (12) ____ el coche y empezamos (13) ____ charlar. De vez en cuando yo le daba instrucciones: (14) ____ el primer semáforo tuerces (15) ____ la derecha. ¿Ves aquella iglesia allá, (16) ____ unos 500 metros? Bueno, pues (17) ____ aquella esquina tuerces (18) ____ la izquierda y sigues todo recto por la misma calle. (19) ____ llegar (20) ____ tercer semáforo verás una glorieta, das la vuelta (21) ____ la glorieta. Y así íbamos (22) ____ animada conversación hasta que, de repente, aparecimos (23) ____ una calle, (24) ____ dirección prohibida. (25) ____ final de la calle se divisaba un paso elevado. Perfecto, estamos (26) ____ mi barrio, dije. Aparca aquí mismo, (27) — cualquier sitio, (28) ____ la sombra (29) ____ poder ser, que yo me voy (30) ____ mi casa (31) ____ pie. Un millón de gracias, ha sido un placer. Espero que llegues (32) ____ tiempo (33) ____ la cita.

### 27.6 **Idiomatic expressions with *a* and *en*** (B&B 34.1, 34.9, Level 3)

Complete the sentences with the expressions contained in the box.

| | |
|---|---|
| a dieta | en contra |
| a favor | en efecto |
| a golpes | en exclusiva |
| a la plancha | en proyecto |
| a mano | enseguida |
| a plazos | en serio |
| a punto | en su punto |
| al hombro | en voz baja |

1.  En mi casa se hace la carne ____ y ha de estar siempre ____
2.  ¿Tú estás ____ o ____ del aborto?
3.  Tengo ____ hacerme una casa. Cuando esté ____ ya te invitaré para que la veas.
4.  El reportero gráfico la emprendió ____ diciendo que su revista tenía la boda ____ y ningún otro reportero tenía derecho a sacar fotos.
5.  Todos los lunes dice que no come, que está ____, pero ____ se le olvida.
6.  Iba con una mochila ____ y hablando ____ con su compañero.
7.  ¿No dirás ____ que te vas a poner a escribir una novela ____?
8.  ____, la gente hoy en día se compra de todo, aunque sea ____ .

# De and *desde*

## 27.7 Discriminating *de* and *desde* (B&B 34.7.5, Level 2)

Fill in the gaps with either *de* or *desde*.

1.  ____ la terraza se divisa una magnífica puesta ____ sol.
2.  ____ ayer por la noche no he comido nada, tengo dolor ____ estómago.
3.  El avión que llega ahora ____ Bruselas, había salido ____ Nueva York.
4.  Volar ____ Nueva York hasta Bruselas cuesta ____ ocho a diez horas.
5.  Nos conocemos ____ toda la vida, ____ cuando éramos niños.
6.  La calefacción suele estar encendida ____ octubre, pero depende ____ tiempo que haga.
7.  Su madre le gritó ____ la ventana y le echó las llaves ____ allí.
8.  Todos tenemos que acatar las leyes, ____ el rey hasta el último ciudadano.
9.  ____ un tiempo a esta parte se nota un olor espantoso por aquí, ¿____ dónde viene?
10. ____ el punto de vista educativo este gobierno ha sido un fracaso.

# Por and *para*

## 27.8 Discrimination of *por* and *para*: general
(B&B 34.14.1, Level 2)

Each of the following sentences contains *por* and *para*; fill in the gaps.

1.  ____ limpiar el garage habría que empezar ____ sacar todo lo que hay dentro.
2.  He ido al supermercado ____ una docena de huevos ____ mi madre.
3.  Se ha prohibido la manifestación del viernes ____ precaución, ____ evitar peleas y destrozos en la vía pública.

4. Mi marido ya no escribe ____ *El Diario*, decidió dejarlo ____ una discusión que tuvo con el director.
5. ¿____ qué te has enfadado de ese modo? No veo que haya motivos ____ ello.
6. Este presidente no está capacitado ____ tomar decisiones, y sin embargo las toma ____ todos nosotros.
7. Este coche ya no sirve ____ nada, está ____ la chatarra; seguro que es ____ el mal trato que le das.
8. ____ todo ello, se ha fundado esta asociación de vecinos, que sin duda será beneficiosa ____ todos nosotros.
9. Estoy furioso con el ayuntamiento ____ las dificultades que me están poniendo ____ construirme un triste garaje.
10. ____ si no te acuerdas, te debo dinero y te lo voy a dar ahora mismo ____ quedar en paz.
11. Voy a sacar el champán ____ brindar ____ el éxito de la campaña.
12. ¡Oiga! a usted no se le paga simplemente ____ venir a la oficina sino ____ que haga algo de provecho y rinda al máximo.
13. ¡Qué alegría! estoy ____ llamar a todo el mundo ____ contárselo.
14. Ya no sabe lo que hacer ____ quedar bien con el jefe, y se está creando muchas enemistades.
15. ____ quedar bien con los invitados ya sabes lo que tienes que hacer: una buena comida y el vino que no falte.

## 27.9 Place and time (B&B 34.14.3, 34.14.4, Level 2/3)

Fill the gaps with *por* or *para*.

1. Si puedes, pásate ____ casa esta tarde. Estaré allí ____ las 8.
2. Iba yo caminando ____ la orilla del río y vi pasar a un ciclista ____ el puente.
3. Vete un ratito ____ ahí, a ver qué hay ____ la calle.
4. ____ ahora no tengo intención de ir a casa ____ Navidad.
5. Espero que este trabajo esté terminado ____ la noche.
6. ____ la mañana todo resulta más fácil.
7. Me he dado una vuelta ____ el centro y he pasado ____ el cine a sacar las entradas.
8. El año pasado ____ estas fechas recuerdo que jugaba al tenis dos veces ____ semana.
9. ¿____ dónde empezamos, ____ el principio o ____ el final?
10. ¡Qué cantidad de gente ____ todas partes! no se puede andar ____ las aceras.
11. ¿Cómo vais a meter ese mueble en casa? no cabe ni ____ la puerta ni ____ las escaleras y dudo mucho que entre ____ la ventana.
12. Todavía voy ____ la página 10, a este paso no acabaré nunca el libro.

13. Salgo ____ París mañana, ¿quieres algo?
14. El niño iba ____ médico, igual que su padre.
15. El asunto del Euro yo creo que va ____ largo.
16. Con esta sequía, dicen que sólo queda agua ____ dos meses.
17. Va ____ un mes que pedí el catálogo y todavía no me lo han enviado.
18. Tiene un pelo larguísimo, le llega ____ la cintura.
19. ____ las seis de la tarde iban ya ____ la segunda botella de brandy.
20. Lo mires ____ donde lo mires esto no se soluciona ni ____ dentro de un año.

## 27.10 Idiomatic expressions with *por* and *para*
(B&B 34.14.2, 34.14.4, Level 3)

Complete the sentences with the expressions from the box:

| | |
|---|---|
| para colmo | por poco |
| por cierto | por si acaso |
| por fin | por si las moscas |
| por lo menos | |

1. Fueron unas vacaciones terribles, ____ nos perdieron el equipaje a la vuelta.
2. ____ reservaré mesa. Es un restaurante muy concurrido, la última vez que fuimos ____ nos quedamos sin mesa.
3. ____, ¿dónde estuviste anoche que volviste tan tarde a casa? ____ podías habernos avisado.
4. ____ parece que han entrado las lluvias. Me llevaré el paraguas, ____ .

## 27.11 Verbs followed by *por* or *para* (B&B 34.14.4, Level 3)

Fill in the gaps with either *por* or *para* and then make up sentences using these expressions.

1. votar ____ alguien
2. interesarse/mostrar interés ____
3. tener motivos ____
4. admirar a alguien ____
5. pagar ____ los errores
6. prepararse ____ algo
7. asustarse ____
8. preocuparse ____ algo/alguien
9. preguntar ____ alguien

10. estar nervioso ____
11. estar impaciente ____
12. estar preparado ____
13. discutir ____ tonterías
14. ____ razones desconocidas
15. sentir/tener fascinación ____
16. castigar a alguien ____
17. criticar a alguien ____
18. actuar/hacer algo ____ el bien de
19. molestarse ____
20. decidirse ____

## 27.12 General (B&B 34.14, Level 3)

Fill in the gaps with *por* or *para*.

1. Oye, tú habla ____ ti, porque no todos opinamos de la misma manera.
2. ¿Tu te crees que ____ ti van a cambiar sus planes? ¡Qué ingenuo eres!
3. ¡Vaya novio que tienes! Él haría____ ti lo que le pidieras.
4. Perdona, siento que te ofendas, yo no lo he dicho ____ ti.
5. Tengo una sorpresa ____ ti, a ver si adivinas lo que es.
6. Toma esto, ____ ti, ____ que no digas que nunca te doy nada.
7. Oye, eso te lo guardas ____ ti, que yo no quiero enterarme de asuntos ajenos.
8. ¡Hay que ver lo que tus padres hacen ____ ti y lo poco que se lo agradeces!
9. Por favor, lee ____ ti, que molestas a los demás.
10. Me preguntaron ____ ti y ____ tu familia.
11. ____ mí como si se muere; de hecho ____ mí es como si se hubiera muerto.
12. ____ mí puedes abrir la ventana, pero si te resfrías no digas que fue ____ mi culpa.
13. ____ nosotros podéis fumar, no hay inconveniente.
14. Esto lo hago ____ mí mismo, para demostrarme que soy capaz de ello.
15. La modista está haciendo un traje ____ mí y otro para María.
16. ____ mí, esta es la mejor película del año.
17. ____ la mayoría de la gente lo más importante es el dinero.
18. Después de oírle hablar yo me dije ____ mí, qué tío más arrogante.
19. No me gusta que decidan ____ mí, soy muy capaz de hacerlo yo mismo.
20. Si fuera ____ mí, ahora mismo cambiaba toda la decoración de la casa.
21. ____ ellos, tú eres un cero a la izquierda.
22. Si fuera ____ vosotros no haríamos nada.
23. Pepe haría ____ María lo que fuera. ____ ella todo le parece poco.

24. Han nacido el uno ____ el otro.
25. ¿Tú ____ quién me tomas? ¿Te crees que soy imbécil o qué?

## Other prepositions

### 27.13 *Ante* and *delante de* (B&B 34.2, Level 1)

Fill in the gaps with *ante* or *delante de*.

1. ____ una situación de este tipo, no se sabe cómo reaccionar.
2. Compareció ____ el juez en compañía de su abogado.
3. ____ la posibilidad de quedarse sin nada decidió cambiar de táctica.
4. Hay un jardín ____ la casa y otro detrás.
5. El señor que iba ____ mí en la cola tenía aire cansado.
6. Quítate de ____, que no me dejas ver.
7. La mala alimentación disminuye las defensas del hombre ____ nuevos virus.
8. No pienso ponerme ____ espejo porque no quiero verme.
9. ____ la duda, decidieron poner abundante comida por si llegaban todos.
10. No vuelvas a decir eso ____ los niños.

### 27.14 *Bajo* and *debajo de* (B&B 34.3, Level 1)

Fill in the gaps with *bajo* or *debajo de*.

1. *Cantando* ____ *la lluvia* es el título de una famosa película.
2. ____ el continente de la Antártida se oculta una gran riqueza mineral.
3. El gato corrió a esconderse ____ la cama.
4. El índice de natalidad en Europa está muy por ____ la media mundial.
5. Uno de los diputados de HB está ____ arresto domiciliario.
6. La sortija que había perdido mi madre apareció ____ frigorífico.
7. Vivimos ____ un régimen democrático.
8. En octubre se detectó una erupción volcánica ____ un glaciar en Islandia.
9. Espero que no se vuelva a repetir ____ ningún concepto.
10. En la jerarquía militar, el sargento está muy por ____ del coronel.

### 27.15 *Tras* (B&B 34.18, Level 2)

Where possible, replace *tras* by *después de* or *detrás de* in the following sentences without changing the meaning.

1. <u>Tras</u> saberse la noticia, la gente se echó a la calle en solidaridad.
2. La policía va <u>tras</u> el asesino, siguiendo las pistas dadas por los vecinos.
3. No se puede fiar de los políticos, dicen una mentira <u>tras</u> otra.
4. Se pasa hora <u>tras</u> hora delante del ordenador.
5. <u>Tras</u> la derrota sufrida por el equipo, ha dimitido la directiva del club.
6. <u>Tras</u> el féretro iban los familiares seguidos de amigos y público en general.

# 28

# Relative pronouns and nominalizers

## 28.1 Relative pronouns in Spanish and English
(B&B 35.1.3, Level 2)

Translate the following sentences into Spanish.

1. Can you see the seat she's sitting on?
2. Here is a map showing the main sites of interest.
3. The man came who we met in the supermarket yesterday.
4. That's the packet I'll have.
5. This is the canoe we went down the Amazon in.
6. The friends we went to Lanzarote with last year have just moved house.
7. The lady waving her handkerchief is my mother.
8. This is the tree trunk you carved our initials on.
9. Is Enrique the man you want to marry?
10. Honesty is one of the virtues you must cling on to.

## 28.2 Relative pronouns (B&B 35.2–35.4, Level 1)

Fill in the gaps with the appropriate relative form.

Tan sólo a 30 kilómetros de Madrid está la ciudad de Alcalá de Henares, uno de los asentamientos más antiguos de la meseta peninsular (1) _____ destacó como núcleo importante con la antigua ciudad romana de Complutum y por (2) _____ han ido dejando sus huellas las diversas culturas, visigoda y musulmana, (3) _____ han poblado esta tierra a lo largo de los siglos.

Alcalá posee uno de los más atractivos cascos históricos (4) _____ podemos ver en España, de (5) _____ destaca su Calle Mayor soportalada, los Palacios Arzobispales, la Universidad, la casa de conventos y monasterios de los siglos XVI y XVII (6) _____ harán pasar un buen día a todos (7) _____ vengan a conocerlos.

(Source: Excmo. Ayuntamiento de Alcalá de Henares, Concejalía de Turismo)

## 28.3 Relative clauses (B&B 35, in particular 35.1.2, 35.3, Level 1/2)

Make sentences containing relative clauses from the following pairs of sentences (many can be constructed in two different ways by taking first one sentence, and then the other, as the main clause). Which are restrictive and which are non-restrictive relative structures?

1. Finalmente encontré el anillo. Había estado buscando el anillo.
2. Esta novela me ha gustado muchísimo. La novela se llama *Hombres de maíz*.
3. El Escorial fue construido por Felipe II. Los reyes de España están enterrados en El Escorial.
4. La casa tiene un aldabón en forma de pelícano. ¿Cuál es la casa?
5. Balbuceó unas palabras en aymará. No entendí las palabras.
6. Se detuvo ante el escaparate. Había juguetes en el escaparate.
7. Manuel de Falla nació en Cádiz. Me encanta la música de Manuel de Falla.
8. Vi muchos carteles. Los carteles anunciaban un circo ruso.
9. Hojeaba las páginas de una revista femenina. Entre las páginas encontró un billete de cincuenta pesos.
10. Conocimos anoche al joven actor. ¿Cuántos años tendrá el joven actor?

## 28.4 Use after a preposition (B&B 35.4, Level 2)

Fill in the blanks with the appropriate relative form.

1. El debate televisivo en _____ intervino el decano fue transmitido en directo.
2. ¿Dónde está el rotulador con _____ firmó su nombre?
3. Busca un oficial a _____ pueda dirigir sus quejas.
4. Esta fue la razón por _____ dimitió.
5. Aún se ven los árboles entre _____ pusimos la tienda.
6. No encontró a nadie a _____ pudiera pedir ayuda.
7. La llave, sin _____ no se podía abrir la puerta, estaba en la mesa de la cocina.
8. La noticia de _____ acabo de enterarme es que ha habido un accidente en la carretera de Alhama.
9. La sartén en _____ se pone la carne tiene que ser de hierro.
10. El libro de _____ tomé el ejemplo fue de Alas.

## 28.5 Discrimination of *lo que/cual, el que/cual*, etc.
(B&B 35.6, Level 2)

1. Ha empezado a llover, por ____ será imposible seguir leyendo en el jardín.
2. Después de la cena hablaron de automóviles, ____ me aburrió sobre manera.
3. Mi hermano es ____ lleva la corbata rayada.
4. ____ pienso yo es que tendrán que imponer sanciones más graves.
5. Ustedes pueden hacer ____ quieran; yo me voy a la cama.
6. Juan empezó luego a desnudarse, ____ escandalizó a mis primas.
7. Todo ____ se pretende se puede lograr con paciencia.
8. Hay varios premios: escoja ____ quiera.
9. Este paisaje no es exactamente ____ se llama pintoresco.
10. Por fin llegaron los periódicos británicos, por ____ se supo que había una huelga de funcionarios.

## 28.6 *Donde, adonde, como* and *cuando* as relatives
(B&B 35.10–35.12, Level 1/2)

Fill in the blanks with the appropriate form.

1. No hay muchos sitios ____ me encuentro a mis anchas.
2. No me gustó nada la manera ____ se abrazaron.
3. Mi bisabuela nació en el siglo XIX, ____ no había electricidad en casa.
4. Miró hacia la mesa ____ estaban sentados los chavales.
5. Burgos es la ciudad ____ nos dirigimos ahora.
6. La cárcel ____ los presos políticos pasaron tantos años es ahora un museo.
7. Ven a visitarnos en mayo, ____ haga mejor tiempo.
8. La puerta no ha sido forzada, ____ se concluye que el asesino tenía una llave.
9. Me sorprendió bastante el modo ____ bromeaba con los mayores.
10. Apenas habíamos empezado a cenar, ____ sonó un golpe en la puerta.

## 28.7 Use of *el de, el que*, etc. (B&B 36.1, Level 2)

Translate the following into Spanish.

1. The ones from Barcelona spoke Catalan.
2. Which pencils do you want? The red ones or the green ones?
3. My bicycle is bigger than my sister's.
4. Those shoes are the ones I tried on.

5. The mystery of the *Marie Celeste* is the one sailors always talk about.
6. The bars we went to last night are the ones that are most typical.
7. All salaries were frozen, even nurses' salaries.
8. Your complaint is the same one as always.
9. You're the one who is guilty.
10. This bird has a beak like a duck's.

## 28.8 Use of *lo de*, etc. (B&B 36.1, Level 2)

Study the following sentences, which are taken from M. Esgueva and M. Cantarero, *El habla de Madrid* (Madrid: CSIC, 1981), and suggest English versions of the *lo de* phrase.

1. Y es cuando has dicho lo de clubs creí que estabas refiriéndote a esos clubs que hay ahora especiales para escuchar música nada más ¿no?
2. Lo de los trasplantes es lo de menos ¿no? porque técnicamente no es muy difícil.
3. De todas formas, a mí lo de seguir la moda no me parece demasiado conveniente porque pierdes bastante parte de tu tiempo en preocuparte.
4. Te preocupas demasiado por tu físico cara al exterior, pero en realidad, lo que cuenta es lo de dentro.
5. Y entonces, sí; es lo que siempre estamos diciendo, lo de la jornada intensiva.
6. Lo del programa de ayer de los chicos, es demasiado infantil, demasiado tonto.
7. Sí, bueno, a mí me gustaba muchísimo lo de cantar.
8. Es que hay una, si es lo de siempre, hay una mala planificación desde el principio.
9. Lo de la pobreza es un círculo vicioso, decía, y es verdad, que los países ricos son cada vez más ricos y los pobres cada vez más pobres.
10. Pero ¿es muy complicado lo de la Paleografía?
11. Ellos tienen unos sillones, una taza de café, están aquí toda la tarde charlando, preparando lo del día siguiente.
12. A los mayores de los varones, a los intermedios, pues les divierte lo del fútbol.

# 29

# Cleft sentences

(These exercises pertain to Peninsular rather than Latin American usage.)

## 29.1 The cleft sentence construction (B&B 36.2, Level 2/3)

Turn the following sentences into cleft constructions, following the example given.

*Example:*   Me enteré del accidente *por tu hijo*.
   →
   **Fue por tu hijo por quien** me enteré del accidente.
   **Por quien** me enteré del accidente **fue por tu hijo**.

1. Se lo dio *a su hermano*.
2. Luis piensa ir a visitarles *por la tarde*.
3. Uno se engorda muchísimo *comiendo golosinas*.
4. Me interesa, más que nada, *cancelar la hipoteca*.
5. *Sólo* se aprende *a base de cometer errores*.
6. *Carmen y Antonio* se separaron al cabo de cinco años.
7. Habrá que tratar este asunto *con el abogado*.
8. Habría que cambiar *la mentalidad de la gente*.
9. Te quería hablar *precisamente de eso*.
10. Quisiera un frasco de perfume *para mi madre*.

## 29.2 *Lo que* or *el que*, etc. (B&B 36.2.3, Level 2/3)

Use *lo que* or *el que*, etc. in the following sentences as appropriate. If either can be used, explain the difference in meaning.

1. Fue su agresividad ____ más me sorprendió.
2. Las novelas de Carlos Fuentes son ____ más le gustan.
3. Es la falta de lluvia ____ ha desencadenado la crisis agrícola.
4. Las vasos altos son ____ tienes que usar.
5. La violencia en televisión es ____ molesta más a los padres.
6. La originalidad es ____ se premia en este concurso.
7. Fue por el candidato socialista por ____ por fin votamos.
8. Era la posibilidad de que no hubiera suficiente dinero para cubrir los gastos ____ nos hacía temblar.
9. Fue la sugerencia de Alicia ____ nos pareció mejor.
10. Es con un bolígrafo negro con ____ debes firmar la carta.

## 29.3 'That's why' (B&B 36.2.4, Level 2)

Rephrase the following sentences, using all the ways described in B&B 36.2.4.

*Example:*   No fui al teatro porque no tenía dinero.

→

**Por eso no fui al teatro.**
**Fue por eso por lo que no fui al teatro.**
**Esa fue la razón por la que no fui al teatro.**

1. Voy a leer este artículo porque el tema me interesa.
2. Tengo que ir de compras porque no tenemos nada en casa.
3. Fui al Prado porque quería ver 'Las Meninas'.
4. Estábamos muy cansados por haber recorrido toda la ciudad.
5. Quedó muy desilusionada, porque esperaba aprobar en matemáticas.
6. No puedes salir hoy porque tienes muchos deberes que hacer.
7. No me gustaban las clases de inglés porque teníamos una profesora de muy mal genio.
8. Nos ha resultado muy fácil conseguir empleo porque nuestro tío tiene enchufes.
9. Siempre vamos a Galicia a pasar las vacaciones porque tenemos familia en Lugo.
10. No me oyes porque no me haces caso.

## 29.4 Verb form agreement (B&B 36.2.5, Level 2/3)

Fill in the blanks with the correct form of the verb (there may be more than one possibility).

1. Los ancianos eran los que ____ (saber) más cosas.
2. Sois los únicos que ____ (querer) visitar la catedral.
3. Fuimos los ingleses los que ____ (ganar) el campeonato.
4. ¿Serás tú la que ____ (dirigir) la orquesta?
5. Los que sí ____ (cobrar) somos nosotros.
6. El que siempre ____ (estar) acatarrado soy yo.
7. El único que no ____ (ver) ningún inconveniente en lo que proponemos eres tú.
8. El que ____ (tener) la culpa es usted.
9. Los delincuentes son los que ____ (deber) compensar las pérdidas.
10. ¿Seríamos nosotros los que ____ (tener) que pagar más impuestos?

# 30

# Word order

## 30.1 Word order in sentences containing relative clauses
(B&B 37.2, Level 2)

Arrange the elements given into sentences.

1. la ventana – es – ésta – por la que – el ladrón – entró.
2. la bicicleta – ha aparecido – que – llevaron – se – ayer.
3. en el bar – un hombre – entró – a quien – una pierna – faltaba – le.
4. este portavoz – es – inútil – que – los sindicatos – tienen.
5. las flores – están marchitas – que – Antonio – regaló – me.
6. el señor – ha llamado – que – los muebles – nos – trajo.
7. el coche – está blindado – en el que – el Rey – viaja.
8. ese futbolista – gusta – me – al que – el árbitro – sancionó.
9. un fax – ha llegado – que – los resultados – confirma.
10. de repente – mi padre – apareció – que – furioso estaba – por lo sucedido.

## 30.2 Word order in questions (B&B 37.2.2, Level 2)

**A** Read the text, and then write questions for the answers.

*Example*:   tres hermanos

→

**¿Cuántos hermanos tiene?**

Aitor es un muchacho vasco que vive con sus padres y sus dos hermanos en una urbanización a las afueras de Bilbao. Su hermana mayor está casada y vive en un piso cerca de ellos. Aitor es alto y fuerte, mide 1,95 de altura. Lleva el pelo largo, recogido atrás en una coleta, y siempre va con unos vaqueros marca Loys y una camiseta cualquiera. Sus pasatiempos favoritos son el deporte y la música pop. Lo que más le gusta, con mucho, es el ciclismo; tiene una auténtica pasión desde niño. El día de su cumpleaños sus padres le regalaron una bicicleta de carreras y es el hombre más feliz del mundo.

1. Un muchacho vasco.
2. Con sus padres y hermanos.
3. Cerca de ellos.
4. 1,95.
5. Recogido atrás en una coleta.
6. Marca Loys.
7. El deporte y la música pop.
8. El ciclismo.
9. Desde niño.
10. De carreras.

**B** Starting from the questions you have formulated, construct sentences beginning with *no sé, no tengo ni idea de, me pregunto*.

*Example*:  ¿Cuántos hermanos tiene?
→
**No sé cuántos hermanos tiene.**
**No tengo ni idea de cuántos hermanos tiene.**
**Me pregunto cuántos años tiene.**

## 30.3 Word order in exclamations (B&B 37.2.4, Level 2)

Make the following statements into exclamations.

*Examples*:  Hace un tiempo malísimo.
→
**¡Qué tiempo tan malo hace!**

Me duelen mucho las muelas.
→
**¡Cómo me duelen las muelas!**

1. Esa chica es inteligentísima.
2. Me molesta mucho que me observen.
3. Había muchísima gente.
4. Esta soprano canta maravillosamente.
5. Tengo muchísimos problemas.
6. Te está mirando mucho aquel señor.
7. Esta comida está deliciosa.
8. Mi madre habla sin parar.
9. La vida está muy cara en este país.
10. Me gusta muchísimo el cine.
11. Me hacen mucho daño los zapatos.
12. Mi hermano toca la flauta divinamente.

## 30.4 Word order with adverbs (1) (B&B 37.2.6, 37.4.1, Level 2)

In which sentences is the adverb in the wrong place?

1.  a.  Ha siempre sido una persona muy nerviosa.
    b.  Ha sido siempre una persona muy nerviosa.
    c.  Siempre ha sido una persona muy nerviosa.
2.  a.  Esos hermanos están casi siempre enfadados.
    b.  Casi siempre esos hermanos están enfadados.
    c.  Esos hermanos, casi siempre están enfadados.

3.  a.  Hay que tomarse una vacación de vez en cuando.
    b.  De vez en cuando, hay que tomarse una vacación.
    c.  Hay que de vez en cuando tomarse una vacación.
4.  a.  Generalmente, tenemos las vacaciones de verano en agosto.
    b.  Tenemos las vacaciones de verano en agosto generalmente.
    c.  Las vacaciones de verano generalmente las tenemos en agosto.
5.  a.  Yo había nunca hecho eso.
    b.  Yo no había hecho eso nunca.
    c.  Yo nunca había hecho eso.

## 30.5 Word order with adverbs (2) (B&B 37.2.6, 37.4.1, Level 2)

Translate the following sentences into Spanish. What positions are possible for the adverbs?

1.  I paid the bill immediately.
2.  He speaks Japanese perfectly.
3.  It would be better if we open the packet straight away.
4.  He knows everybody very well.
5.  Beat the eggs carefully.
6.  This girl plays tennis beautifully.
7.  He sang the song very slowly.
8.  I made the decision in January.
9.  We went to London yesterday.
10. He was at his sister's last week.

## Miscellaneous

## 30.6 Word order in relative clauses (B&B 37.3.1, Level 2)

Complete the definition as in the examples given:

*Examples:*  Una taza es algo ____ (tomar café).
→
Una taza es algo **con lo que se toma** café.

Un jarrón es un objeto ____ (poner flores).
→
Un jarrón es un objeto **en el que se ponen** flores.

1.  Una llave es un utensilio ____ (abrir y cerrar puertas).
2.  Un monedero es un objeto ____ (guardar el dinero).
3.  El aceite de oliva es un condimento ____ (aderezar la ensalada).

4.  Una silla es un mueble _____ (sentarse uno).
5.  La cárcel es una institución _____ (encerrar a los delincuentes y criminales).
6.  Un balón es algo _____ (jugar al fútbol).
7.  El hospital es un centro _____ (llevar a los enfermos).
8.  El dinero es algo _____ (la gente volverse loca).

## 30.7 Set phrases (B&B 37.3.2, Level 3)

Correct the mistakes of word order in the following sentences.

1.  Las negociaciones se llevarán sin duda a cabo en breve.
2.  La maestra se dio inmediatamente cuenta de que faltaba el niño.
3.  Las obras tienen que sin falta estar terminadas para enero.
4.  La boda se va seguramente a celebrar en la catedral.
5.  El gobierno hará mañana público el nuevo proyecto de ley.

(For word order with unstressed object pronouns see exercise 30.1 above and exercises 9.8–9.10.)

# 31

## Affective suffixes

### Diminutive suffixes

**31.1 Forms** (B&B 38.2.1–5, Level 1)

Give a diminutive form for each word. There is usually more than one
possibility!

| Nouns ending in a consonant | Nouns ending in a vowel | Adjectives |
|---|---|---|
| mujer | garbanzo | mayor |
| calor | cabeza | pequeño |
| flor | mosca | grande |
| árbol | barco | bueno |
| farol | siesta | malo |
| sol | piedra | blanco |
| ratón | botella | marrón |
| balón | calle | fácil |
| tren | fiera | |
| | café | |
| | té | |
| | pie | |

### 31.2 Real and apparent diminutives (B&B 38, Level 3)

In the following series there are some words which look like diminu-
tives but no longer have a diminutive function, either because their
endings are not suffixes or because they have acquired a specialized
meaning. Find them, and give their meaning in English.

| | | | | | |
|---|---|---|---|---|---|
| a. -ito | bonito | angelito | torito | pedacito | periquito |
| b. -illa | carilla | carretilla | mantequilla | mirilla | chavalilla |
| c. -ica | casica | cerquica | cerámica | barrica | navarrica |
| d. -illo | pececillo | ladrillo | membrillo | barquillo | amarillo |
| e. -ete | abuelete | regordete | metete | pobrete | periquete |
| f. -ita | figurita | pepita | mesita | rosita | favorita |
| g. -ín | delgadín | chiquitín | figurín | bailarín | bombín |

### 31.3 Children's language (B&B 38, Level 3)

What is the Spanish for *Little Red Riding Hood, Tom Thumb, Snow White and the Seven Dwarfs, The Little Lead Soldier?*

## Augmentative suffixes

### 31.4 Forms (B&B 38.3, Level 1)

Give an augmentative form for each of the following words:

| Feminine nouns | Masculine nouns | Adjectives |
| --- | --- | --- |
| botella | calor | bueno |
| cabeza | camión | fuerte |
| carpeta | jardín | grande |
| casa | ojo | pobre |
| copa | piso | rico |
| garrafa | problema | tonto |
| mano | vaso | |
| mesa | | |
| mochila | | |
| puerta | | |
| rodilla | | |

### 31.5 -azo (B&B 38.3, Level 3)

The words listed below have an augmentative form in *-azo* associated with the idea of a blow. Use the words to complete the sentences.

| | |
| --- | --- |
| botella | guante |
| cabeza | mano |
| carpeta | puerta |
| codo | puño |
| golpe | rodilla |

1. Se levantó malhumorado y salió de la habitación dando un sonoro ____.
2. No vio que había una puerta de cristal y se dio un ____ tremendo.
3. En medio de su borrachera le dio uno al otro tal ____ que la sangre corría por todas partes y hubo que llevarlo a urgencias.
4. Se enzarzaron en una acalorada discusión y llegaron a las manos. Se dieron tales ____ y ____ que uno de ellos perdió el conocimiento.

5.  ¡Qué ____ se ha dado Ana con el coche! Menos mal que ella salió ilesa, aunque el coche quedó para la chatarra.
6.  En medio de la oscuridad, daba ____ al aire buscando el interruptor de la luz.
7.  La niña le daba ____ a la madre disimuladamente, para que se callara.
8.  El tema es tan comprometido para el gobierno que acabarán dándole el ____ .

## 31.6 Some recent augmentative forms (B&B 38.3, Level 3)

Find the meaning of the following words, and use them in context.

bocata                    litrona
carota                    palabrota
cubata                    pasota
drogota/drogata

*Project*: Collect other similar new words that you see or hear in modern usage. Which suffix or suffixes are most often used nowadays?

## 31.7 Real and apparent augmentatives (B&B 38.3, Level 3)

Classify these words in three groups:

1.  words which have an augmentative meaning
2.  words which appear to have an augmentative suffix, but now have their own meaning
3.  words that don't fit into either category.

| | | | | |
|---|---|---|---|---|
| a. camión | balcón | empujón | camisón | corazón |
| b. estirón | tropezón | emoción | solterón | melón |
| c. cinturón | cordón | narigón | zapatón | cajón |
| d. chicote | coyote | machote | pote | papelote |
| e. golpazo | brazo | plazo | choquetazo | arañazo |

## 31.8 -*azo* and -*udo* (B&B 38.3, Level 3)

Find words ending in -*azo* or -*udo* which correspond to the following definitions.

1.  plush-like, velvety; doormat; also used of a person who lets other people treat them badly

2. a stroke of the pen
3. a bore
4. hairy
5. someone who has big ears
6. bearded
7. pot-bellied
8. a real bastard
9. a husband whose wife has been unfaithful, a cuckold
10. a strong smell, stench

# 32

## Spelling and punctuation

### 32.1 Accents (B&B 39.2, Level 1/2)

Insert the missing accents in this extract.

Con solo 18 años se ha erigido en estrella del flamenco. Su primer disco, *Entre dos puertos,* le ha bastado para conseguirlo. Pero Niña Pastori no es una principiante, cuenta con varios premios de cante flamenco. "Empece a cantar con 8 años", descubre. A esta edad conocio a Camaron quien la presento en publico. "El era conocido de mi padre y mi tio —comenta la joven cantante— Me vio actuar en San Fernando y quiso presentarme al publico en un gran teatro". La oportunidad surgio a los 10 años, en el Teatro Andalucia de Cadiz: "Entonces no me di cuenta de lo que significaba. Ahora se lo que fue aquello. Camaron es el mejor, y yo estuve con el, encima de un escenario".

A esa edad aun se tomaba esto como un juego. Cuatro años mas tarde decidio dedicarse al cante, "era lo que mas me gustaba". Segura de si misma, Niña Pastori tiene muy claro lo que quiere: "Ser la numero uno en el flamenco. Voy a luchar por ello". Sabe que en este mundo resulta dificil entrar pero no se amedranta. "Hoy, las grandes casas de discos se lo piensan mucho antes de contratar a un flamenco, vende mas Alejandro Sanz o El Ultimo de la Fila —afirma—. Ademas hay mucha gente joven que se dedica a esto, y son unos fenomenos".

Maria Rosa, su verdadero nombre, es la menor y unica chica de cinco hermanos. Se educo en el cante gracias a su madre, la cantante Pastori, y a ella tambien debe su otro nombre, «desde chica todos me conocian como la niña de Pastori».

Y asi se quedo. Su profesionalidad salta a la vista. Desprende frescura y simpatia a raudales, cualidades que facilitan su contacto con el publico. Sabe que tiene que hacer para meterse a la gente en el bolsillo. Pero el publico no es el unico que sucumbe ante su cante y desparpajo, Paco Ortega lo hizo nada mas verla. La conocio a finales de 1993 y enseguida se puso a trabajar en el proyecto del disco, «el me presento a Alejandro Sanz y firmamos el contrato». Ambos producen el disco, bajo la direccion de Ortega.

(Source: Cristina Bisbal, *Cambio-16,* 22.4.1996, p.104)

## 32.2 Differences between words based on the written accent (B&B 39.2, Level 2)

Explain the differences in meaning between the following pairs of words by translating or by using in sentences.

1. continuo/continuó
2. aun/aún
3. venia/venía
4. canto/cantó
5. si/sí
6. práctica/practica
7. sabia/sabía
8. cítara/citara
9. mascarón/mascaron
10. amaras/amarás

## 32.3 Use of upper and lower case letters (B&B 39.3, Level 2)

Change lower to upper case as appropriate in the following examples, which are taken from *El País Internacional*, 27.1.97.

1.  alejandro almenábar y pilar miró fueron el sábado 25 los grandes triunfadores de los premios que concede la academia del cine español, los goya. sus películas, *tesis* y *el perro del hortelano*, respectivamente, lograron siete estatuillas cada una.
2.  la exposición *el retorno de los ángeles. barroco de las cumbres de bolivia*, que se inauguró el sábado 25 en la torre de don borja, en santillana del mar (cantabria), es una muestra que no sólo posee el interés de la alta calidad de los cuadros.
3.  el comisario general de la exposición mundial de lisboa 1998, antonio cardoso e cunha, presentó el martes 21 su dimisión irrevocable al gobierno socialista portugués, después de que la semana anterior fuera ridiculizado públicamente en el parlamento por el ministro de la presidencia y responsable político de la muestra, antonio vitorino.
4.  seis meses después del cierre de altos hornos de vizcaya, el rey juan carlos inauguró el martes 21 en sestao (vizcaya) la acería compacta de bizkaia.
5.  el ministro alemán de hacienda, el socialcristiano de baviera theo waigel, presentó el jueves 23 en bonn lo que calificó de "mayor reforma fiscal" desde la fundación de la república federal de alemania. la reforma, conocida como *tarifa de futuro 1999*, ha sido recibida con división de opiniones de las fuerzas políticas y sociales.

## 32.4 Punctuation of direct speech (B&B 39.4.4, Level 2/3)

The following passage, taken from Arturo Pérez-Reverte, *La piel del tambor* (Madrid, Alfaguara, 1995), is a conversation. Punctuate it accordingly.

Había algo nuevo en el ambiente. El padre Ferro desvió la mirada molesto cual si estuviese lejos de sentirse a sus anchas en aquel tema. En cuanto a Macarena parecía preocupada. El padre Quart dijo tiene una de las postales de Carlota. Eso es imposible objetó la duquesa. Están dentro del baúl en el palomar. Pues la tiene. Una donde se ve la iglesia. Alguien la puso en su habitación del hotel. Qué tontería. Quién iba a hacer una cosa así. La vieja dama miró a Quart brevemente con recelo. Te la ha devuelto preguntó a su hija. Ésta negó despacio con la cabeza. He permitido que la conserve. De momento. La duquesa parecía perpleja. No me lo explico. Al palomar sólo subes tú y el servicio. Sí. Macarena miraba el párroco. Y también don Príamo. El padre Ferro casi estuvo a punto de saltar de la silla. Por el amor de Dios señora. Su tono era agraviado a medio camino entre la indignación y el sobresalto. No estará insinuando que yo. Bromeaba padre dijo Macarena con una expresión tan indefinible que Quart se preguntó si realmente ella había hablado en broma o no. Pero lo cierto es que la postal llegó al hotel Doña María. Y eso es un misterio.

## 32.5 Question and exclamation marks (B&B 39.4.5, Level 1/2)

(See also exercise 19.2)

Place the first question or exclamation mark appropriately in the following sentences.

1. Tu amigo cuándo lo supo?
2. Dónde tienes el abrelatas?
3. Entonces me dije: "Ah, bueno, muy bien! si no me dicen nada, nada puedo hacer".
4. Esas fotos te han salido estupendas, no es así?
5. Ah!, qué te pasó entonces?
6. Bueno, nos vamos o nos quedamos en casa?
7. El vídeo ese que estábamos viendo ayer, lo tenemos que devolver hoy?
8. Usted tiene tres hijos, no?
9. Es bastante extraño, pero qué le vamos a hacer!
10. Ha escrito muchos libros, pero muchos!

## 32.6  Syllabification and hyphenation (B&B 39.5, Level 2)

Write hyphens to show the syllables in these words. Where would the syllable division not be allowed at a line-break?

1. títeres
2. subrepticiamente
3. bromearon
4. horroroso
5. transatlántico
6. artículo
7. maestría
8. ahogarse
9. ruiseñor
10. roída

# 33

# General exercises

## 33.1 Cloze test (1) (Level 2)

The following text was a reader's letter to *El País* (Spain), 25 July 1997.
Fill in the gaps with a single appropriate word.

Me preocupa (1) _____ tema de la clonación desde el punto de (2) _____ ético y científico. Científicamente es un avance que supone la apertura de nuevas vías de investigación, (3)_____ en la aplicación médica como en el conocimiento de nuestro (4) _____ desarrollo. Todo esto (5) _____ debatiéndose dentro de la comunidad científica y (6) _____ llegará a un acuerdo para ponerle límites. El aspecto más importante en este momento es (7) _____ ético. (8) _____ leen y escuchan muchas voces proclamando su total prohibición y alertando sobre (9) _____ vamos a llegar si seguimos por este camino.

(10) _____ todo, creo que no es momento para (11) _____ tan alarmistas. La ciencia no es buena ni mala en (12) _____ misma, la maldad o bondad de la ciencia depende (13) _____ uso que hagamos de ella. (14) _____ infinidad de ejemplos que confirman esto. Por el momento creo que es demasiado pronto (15) _____ emitir juicios de valor sobre este hecho sin esperar un poco la evolución de los acontecimientos.

(16) _____ otro lado, me parece que la gente olvida algo, el desarrollo de la personalidad de un ser humano, clon o no, es la mezcla de varios factores entre (17) _____ que destacan el ambiente donde (18) _____ desarrolla ese ser y la potencialidad genética que (19) _____. Hay un ejemplo claro en la naturaleza con los gemelos que tienen la misma dotación genética pero personalidades distintas a (20) _____ de tener todos los demás factores muy parecidos, (21) _____ no decir iguales.

La ciencia tiene aún demasiadas lagunas en todos sus campos (22) _____ para poder creer que la clonación (23) _____ un hecho que no tiene consecuencias, tanto para el clon como para el ambiente. Recordemos que aún está (24) _____ ver cuánto tiempo puede vivir la oveja y (25) _____ su vida va a ser totalmente normal, sin problemas físicos o enfermedades.

José Luis Martínez Guitarte, Madrid

## 33.2  **Cloze test (2)** (Level 2)

Fill in the gaps in the following passage, using one word only in each gap.

(1) _____ el primer momento la obra misionera contó (2) _____ el apoyo más decidido de la Corona. (3) _____ 14 de julio de 1536, las Instrucciones de la Reina, en (4) _____ de Carlos V, al virrey de la Nueva España, don Antonio de Mendoza, insistían (5) _____ el adoctrinamiento como cuidado primordial, y recomendaban que los religiosos y eclesiásticos se (6) _____ a estudiar la lengua de los indios (7) _____ facilitar el aprendizaje y enseñarla a los niños españoles, que podían (8) _____ llamados al sacerdocio o al desempeño de cargos públicos.

En 1596, (9) _____ discutirse las Instrucciones al nuevo Virrey de la Nueva España, el Consejo de Indias redactó una Cédula, que Felipe II devolvió (10) _____ firmar, con una advertencia de su puño y letra: "Esto (11) _____ me consulte con todo lo que hay en ello". La Cédula (12) _____ al virrey que tomara mediadas para que, en todos (13) _____ pueblos de indios, los curas, sacristanes u otras personas, (14) _____ a los niños la lengua castellana y la doctrina cristiana también en castellano, (15) _____ que dejaran y olvidaran su propia lengua.

Entre las razones que movían (16) _____ Consejo, no carecía (17) _____ importancia el temor (18) _____ que el adoctrinamiento (19) _____ en manos de criollos y mestizos —por su mayor facilidad para las lenguas de los indios—, que no eran, según (20) _____, los más apropiados para (21) _____ labor. Pero una imposición tan violenta de la lengua española repugnaba (22) _____ Rey, que había recomendado (23) _____ a los indios "con mucha caridad", sin reprenderles (24) _____ su poligamia ni sus ídolos, "(25) _____ enseñándoles y persuadiéndoles". El tema (26) _____ debatió ampliamente.

Source: Ángel Rósenblat, adapted from *Los conquistadores y su lengua* (Caracas: Universidad Central de Venezuela, 1977), pp.120–2.

## 33.3 *Sopa de letras:* grammatical terms (Level 2)

Find the twenty grammatical terms that are hidden in the wordsearch below.

```
E  A  H  C  I  T  Y  B  G  P  U  O  N  E  Ñ  Y  M  F
L  J  V  R  O  Z  U  F  Q  E  O  T  H  P  S  C  U  I
P  F  L  B  Y  M  Z  Ñ  D  M  N  I  E  R  I  J  S  B
F  R  R  Q  U  O  P  O  R  L  O  E  A  E  Z  I  E  L
B  E  M  A  Ñ  P  V  L  U  C  M  M  R  P  G  A  S  O
V  L  E  Y  S  X  J  E  E  A  B  P  I  O  G  L  E  C
T  J  A  O  Q  E  Ñ  R  N  M  R  O  R  S  E  O  N  O
L  A  D  V  E  R  B  I  O  Z  E  B  V  I  R  U  E  M
N  R  E  A  L  M  C  O  I  I  S  N  O  C  U  E  H  P
G  I  M  V  O  S  L  Ñ  C  Y  P  Q  T  I  N  J  V  U
M  A  O  N  S  U  S  T  A  N  T  I  V  O  D  Y  E  E
S  I  O  M  C  F  R  I  R  B  P  X  C  N  I  Ñ  O  S
A  R  E  I  U  I  P  N  O  A  E  H  I  I  O  Z  B  T
P  Ñ  T  T  O  J  A  Q  I  E  R  E  L  A  T  I  V  O
I  R  U  D  C  O  N  J  U  N  C  I  O  N  A  R  O  C
A  R  F  I  Z  L  E  D  S  A  J  F  H  I  E  A  A  Q
O  Ñ  A  Z  L  Y  I  I  S  O  T  I  R  E  T  E  R  P
```

# Key to the exercises

## 1 Nouns

### 1.1

1. la, 2. la, 3. el, 4. la, 5. el (though feminine), 6. el, 7. la, 8. el, 9. la, 10. la, 11. la, 12. la, 13. el, 14. el (though feminine), 15. la, 16. la, 17. el, 18. el (masculine), 19. la, 20. el.

### 1.2

1. directora, 2. juez, 3. alcaldesa, 4. actriz, 5. princesa, 6. leona, 7. nuera (sometimes *yerna* in LA), 8. poeta *or* poetisa, 9. presidente *or* presidenta, 10. profesora, 11. condesa, 12. heroína, 13. dependienta, 14. guitarrista, 15. jefa (formerly *jefe*), 16. reo, 17. yegua, 18. policía, 19. gallina, 20. estudiante.

### 1.3

1. los almendros, 2. la capital, 3. el policía, 4. la frente, 5. una editorial británica, 6. unos pendientes exóticos, 7. unos peces muy pequeños, 8. las márgenes, 9. orden alfabético, 10. el Mar Mediterráneo está muy sucio, 11. la trompeta, 12. las cerezas, 13. el cometa Hiyakutake, 14. ocho vocales rusos, 15. el margen derecho de la página, 16. una cura eficaz contra el cólera, 17. la orden de Santiago, 18. una coma, 19. el parte meteorológico, 20. los cámaras.

### 1.4

1. ánimo, 2. cenicero, 3. conducta, 4. cubo, 5. cuenta, 6. dialecto, 7. dicho, 8. expectativa, 9. herramienta, 10. incógnita, 11. manzano, 12. marco, 13. misiva, 14. modo, 15. objetivo, 16. palo, 17. punto de vista, 18. sílaba, 19. supuesto, 20. tentativa.

### 1.5

(The definite article is used throughout.)

1. el clima benigno, 2. el asma (feminine) crónica, 3. los esquemas disparatados, 4. el poema épico, 5. los problemas contemporáneos, 6. la estratagema atrevida, 7. la crema depilatoria, 8. el emblema venezolano, 9. el programa televisivo, 10. el diagrama técnico, 11. el dogma religioso, 12. el diploma avanzado, 13. las armas blancas, 14. las normas acordadas, 15. el dilema complicadísimo, 16. el panorama magnífico, 17. la diadema preciosa, 18. el alma caritativa, 19. la flema inglesa, 20. la rima perfecta.

### 1.6

1. una apendicitis gravísima, 2. su tesis es ésta, 3. el énfasis, 4. un análisis muy profundo de la crisis financiera, 5. un nuevo apocalipsis, 6. la tercera dosis, 7. la apoteosis, 8. la meningitis . . . peligrosísima, 9. el éxtasis, 10. la diéresis . . . necesaria.

### 1.7

| Masculine | | Feminine | |
|---|---|---|---|
| arete | 'earring' (LA) | base | 'base, basis' |

| Masculine | | Feminine | |
|---|---|---|---|
| cable | 'cable' | catástrofe | 'catastrophe' |
| carrete | 'reel' | epítome | 'epitome' (m. in LA) |
| chiste | 'joke' | gripe | 'flu' |
| juguete | 'toy' | higiene | 'hygiene' |
| lastre | 'ballast; burden' | índole | 'type, character' |
| lote | 'batch' | mole | 'mass', in Mexico *mole* is a type of chilli sauce (used in many idiomatic expressions) and is masculine |
| | | pirámide | 'pyramid' |

**1.8**

The genders are: el abrelatas, el aguanieve (f.), el aguardiente, el altavoz, la bocacalle, el cortacésped, las cortapisas, la enhorabuena, la madreselva, la maniobra, el parabién, el paraguas, el pésame, el pormenor, el rascacielos, la sinrazón, el terremoto.

Compound words are only feminine when they consist of two <u>nouns</u> which are <u>both</u> feminine (e.g. *madre* + *selva*), or occasionally when they are prepositional phrases based on a feminine noun (*en* + *hora* + *buena*, *sin* + *razón*). *Cortapisa* appears to be an exception to this rule, however. All others are masculine, even those consisting of a feminine noun with an adjective (*agua* + *ardiente*) or a feminine noun which is the object of a verb (*abre* + *latas*).

**1.9**

1. los dólares, 2. las teclas, 3. los cafés, 4. las tesis, 5. los meses, 6. las raciones, 7. los crímenes, 8. los virus, 9. las raíces, 10. los sacacorchos, 11. las horas punta, 12. las bocacalles, 13. los regímenes, 14. los países miembros, 15. los viernes, 16. los boicots, 17. los tabúes, 18. los dioses, 19. los autobuses, 20. los menús.

**1.10**

(Where an alterantive answer is given, the most likely possibility is given first.)
1. son, 2. llegaron, 3. manifestó, 4. eran, 5. era, 6. estaban *or* estaba, 7. había, fue, 8. iba *or* iban, 9. opinan *or* opina, 10. son.

**1.11**

1. Tengo muchas ganas de tomarme unas vacaciones.
2. La gente puede actuar de manera muy extraña.
3. Pon tu ropa sucia en la lavadora.
4. Todos nos pusimos el abrigo antes de salir.
5. Llevaba un pantalón gris.
6. Mi tío es un hombre de negocios.
7. Bajó la(s) escalera(s) canturreando una melodía popular.
8. No ve más allá de sus narices.
9. Todos habían olvidado traer el paraguas.
10. La propuesta recibió calurosos aplausos.
11. Los celos son una cosa terrible.
12. La habitación estaba en tinieblas.
13. No me quedan (más) fuerzas.
14. Las Navidades las solemos pasar en familia.
15. No hemos hecho mucho(s) progreso(s).

# 2 Articles

## 2.1

1. un, el, 2. las, 3. la, 4. el, 5. la, 6. la, 7. la, 8. un, el, 9. la, 10. la, 11. las, 12. una, la.

## 2.2

1. el, 2. no articles, 3. el, 4. un, 5. (de)l, 6. (de)l, (a)l, 7. no article, 8., 9. no articles, 10. el.

## 2.3

1. El Presidente de (los) Estados Unidos acaba de visitar la India.
2. Francia está aliada con el Reino Unido y Alemania y otros países de Europa.
3. Bolivia y Paraguay lindan con (la, *especially in Argentina itself*) Argentina.
4. ¿Ha(s) visitado Irlanda del Norte o África del Sur?
5. El Sudán está en África, y el Líbano está en el Oriente Medio.
6. La capital de Egipto es El Cairo.
7. Son las cinco (las cuatro en Canarias).
8. El Salvador está en Centroamérica.
9. Corea del Sur está cerca de(l) Japón y de (la) China.
10. Estudio en La Habana el arte de la Cuba contemporánea.

## 2.4

1. ¡Hasta el lunes!
2. ¿Dónde pasaste la noche el viernes pasado?/¿Dónde estabas el viernes pasado por la noche?
3. En invierno sólo abrimos de lunes a miércoles.
4. Los sábados por la tarde va a misa.
5. El día de Navidad cae en domingo este año.
6. Salimos el martes 5 de abril.
7. Para el sábado ya habrán llegado.
8. Parece que siempre llueve los viernes.
9. No habrá nadie aquí de miércoles a viernes.
10. ¿Qué día es hoy? Es martes.

## 2.5

1–3. no article, 4. un, 5. unos, un, 6. un, 7. no article, (un), 8. (un), 9. no article, 10. no article, (un), 11. un, 12. (una), 13. no article, 14. (un), 15–17. no article, 18. una, 19–20. no article.

## 2.6

1. More usual with *unas* (here, 'a number of'). To omit *unas* would give too vague a meaning.
2. More usual with *unos* since the noun *principios* is qualified.
3. *Unos* means 'a (definite) number of'; omitting *unos* would give a vaguer meaning.
4. *Unos* cannot be omitted, since it has the meaning of 'a few'.
5. There is little difference between the *unos profesores* and *profesores* in this example.
6. *Unas* here is obligatory if reference is to a single pair of glasses; *gafas* on its own would imply several pairs.

7. As 3.
8. As 3.
9. As 6.
10. As 3.


## 2.7

1. Los españoles buscamos la verdad en todas las cosas.
2. En este momento los precios son altos en Francia.
3. La India hizo esto en nombre de la democracia.
4. Los científicos creen que la carne de vaca puede perjudicar la salud.
5. El francés y el español son bastante parecidos.
6. El sábado por la tarde voy a visitar al doctor Pérez.
7. En la Plaza de los Libertadores estaba la estatua del Presidente Rosales, fundador de la República.
8. El veinte por ciento de la clase son zurdos.
9. El Señor Puig saldrá en la televisión la semana que viene.
10. No podía jugar al fútbol mientras estaba en la cárcel.
11. La abuela está en casa leyendo.
12. Voy a esperar a que el Real Madrid marque un gol antes de irme a la cama.
13. En el capítulo 4 hay una descripción de Buñuel, el celebrado cineasta español.
14. Tía Sonia y mamá están enfermas en cama.
15. El Padre Moreno es de Oviedo, capital de Asturias.


## 2.8

1. ¡Qué cielo! Nunca he visto una tormenta igual/semejante.
2. ¿Quiere usted una habitación con balcón?
3. Nunca lleva corbata.
4. Me da/Deme medio kilo de naranjas, por favor.
5. Hemos tenido cierta dificultad para/al escribir con un lápiz sin punta.
6. El cometa tenía una cola larga.
7. Las sirenas tienen cola de pez.
8. ¿Qué quiere de primer plato?
9. ¡Qué sorpresa encontrar aquí a tanta gente!
10. Aquí viene otro hombre con paraguas.


## 2.9

1. El Ministro del Interior afirma que los británicos no quieren una república.
2. Los ciudadanos se han visto sorprendidos por los graves disturbios producidos/habidos en los barrios obreros.
3. Unos/Los secuestradores han sido detenidos después de un sangriento enfrentamiento.
4. Los investigadores afirman que la causa del fallo es todavía desconocida/se desconoce todavía.
5. Hay (una) posibilidad de que llueva en el sur y (el) suroeste.
6. La inflación es el problema fundamental de los países subdesarrollados, según los Países Bajos.
7. La actitud luxemburguesá es un enigma para el Consejo de Ministros.
8. Un informe secreto dice que hay (un) riesgo de cáncer en las centrales nucleares.
9. El número de las víctimas mortales en (la) carretera va otra vez en aumento.
10. Según (unos) sondeos recientes, la izquierda y la derecha empatan.

# 3  Adjectives

### 3.1

1. española, 2. contemporánea, 3. catalanas, 4. ningún, 5. San, 6. feliz, 7. cortés, 8. tercera, 9. moderno, 10. macho, 11. anterior, 12. mayores, 13. azules, 14. primer, 15. gris, 16. santo, 17. indígenas, 18. iraníes, 19. buen, 20. Santo.

### 3.2

1. Siempre me manda cuentos y novelas aburridos.
2. La mayoría de los paraguayos son bilingües.
3. Nos dio cierto placer y alegría.
4. Esa idea es buena.
5. ¿Tiene usted algún argumento u objeción relevante?
6. No tiene nada de malo/malvado.
7. Le pedí que hablara un poco más alto.
8. Ni mi hermano ni yo estábamos ofendidos en absoluto.
9. En Toledo hay muchas plazas y edificios atractivos y antiguos.
10. Lo hizo con su habitual encanto y paciencia.

### 3.3

1. La habitación de mi hija tiene cortinas de color rosa / rosas y paredes de color marrón/marrones.
2. Es muy peligroso exponerse a los rayos ultravioleta.
3. Vestía una camiseta verde oscuro y pantalón corto caqui.
4. Los autobuses de esta ciudad son de color naranja.
5. La heroína tenía los ojos azul claro y los cabellos dorados.
6. Había una barrera blanquirroja / blanca y roja / de color blanco y rojo en la aduana.
7. ¿Qué es esta mancha rojiza que hay en la alfombra?
8. Una butaca de color verde apagado dominaba la habitación.
9. ¿Tienes que llevar esa corbata escarlata?
10. Adoro este suéter de rayas azules y rojas.

### 3.4

1. una muñeca holandesa, 2. mi hermana mayor, 3. su amiga hindú, 4. una profesora feliz, 5. una niña modelo, 6. una dama cortés, 7. cualquier artista andaluza, 8. una chavala encantadora, 9. un erizo hembra, 10. una princesa musulmana, 11. nuestra colega habladora, 12. una cantante provenzal, 13. una muchacha grandota, 14. la ministra anterior, 15. una joven marroquí.

### 3.5

(Forms in brackets are little used)

1. tierno, tiernísimo (ternísimo), 2. bueno, buenísimo (bonísimo), 3. rico, riquísimo, 4. joven, jovencísimo, 5. difícil, dificilísimo, 6. pobre, pobrísimo (paupérrimo), 7. grave, gravísimo, 8. fiel, fidelísimo, 9. cruel, cruelísimo (crudelísimo), 10. muerto (no -ísimo form), 11. frío, friísimo, 12. sucio, sucísimo, 13. posible, 14. continuo (no -ísimo form), 15. feo, feísimo.

### 3.6

1. hondureña, 2. belga, 3. malagueña, 4. burgalés, 5. polacos, 6. suizo, 7. austriacos (*or* austríacos), 8. madrileños, 9. indias (hindúes *or* hindús *in LA*), 10. galesa, 11. suecos, 12. londinense, 13. granadino, 14. húngara, 15. porteña bonaerense.

The current forms of the adjectives referred to in the Project are:

Serbia: serbio, Croacia: croata, Chechenia: checheno, Ucrania: ucraniano, República checa: checo.

### 3.7

1. estatal, 2. lingüísticos, 3. periodístico, 4. ciudadano, 5. filial, 6. pulmonar, 7. real, 8. corporal, 9. minero, 10. rutinaria, 11. populares, 12. policiaca *or* policíaca, 13. financiera, 14. taquillero, 15. ovina, 16. veraniega, 17. casero, 18. discográfica, 19. agrícola, 20. peatonal.

### 3.8

Here are the complete translations of the sentences as they appear in the translation by José Ferrer Aleu (*El alquilado*, Barcelona: Bruguera, 1984).

1. Tenía un aire de persona elegante, próspera e inaccesible.
2. La casa tenía un inconfundible aire de riqueza.
3. No quisiera hacerlo, sería muy poco amable.
4. Entonces dirigió a Leadbitter una mirada tan llena de tristeza que él se sintió incómodo.
5. Una gran desgracia para los dos, milady.
6. Lo que me atormenta es el mensaje que no pude transmitir.
7. Por un momento se sintió físicamente intranquila.
8. Pero el demonio de Leadbitter no se dio por satisfecho.
9. Las voces hablaban en tonos ásperos y toscos.
10. – Y lo consiguió – dijo lady Franklin sin darse cuenta del calor de sus propias palabras.

### 3.9

1. *la antigua Yugoslavia* 'former Yugoslavia' is more likely here than *la Yugoslavia antigua* 'ancient Yugoslavia'.
2. *un nuevo ejercicio* is 'another, different, exercise'; *un ejercicio nuevo* is 'a (brand-)new exercise'. Both are possible, but maybe the latter is more likely in the context of *para vosotros* ('new to you').
3. *un buen fontanero* is 'good as a plumber' (most likely everyday meaning); *un fontanero bueno* is 'a plumber who is (also) a good man' - this is rather a forced, though theoretically possible, reading.
4. *tus dichosos sobrinos* is 'your damn nephews' (more likely given the exasperation expressed!); *tus sobrinos dichosos* is 'your lucky nephews (as distinct from others?)'.
5. *numerosas familias* is 'many families'; *familias numerosas* is 'families consisting of many children'. The former is more likely in normal circumstances.
6. *un triste libro* is 'a single book' (the interpretation required by *ni*); *un libro triste* would be literally 'a sad book'.
7. *los valientes soldados* envisages braveness as a natural, inherent characteristic of soldiers (all the soldiers in question were (it goes without saying) brave; *los soldados valientes* means (just) those soldiers who were brave (as distinct from those who were not). The former is more likely in this context, describing the conditions of the soldiers in general.
8. *buen ejemplo* is 'good as an example', and more likely here.

9. *los grandes logros* includes all achievements, and *grandes* means 'great' (most likely here);
   *los logros grandes* gives *grandes* a distinctive meaning, which is a bit unusual, since one
   can't very easily envisage achievements which are not great in this context.
10. *una pobre mujer* is an unfortunate woman; *una mujer pobre* is a woman who is not well-off
   financially.


## 3.10

1. un lujoso hotel, 2. al Servicio de Limpieza Municipal, 3. una solución radical, 4. numerosos
niños, 5. prestigiosos catedráticos, 6. la industria siderúrgica, 7. una fuerte reacción, 8. la triste
noticia, mi querido colega, 9. en voz alta, las siguientes preguntas, 10. bandas criminales.


## 3.11

1. Tengo un dolor de cabeza tremendo.
2. Padecía una forma rara de cáncer.
3. Era exportador de vinos finos.
4. Victoria Abril es una estrella de cine conocidísima.
5. Soy director de una empresa española de juguetes.
6. Mi amigo tiene una colección extraordinaria de sellos *or* una colección de sellos
   extraordinarios.
7. La Giralda es el edificio más alto de Sevilla.
8. Hay una ninguna red nacional de autocares en este país.
9. El 23 de diciembre se celebró una comida navideña de empresa.
10. Te puedo recomendar una agencia de viajes fiable.


## 3.12

1. Me van a hacer falta las tijeras pequeñas.
2. Sólo debes tomar un pequeño sorbito.
3. El gran barco zarpó a la mañana siguiente.
4. Hemos pasado unas buenas vacaciones.
5. ¡Qué mala suerte! Llegaste tarde a la fiesta.
6. Felipe III ¿fue un rey bueno o malo?
7. No tengo la menor idea.
8. Permítanme presentarles a mi hijo mayor.
9. El padre de Pedro es un buen músico.
10. ¿Quieres un helado grande o uno pequeño?


## 3.13

1. El español medio no tiene bichos raros en casa.
2. Aquí tiene media botella de aceite puro de oliva.
3. Cundinamarca era el antiguo nombre de varios de los actuales países latinoamericanos.
4. El pobre huérfano robaba de pura hambre.
5. Las ciudades antiguas tienen cierto encanto.
6. El edificio alto estaba pintado de colores varios (*varios colores* is also possible).
7. ¡Valiente amigo eres tú: no me has dejado ni un triste centavo!
8. En ciertas épocas del año los altos dignatarios visitan a los jubilados más pobres.
9. Los deliciosos platos tenían una rara atracción para los humildes/sencillos campesinos.
10. Tenemos la esperanza cierta de que nuestra pobre amiga recobrará su antigua felicidad.

# 4 Comparatives

## 4.1

**A**

1. más caro, 2. mejor, 3. más elevadas/altas/cálidas, 4. más protocolaria/rica/tradicional/antigua, 5. más rápidamente/deprisa, 6. menos, 7. más tarde, 8. mayor, 9. más largos/fríos/peores, 10. más bajo.

**B**

1. (bastante/mucho) más caro, *etc.*

## 4.2

1. mayor, 2. mayor, 3. gran, 4. menor, 5. menor, 6. mayor, 7. grande, 8. gran, 9. gran, 10. gran, 11. gran, 12. menor, 13. mayor, 14. más/mayor, 15. mayor 16. mayor, 17. grandes, 18. mayor, 19. menor , 20. menor/más pequeño, 21. menor, 22. grandes, 23. mayores, 24. mayores, 25. menor.

## 4.3

1. más de, 2. más de, 3. menos de, 4. más de, 5. menos de, 6. más de, 7. más de, 8. más de, 9. menos de, 10. más de.

## 4.4

1. que, 2. de, 3. que, 4. de, 5. de, 6. que, 7. que, 8. de, 9. de, 10. que, 11. que, 12. de, 13. que, 14. que.

## 4.5

1. lo tarde que llega; más tarde de lo que se permite.
2. lo bien que canta; mejor de lo que supones.
3. lo fuerte que es; más fuerte de lo que uno se espera.
4. lo listo que es; más listo de lo que parece.
5. lo lejos que queda; más lejos de lo (que es) normal.
6. lo alto que hablan; más alto de lo (que es) habitual.
7. la de dinero que tienen; más del que pueden (puedan) gastar.
8. la de flores que me regalaba; más de las que cabían en casa.
9. la de discos que se venden; más de los que parece.
10. la de dificultades que nos pusieron; más de las que esperábamos.
11. la de amigos que hicimos; más de los que te imaginas.
12. la de pasta que se come; más de la que se cree.

## 4.6

1. nobilísimo y fidelísimo/el animal más noble y fiel, 2. antiquísima/la parte más antigua, 3. amabilísimo/el señor más amable, 4. simplicísimo/el problema más simple, 5. jovencísimo y valentísimo/el muchacho más joven y valiente.

## 4.7

1. A tu parecer (en tu opinión), ¿qué es lo más estresante de la vida de un médico?
2. Como es la persona más insociable de la familia, prefiere que le dejen solo (en paz).

3. Aquella fue, con mucho, la peor paella que he comido jamás.
4. Haré todo lo posible por ser el primero.
5. ¿Quiénes fueron los que más cristal reciclaron en el año 95?
6. María fue la que (quien) más papel recogió para reciclar.
7. ¿Qué es lo que más te gustaría hacer?
8. Daba la impresión de ser la persona a quien más le gustaban los niños.
9. Los atletas se han vuelto más rápidos, más ricos y más profesionales.
10. La economía globalizada proporciona la mejor calidad de vida al menor costo posible.
11. La democracia es la peor forma de gobierno que jamás se ha (haya) inventado, a excepción (excepción hecha) de todas las demás.
12. Lo veré en cuanto pueda, pero adviértele que lo antes que lo puedo ver será el jueves y lo más tarde el viernes, porque salgo (me voy) de viaje de negocios.

## 4.8

1. más/menos, más/menos, 2. mayor/más grande/más viejo/más pequeño, más/menos, 3. más/menos, más difícil/menos probable, 4. más/mejor, peor/mejor, 5. más, menos, 6. más, peor/mejor, 7. más, más, 8. más, mejor/más, 9. más, más/menos, 10. menos, más.

## 4.9

1. A más dinero, menos/más felicidad. Cuanto más dinero se tiene más difícil/fácil es encontrar la felicidad. Cuanto menos dinero se tiene, más feliz/desgraciado se es. Tanto más/menos dinero se tiene, más/menos feliz se es. Mientras más/menos dinero se tenga, más/menos feliz se será.
2. A más riqueza, mejor nivel de vida. Cuanto mayor sea la riqueza, mejor será el nivel de vida, etc.
3. A más ejercicio físico, mejor forma física. Cuanto más ejercicio físico se hace más en forma se está, etc.
4. A mejor asistencia médica, más bajo el índice de mortalidad. Cuanto mejor es la asistencia médica más bajo el índice de mortalidad, etc.
5. A más pobreza, más enfermedades. Cuanto mayor es la pobreza más enfermedades hay, etc.
6. A más bebida,más accidentes. Cuanto más se bebe más accidentes hay, etc.
7. A más población, menos recursos. Cuanto mayor es la población más disminuyen los recursos, etc.
8. A más paro, más delincuencia. Cuanto mayor es el paro más aumenta la delincuencia, etc.
9. A más edad, más prudencia. Cuanto mayor se es, más prudencia se tiene, etc.
10. A más coches, más contaminación. Cuantos más coches haya (circulen) mayor será la contaminación, etc.

## 4.10

1.j, 2.c, 3.g, 4.e, 5.d, 6.h, 7.f, 8.b, 9.i, 10.a.

## 4.11

1. tan, 2. tantos, 3. tan, 4. tan, 5. tantos, 6. tanto, tan, 7. tanta, 8. tan, 9. tantos, 10. tanta, 11. tanto, 12. tan.

## 4.12

1. Los resultados se sabrán/conocerán más bien pronto.
2. ¡Venga, entrad! Cuantos más mejor.

3. Cuanto antes mejor.
4. Vamos a aprovechar al máximo esta oportunidad.
5. Y lo que era peor / Y encima, fumaba.
6. Más vale tarde que nunca.
7. Devuélvelo para el 30 de noviembre como muy tarde.
8. Estoy mucho mejor por haberte visto.
9. Más te valdría no hacerlo / Mejor sería que no lo hicieras.
10. Hizo todo lo que pudo por conseguirlo.

# 5 Demonstratives

## 5.1

(The accents are written here in accordance with traditional practice; they can of course be omitted completely. Demonstratives other than the ones given here are possible, but the same agreements must be made.)

1. este, aquél, 2. aquella, 3. eso, 4. esas, 5. aquella, 6. estos, éste, aquél, 7. este, ese, 8. ese, 9. eso, 10. éste, aquél.

## 5.2

1. En aquel año empezó la Revolución Francesa.
2. Los que estaban dentro no podían salir.
3. Ése/Ese es el problema.
4. ¿Quieres éste? No, quiero ése, junto a tu mano derecha. / No, quiero el que está (*or:* tienes) junto a tu mano derecha. (The feminine gender and *usted* form could also be used.)
5. Aquellos romanos sabían mucho sobre la construcción de (las) carreteras. (If the Romans have been recently mentioned, *esos* would be more usual.)
6. Ésta / Esta es la diferencia entre las estalactitas y las estalagmitas: aquéllas bajan y éstas suben.
7. Los *or* aquellos de entre vosotros/ustedes / Los que hayáis/hayan terminado podéis/pueden ir a casa.
8. Ésos / Esos son los niños que quiero ver.
9. Me gustan esas nuevas camisetas que tienen en esa tienda de la Calle Mayor.
10. Fue en esa silla en la que dejé mi bolso (cartera LA).

## 5.3

1.-2. los *is preferred;* aquellos *might be found in more literary register,* 3. los, 4. el, 5. los, 6. la, 7. aquella, 8. aquel *is preferred, since it is contrast to* este, 9. aquella, 10. aquellos de ustedes que piensen . . . *or* los que de ustedes piensen . . .

## 5.4

1. Notice how *este*, etc., is often used to refer to a noun already involved in the discourse, often as a part of general experience (e.g., *esos pequeños descuidos* 'those little careless actions (which we are all aware of)') and *este*, etc., to a noun more immediately involved with the speaker (e.g. *estas grandes cosas se pueden corregir mucho mejor que las pequeñas tonterías* 'these large things (I've been outlining)'). In written language it would be often be preferable simply to use a definite article for such anaphoric reference (i.e., reference back to something already known about or mentioned).
2. Here (as in the general statistics given), *ese*, etc.

3. B&B note that *aquel* is in places yielding to *ese* (6.4.2); but also, *ese* and *este* can refer back to something or someone already mentioned, whereas *aquel*, except in its meaning of 'former' (6.4.3), usually refers to something or someone outside the immediate situation.
4. Although B&B correctly say that this construction often has a sarcastic overtone, it also appears quite often simply to establish the common experience of speaker and hearer ('this one that we know about').

# 6 Neuter

## 6.1

1. lo.   The strange thing is they haven't let us know.
2. lo.   Take the underground: it's the easiest way.
3. lo de.   The upstairs bit/part is still unfurnished.
4. lo.   The most typical feature of London is the red double-decker buses.
5. lo de.   Don't be cross. What happened yesterday was a joke.
6. lo.   He's a sleepyhead; the earliest he gets up is 10.
7. lo.   Call me at 11 o'clock at the latest.
8. lo.   The worst thing was that they ended up arguing.
9. lo de.   What happened a century ago always seems more idyllic to us.
10. lo.   The most boring thing is doing the hoovering.
11. lo.   The most entertaining thing on TV is the adverts.
12. lo.   It's the cheap stuff that sells first.
13. lo de.   The bit behind the garage was full of scrap metal.
14. lo.   The likeliest thing is that they've forgotten.
15. lo de.   What lies next to it belongs to the Council.

## 6.2

1. Hay que ver lo guapo que es este niño.      Este niño lo encuentro guapísimo.
2. Hay que ver lo antipático que es el tipo.      Este tipo lo encuentro antipatiquísimo.
3. Hay que ver lo rica que está esta paella.      Esta paella la encuentro riquísima.
4. Hay que ver lo agradable que es este local.      Este local lo encuentro agradabilísimo.
5. Hay que ver lo interesante que es este libro.      Este libro lo encuentro interesantísimo.
6. Hay que ver lo aburrida que es esa película.      Esta película la encuentro aburridísima.
7. Hay que ver lo difícil que es este ejercicio.      Este ejercicio lo encuentro dificilísimo.
8. Hay que ver lo precioso que es ese lugar.      Ese lugar lo encuentro preciosísimo.
9. Hay que ver lo original que es ese diseño.      Ese diseño lo encuentro originalísimo.
10. Hay que ver lo pequeña que es esa casa.      Esa casa la encuentro pequeñísima.

## 6.3

1. Con lo poco que trabajas . . .
   You work so little you've no right to complain.
2. Con lo grave que estuvo mi padre . . .
   Considering how seriously ill my father was, he's really fine now.
3. Con lo difícil que fue el examen . . .
   Considering how difficult the exam was, I can't understand how I got such a mark/grade.
4. Con lo cara que está la vida . . .
   When the cost of living is so high, I don't know how people live on those salaries.
5. Con lo rico que está el vino . . .
   When wine tastes so good, how can you drink water?

6. Con lo bien que se vive en España . . .
   If you can live so well in Spain, what are you doing not living there?
7. Con lo guapa que es esa chica . . .
   For someone so beautiful, that girl always looks a sight.
8. Con lo puntuales que son los Pérez . . .
   Seeing that the Pérez are so punctual, it is odd they haven't arrived yet.
9. Con lo raro que es tu vecino . . .
   When your neighbour is so strange, I don't know how he makes any friends.
10. Con lo lejos que vives . . .
    You live so far away, we can't visit you just any time.

### 6.4

1. sí que lo son, 2. no lo es, 3. sí que lo son, 4. sí que lo estoy, 5. lo estoy, 6. también lo soy, 7. sí que lo es, 8. no lo es, 9. no lo sé, 10. lo dijo, 11. lo digo, 12. lo hicieron.

### 6.5

1. lo, lo que, lo que.
   The bad thing about it was not what he said but what he didn't say.
2. lo que, lo, lo que.
   This child is impossible! He always does the opposite of what you tell him.
3. lo que, lo, lo, lo.
   What happened was that he was arrested by the police for being so drunk and for behaving so rudely to them.
4. lo que, lo, lo, lo que.
   Politicians never do what they promise, as a result of which the only thing they achieve is that people never believe what they say.
5. lo, lo.
   It's a pity that cured ham should be so expensive when it is so delicious.
6. lo que, lo, lo, lo.
   The things people say! It would appear that the worst thing about the euro is the ugliness of the name and the difficulty in pronouncing it.
7. lo que, lo.
   Considering what she eats, you've no idea how thin she is.
8. lo, lo de, lo.
   Since you're such a good cook, why don't you do it more often?.
9. lo que, lo.
   That's all I needed! As though I wasn't late enough I've left my money at home.
10. lo de, lo de, lo que, solucionármelo.
    It is not having to earn my living or be responsible for the children that worries me, but having to sort it all out single-handed.
11. Hazlo, lo.
    Do it as best you can.
12. lo, lo.
    The rest will be dealt with gradually.
13. lo, lo.
    In both major and minor illnesses Sanitas takes care of your health.
14. lo, lo que, lo que.
    I don't think film criticism is my thing. I know how difficult it is to make a film and how annoying it is when the critics rubbish it.

### 6.6

1. eso, 2. esto, 3. eso, 4. esto, 5. aquello/eso, 6. eso, 7. eso, 8. esto, 9. aquello/eso, 10. esto.

# 7 Possessives

## 7.1

(The way to make ambiguous phrases clear is given in brackets.)

1. Mis zapatos
2. Querido amigo mío, ¿cómo estás?
3. Su novio (el novio de ella)
4. ¿Estas cartas son suyas (de ustedes)?
5. Una obra suya (una de sus obras, una de las obras de él)
6. Tus pies
7. El pan nuestro de cada día
8. Su tía (la tía de él)
9. A pesar suyo (a pesar de ellos)
10. Sus primos (los primos de ellos *or* de ellas)
11. Muy señores míos . . .
12. Su desayuno (el desayuno de ustedes)
13. Una amiga vuestra / Un amigo vuestro
14. Nada suyo (nada de ella)
15. Mi cumpleaños
16. Nuestras excusas
17. Alrededor nuestro
18. Su llegada (la llegada de ellos)
19. Un estilo muy tuyo
20. Su vestido (el vestido de usted)

## 7.2

1. Este chico me ha robado la cartera.
2. Te estrechó la mano.
3. La gente nos hacía la vida imposible.
4. Tienes que cambiarte la ropa.
5. Su madre le lavó la camiseta.
6. ¡No me compliques la vida!
7. No sé si me atrevo a pedirle el coche prestado.
8. Me duele la cabeza.
9. En la iglesia tenemos que quitarnos el sombrero.
10. ¿Quién va a salvaros la vida?

## 7.3

1. *Mis ojos son azules* or, using a different construction, *Tengo los ojos azules* (*tengo* establishes the first person). *Los ojos son azules* could refer to anyone's eyes.
2. *¡Abróchate la chaqueta!* is most usual.
3. *Sansón no quería que su mujer le cortase el pelo* is most normal; in particular . . . *que su mujer cortase su pelo* could imply that she was cutting someone else's hair.
4. *En cuanto vi tu cara me enamoré de ti* or *en cuanto te vi la cara* (but the former is more personal).
5. *Te he hecho una paella con mis propias manos* is the only possibility.
6. *La abuela me pidió que le diera la mano para ayudarle a ponerse de pie* is strongly preferred.
7. *Creo que dejé me dejé el suéter en tu despacho*: the ownership is clear.
8. *A ver si duermes ahora: cierra los ojos* is most usual.
9. *El agua fría se derramó por todo mi cuerpo*; *mi* must be used to establish the first person.

10. *Me duelen los pies* (no other possibility with the *me* pronoun).
11. *Entonces vi su pie* (or *le vi el pie*) *por debajo de la cortina.*
12. *Novocrem suaviza su piel* (*la piel* would be general and have no personal reference).
13. *Mi hermana es azafata* (no other possibility).
14. *Tenemos que tender la ropa para que se seque.*
15. *¿Dónde tiene el pasaporte?* (*su* is possible, but not necessary; it could also mean someone else's).

## 7.4

1. el mío, 2.-3. no change, 4. la mía, 5. la tuya, 6. el mío, 7. la tuya, 8. no change, 9. los tuyos, 10. no change if simply expressing possession ('belongs to me, belongs to you'); *el mío* and *el tuyo* are more likely if the possessive has a distinguishing value ('is mine, is yours (as opposed to anyone else's)').

## 7.5

1. la, 2. el, 3. los, 4. los, 5. los, 6. lo, 7. la, 8. lo, 9. la, 10. las.

# 8 Numbers and number expressions

## 8.1

1. Mil seiscientos dieciocho a mil seiscientos cuarenta y ocho. Guerra de los Treinta Años . . .
2. . . . noventa y uno, cinco cincuenta y cinco (*or* quinientos cincuenta y cinco), setenta y tres, treinta y uno.
3. . . . un (uno coma cero) miligramo, cero coma ocho miligramos. . . . catorce miligramos, diez miligramos.
4. un cuarenta y ocho coma cinco por ciento. . . . un cuarenta y siete coma tres por ciento . . .
5. . . . mil novecientos noventa y uno. . . . diez mil hectáreas (mil ochocientos treinta y seis hectáreas . . .)
6. . . . (del mil novecientos cuarenta y seis al cincuenta y dos, del mil novecientos cincuenta y dos al cincuenta y cinco y del mil novecientos setenta y tres al setenta y cuatro).
7. . . . treinta grados Oeste, a partir de las cinco horas.
8. Dieciséis (decimosexto) Premio . . . con ochocientas mil pesetas. . . . calle Jorge Juan, ciento dos, segundo B. Dos ocho cero cero nueve Madrid. Teléfono noventa y uno, quinientos setenta y cinco, cuarenta, noventa y uno, hasta el quince de octubre.
9. . . . las nueve y cuarto/las nueve quince.
10. El veintiuno de abril de mil novecientos noventa y seis fue el setenta cumpleaños de la reina Isabel Segunda.

## 8.2

| Figure | Cardinal number in words | Ordinal number in words | Collective numeral in words |
|--------|--------------------------|-------------------------|-----------------------------|
| 10 | diez | décimo | una decena |
| 16 | dieciséis | decimosexto | //////////// |
| 12 | doce | duodécimo | una docena |
| 40 | cuarenta | cuadragésimo | una cuarentena |
| 2 | dos | segundo | un par |
| 11 | once | undécimo | //////////// |

| Figure | Cardinal number in words | Ordinal number in words | Collective numeral in words |
|--------|--------------------------|-------------------------|------------------------------|
| 25 | veinticinco | vigésimo quinto | ///////////// |
| 100 | cien(to) | centésimo | un centenar |
| 1.000 | mil | milésimo | un millar |
| 1.000.000 | un millón | millonésimo | ///////////// |
| 20 | veinte | vigésimo | una veintena |

## 8.3

1. Léame las dos primeras líneas, por favor.
2. Carlos Quinto reinó en la primera mitad del siglo dieciséis.
3. Mañana cumple mi hermano cincuenta años.
4. Ésta es la vigésimo segunda edición del Diccionario de la Real Academia *(a context in which the old ordinal number might be used: more informally* la veintidós edición*)*.
5. El capítulo quince trata de Luis catorce.
6. Viajamos en tercera (clase).
7. En mil novecientos noventa y ocho se celebra el quinto centenario de los descubrimientos portugueses.
8. El Papa Juan veintitrés convocó el Segundo Concilio Vaticano.
9. ¿Te puedes imaginar la cuarta dimensión?
10. Bienvenidos a la ochenta y cinco reunión de la Sociedad.

## 8.4

1. cien, 2. ciento, 3. cien, 4. ciento *or* cien, 5. cien *(more 'correctly' but old-fashionedly,* ciento*)*, 6. cien, 7. ciento, 8. cien, 9. cientos, 10. ciento por ciento *(but* cien por cien *is also found)*

## 8.5

1.-f., 2.-j., 3.-h., 4.-a., 5.-c., 6.-i., 7.-d., 8.-b., 9.-e., 10.-g.

## 8.6

1. Dos veces siete / Dos por siete son veintiocho.
2. Dos tercios de quince son diez.
3. Cinco octavos equivalen a cero coma seiscientos veinticinco.
4. El cuarenta y cuatro por ciento de la población no hace suficiente ejercicio.
5. La superficie de la habitación son cinco metros cuadrados y medio.
6. ¿En qué piso vives, el quinto o el sexto?
7. La tercera parte de las enfermedades se debe(n) al tabaco.
8. El milímetro es una milésima parte de un metro.
9. Alfonso décimo reinó en el siglo trece.
10. Los cinco últimos ejemplos son los más difíciles.
11. El río tiene cinco metros de ancho y cuatro coma setenta y cinco metros de profundidad.
12. La temperatura media de la Antártida es de veinte grados bajo cero.
13. Los impares están en este lado de la calle.
14. La valla forma un ángulo recto con la pared de la casa.
15. Había veintiún soldados en el desfile.

# 9 Pronouns

## 9.1

**A**

1. vosotras, yo, ella, tú, 2. ustedes, yo, él, 3. nosotros, tú, 4. ustedes, nosotras, 5. usted, yo, 6. nosotros, 7. vosotros, yo, nosotros, 8. yo, vosotros, yo, 9. vosotros, nosotros, ellos, 10. ustedes, yo, ella, ellos.

**B**

The following could be omitted: *vosotros* in 1. and *nosotras* in 4. The others are necessary for contrast or to avoid confusion between *usted/ustedes* and *él/ella/ellos*. Sentences 1, 8 and 9 are Peninsular Spanish. Latin American Spanish would use *ustedes* not *vosotros*.

## 9.2

They obviously have a common background and know one another, possibly from their village. *Nene*, who seems to have married into money, calls Raba *vos* consistently: 1, 2, 3, 5, 6, 7, 10, 12, 13, 14, 15, 18, 19, 34. *Raba* on the other hand changes the way she addresses Nene from 16 onwards. In numbers 4, 8, 9, and 11 she uses the usted form. In numbers 16, 17, 20, 21, 22, 23, 24, 25, 26, 27, 28, 29, 30, 31, 32, and 33 she uses the *vos* form.

*Peninsular Spanish version:*

*Nene:* (1): ¿qué dices?, (2): ¿cómo andas?, (3): hablas, (5): the same, (6): the same, (7): vives, (10): quieres decir, (12): the same, (13): the same; (14): the same, (15): the same, (18): tú, (19): llámame, (34): llámame.

*Raba:* In numbers 16 to 33 the only differences would be: (24): tú, and (28): tú.

## 9.3

Firstly, she addresses her husband as *tú* : (1): ¿no podrías . . . ? Then the exchange with the taxi-driver is all in formal *usted*: (2): *mire*, (3): *fíjese*, (4): *oiga*, (5): *no ha visto usted*, (6): *mire*, (7): *oiga*, (8): *pare*, (9): *pare*, (10): *le*, (11): *tenga*, (12): *quédese*. In (13): *estás* and (14): *estás*, the *tú* form is used by irate drivers. In (15): *se sorprenderán* and (16): *les*, she addresses the readers in the *usted* form. In (17): *su*, the machine answers the customer using *usted*. In (18): *tu*, (19): *vas* and (20): *te*, the furious customer uses the *tú* form to insult the machine.

## 9.4

1. nosotros, 2. ti, 3. vosotros, 4. mí, 5. él, él, 6. usted *or* él *or* ella, 7. mí, 8. ustedes, 9. mí, 10. ti, 11. vosotros/as, 12. tú, 13. yo, 14. tú, 15. mí, 16. tú, 17. ti, 18. mí, 19. tú, 20. tú, yo.

## 9.5

1. contigo, 2. conmigo, 3. contigo, 4. consigo, 5. contigo, 6. conmigo, 7. contigo, 8. contigo, sin ti, 9. consigo, 10. conmigo, contra mí.

## 9.6

1. para sí, 2. de sí/ellos, 3. por sí, 4. entre ellos/sí, 5. hacia sí, 6. tras (de) sí/él, 7. ante sí/ella, 8. entre sí, 9. delante de ellos, 10. para ella.

**9.7**

1. volver en sí. It took him so long to come round after the accident that the doctors had given up hope of his recovery.
2. salirse con la suya. Being the youngest in the family they've always let him have his own way.
3. pagado de sí mismo. He's full of himself, he thinks he's above everyone else.
4. pensó entre sí. The girl thought to herself, this guy is not after me, but after my money.
5. dar de sí. This is such a poor quality jumper it's going to give the first time you wash it.
6. daba más de sí. The athlete was so exhausted he couldn't go on any more.
7. seguro de sí mismo. Mario is so sure of himself nothing stands in his way.
8. da mucho de sí. Although this topic offers many possiblilities I think we've exhausted it.
9. las tenía todas consigo. He wasn't at all convinced that he would get his money back.
10. fuera de sí. The guy was so beside himself he didn't know what he was doing.

**9.8**

1. no se le dio importancia. 2. ¿nos lo compramos? 3. os los lleváis. 4. ya se lo comunicaremos a ustedes. 5. me las habré dejado en casa. 6. Niño, no te me vayas a caer. 7. Nos la dieron en Turismo. 8. nos lo vamos a terminar. 9. no os lo vuelvo a repetir. 10. para que no se me olvide. 11. se nos ha quemado la comida. 12. no se les ha vuelto a ver. 13. se les cae el pelo. 14. os lo quedáis. 15. se nos averió el coche. 16. y se me está hinchando. 17. no se les ocurrió. 18. no nos lo entregaron.

**9.9**

**A**

1. échalas al correo. 2. llévenlo al taller. 3. riégalas un poco. 4. bájelas al contenedor. 5. peladlas y freídlas. 6. repártanlo entre los pobres. 7. enciéndela cuanto antes. 8. termínenlo. 9. corrígelo. 10. denle de comer. 11. dejadla encendida. 12. cómetelos todos. 13. ciérrela. 14. arréglenla cuanto antes. 15. amontónalos en ese rincón.

**B**

1. no las echéis al correo todavía. 2. no lo lleven al taller todavía. 3. no las riegues todavía. 4. no las baje al contenedor todavía. 5. no las peléis ni las friáis todavía. 6. no lo repartan entre los pobres todavía. 7. no la enciendas todavía. 8. no lo terminen todavía. 9. no lo corrijas todavía. 10. no le den de comer todavía. 12. no los comáis. 13. no la cierre todavía. 15. no los amontones todavía.

**9.10**

(1) iban a verme. (2) va a pelarnos. (3) no puede peinarlas. (4) cannot be changed. (5) va a pelarnos. (6) no volvieron a buscarme. (7) no quiere recogerlas. (8) si ellas me quieren buscar. (9) yo las sabré defender. (10) pero ir yo a meterme.

**9.11**

1. me, 2. le, 3. la, 4. me, me, 5. les, 6. nos, 7. me, 8. te, 9. me, 10. les.

**9.12**

1. a mí me interesa . . . a mi novia le aburre. 2. les atraía. 3. a nadie le parece bien. 4. le ha tocado. 5. le tiene que gustar/tiene que gustarle. 6. le puede ir bien. 7. le conviene. 8. les apetece salir. 9. los tenía. 10. nos lo contaron.

## 9.13

1. Sí, los pantalones ya los recogí . . . 2. las entradas ya las saqué . . . 3. la mermelada ya la probé . . . 4. los cristales ya los limpié . . . 5. a los abuelos ya los visité . . . 6. aquella película ya la vi . . . 7. el puro de la boda ya me lo fumé . . . 8. las cartas ya te las eché . . . 9. el seguro del coche ya lo pagué . . . 10. a mis hijos ya les he telefoneado.

## 9.14

1. me la fumo, 2. nos la contaste, 3. me lo puse, 4. lo van a operar, 5. se lo creyó, 6. lo dijeron, 7. se los llevaron, 8. me lo haces, 9. lo tienen, 10. la odia tanto, 11. la van a disfrazar, 12. me lo teñí.

## 9.15

1. le di, se la, 2. les vendimos, se lo, 3. no les habían reservado, no se la, 4. le dieron, se la. 5. le eché, se lo, 6. le dieron, se la, 7. les enseñaron, se los, 8. les prometí, se la, 9. le prestan, se los, 10. les traen, se los, 11. le pusieron, se la, 12. les dieron, se la.

## 9.16

1. las, las, 2. all, 3. la, le, 4. lo, 5. lo, 6. las, 7. both, 8. dile, verlo and verle, 9. le, la, 10. le, le, 11. contándole, besándola, acariciándola, 12. le, lo.

## 9.17

1. Recuérdale a tu hermana que llegue puntual.
2. Tengo unos vivos recuerdos de mi madre. La recuerdo de pie delante del espejo, preparándose para salir.
3. Tratando de llamarle la atención (que le hiciera caso) le tiró primero un guijarro (una piedrecita) y luego se acercó a ella (se le acercó) por detrás y le tiró de la trenza.
4. Si no le obedeces a tu profesora la srta. Bloggs, se va a enfadar mucho contigo.
5. Echaron a la profesora del colegio por pegarle a una niña.
6. A mi madre le preocupa que voy a suspender el examen.
7. Pepe le dijo a María que aunque a ella no le incumbía (concernía) a él no le importaba contárselo todo.
8. ¿Cómo le vais a llamar a la niña? (¿qué nombre le vais a poner a la niña?). Por favor llamadnos cuando lo hayáis decidido.
9. A mi madre le interesa casi todo pero a mi padre sólo parece interesarle ver fútbol.
10. Enséñale (muéstrale) a tu madre lo que acabas de hacer.
11. A la niña le enseñaron a tocar el arpa y al niño el saxo.
12. Ahora le toca a ella estar (ponerse) contenta, le acaba de tocar la lotería.

# 10 Forms of verbs

## 10.1

| Form | *hablar* | *comer* | *escribir* |
|---|---|---|---|
| 1st pers. sing. Present | hablo | como | escribo |
| 1st pers. pl. Imperfect | hablábamos | comíamos | escribíamos |
| 3rd pers. sing. Preterite | habló | comió | escribió |
| Gerund | hablando | comiendo | escribiendo |
| 3rd pers. sing. Present Subjunctive | hable | coma | escriba |

| Form | *hablar* | *comer* | *escribir* |
|---|---|---|---|
| 2nd pers. sing. Conditional | hablarías | comerías | escribirías |
| 2nd pers. pl. (polite) Imperative | ¡hablen! | ¡coman! | ¡escriban! |
| 2nd pers. pl. Imperfect Subjunctive (-ra) | hablarais | comierais | escribierais |
| 1st pers. pl. Imperfect Subjunctive (-se) | hablásemos | comiésemos | escribiésemos |
| 1st pers. sing. Preterite | hablé | comí | escribí |

## 10.2

*The incorrect forms are:*

2. ~~aislan~~ aíslan, 3. ~~cojemos~~ cogemos, 5. ~~arguimos~~ argüimos, 6. ~~condujieron~~ condujeron, 7. ~~pagéis~~ paguéis, 8. ~~empezemos~~ empecemos, 10. ~~confio~~ confío or confió, 11. ~~varie~~ varíe, 12. ~~bucéa~~ bucea, 14. ~~fluctúó~~ fluctuó (Preterite) or fluctúo (Present), 17. ~~reune~~ reúne, 18. ~~ciñió~~ ciñó, 19. ~~sujiera~~ sugiera (from sugerir). According to the latest spelling norms (Real Academia Española, Ortografía de la lingua española (Madrid, Espasa Calpe, 1999)), crié (no. 15) need not be written with an accent if it is pronounced as one syllable.

## 10.3

| Infinitive | 3rd pers. sing. present | 3rd pers. sing. preterite | 1st person sing. pres. subjunctive | 1st pers. plural imperfect subjunctive (-ra form) |
|---|---|---|---|---|
| pedir | pide | pidió | pida | pidiéramos |
| cerrar | cierra | cerró | cierre | cerráramos |
| divertirse | se diverte | se divirtió | se divierta | nos divirtiéramos |
| entender | entiende | entendió | entienda | entendiéramos |
| oler | huele | olió | huela | oliéramos |
| dormir | duerme | durmió | duerma | durmiéramos |
| seguir | sigue | siguió | siga | siguiéramos |
| despertarse | se despierta | se despertó | se despierte | nos despertáramos |
| elegir | elige | eligió | elija | eligiéramos |
| sentir | siente | sintió | sienta | sintiéramos |
| sentarse | se sienta | se sentó | se siente | nos sentáramos |
| aprobar | aprueba | aprobó | apruebe | aprobáramos |
| jugar | juega | jugó | juegue | jugáramos |
| vestirse | se viste | se vistió | se vista | nos vistiéramos |
| tropezar | tropieza | tropezó | tropiece | tropezáramos |

## 10.4

| D | O | Y | S | A | Q | U | E | S | E |
|---|---|---|---|---|---|---|---|---|---|
| I | I | A | A | L | U | F | U | I | R |
| R | A | C | L | I | I | U | S | E | A |
| I | S | E | I | A | S | I | E | N | D |
| G | A | N | A | N | I | S | R | T | E |
| I | D | E | N | C | E | T | A | E | B |
| S | A | L | G | O | R | E | U | N | E |
| E | M | T | E | M | A | N | N | E | R |
| P | O | N | R | E | N | D | I | R | A |
| A | S | P | U | D | I | E | R | A | N |

## 10.5

*The verb forms are:*

1. fuimos 2. estuve 3. tuviste 4. condujo 5. quisieron 6. pusisteis 7. supimos 8. hiciste 9. pude 10. dijiste 11. hubo 12. vinieron 13. redujo 14. anduvimos 15. fue, tuvimos 16. dio 17. hizo 18. dije, quiso 19. vimos 20. produjo.

## 10.6

1. sabría 2. querría 3. haremos/haríamos, saldremos/saldríamos 4. habrá 5. podría 6. dirá 7. cabría 8. pondrá 9. tendríamos 10. hará.

## 10.7

*Some suggestions:*

1. ¡Lléveselo!, 2. ¡Bájemela!, 3. ¡Calláos!, 4. ¡Dense prisa!, 5. ¡Ciérrela!, 6. ¡Devuélvemelo!, 7. ¡Leedlo!, 8. ¡Escúchenme!, 9. ¡Pare!, 10. ¡Anímate!, 11. ¡Píntela!, 12. ¡Díganmelo!, 13. ¡Cuéntamelo!, 14. ¡Tómatelo!, 15. ¡Léamelo!

## 10.8

1. ¡No vengas a verme mañana por la mañana!
2. ¡No tome usted asiento!
3. ¡No le digas la verdad!
4. ¡No la pongas en la nevera!
5. ¡No escuchéis lo que dice la abuela!
6. ¡No me lo dé la semana que viene!
7. ¡No se lo entregue cuanto antes!
8. ¡No viváis juntos!
9. ¡No te acuestes ahora mismo!
10. ¡No lo pruebe!
11. ¡No lo cuelgues allí!

12. ¡No elijas la que más te guste!
13. ¡No me esperen en la estación de autobuses!
14. ¡No lo hagas así!
15. ¡No se lo pidáis a vuestro tío!
16. ¡No me la traigas!
17. ¡No lo lean en voz alta!
18. ¡No me lo cambies por otro!
19. ¡No seáis malos!
20. ¡No me describa cómo fue!

## 10.9

*Many possibilities: the subjunctive forms are based on the following 1st person singulars:* dé, vuelva, vaya, haya, tenga, haga, diga, llegue, sienta, despierte, llueva, llame.

## 10.10

1. El primer ministro negó que su política estuviera/estuviese dictada por los extremistas.
2. Sólo pedía/pedí que la gente me escuchara/escuchase.
3. Todos temían que el proceso de reforma pudiera/pudiese ser largo.
4. ¿Cómo era posible que no lo supieras/supieses todavía?
5. Los investigadores no creían que las consecuencias del escape fueran/fuesen tan graves.
6. Había que convencer a Mario para que no hiciera/hiciese nada que perjudicara las buenas relaciones que teníamos.
7. Dijo que el problema no estaría resuelto mientras no sintiéramos/sintiésemos vergüenza por la situación del tercer mundo.
8. Sabía que cuanto más tuviéramos/tuviésemos más querríamos.
9. Me gustaba mucho que hubiera/hubiese tantas tiendecitas en el barrio.
10. Dudaba que cupiéramos/cupiésemos todos en el local.

## 10.11

*The forms which have been changed are italicized.*
– ¿Por qué te vas?
– Temo que tampoco *tú* me entiendas.
Me dio rabia.
–¿Cómo? Te pregunto algo que para mí es cosa de vida o muerte, en vez de responderme *sonríes* y además te *enojas.* Claro que es para no entenderte.
– *Imaginas* que he sonreído – comentó con sequedad.
– Estoy seguro.
– Pues te *equivocas.* Y me duele infinitamente que hayas pensado eso.
– No sabía qué pensar. En rigor, yo no había visto la sonrisa sino algo así como un rastro en una cara ya seria.
– No sé, María, *perdóname* – dije abatido –. Pero tuve la seguridad de que habías sonreído.
. . .
–¿Qué edad *tienes tú*?
– Treinta y ocho años.
– *Eres* muy joven, realmente.
. . .
– Y *tú,* ¿qué edad *tienes*? – insistí.
–¿Qué importancia tiene eso? – respondió seriamente.
–¿Y por qué has preguntado mi edad? – dije, casi irritado.
– Esta conversación es absurda – replicó –. Todo esto es una tontería. Me asombra que te *preocupes* de cosas así.

## 10.12

The authors gave up counting, but would be interested to hear of anyone scoring over the 400 mark! One verb will yield many forms, e.g. *engañar* gives us *engaña, engañas, engañar, engañad, engañaré, engañaréis, engañe, engañes, engañéis, engañase, engañara, engañaras, engañé* and *engañaste* (plus *engañás, engañés* if you include the *voseo* forms). We have found the following verbs (the infinitive itself is not always a possibility, and in such cases the letters not contained are given in brackets): *adentra(r), añadir, andar, anegar, anidar, ara(r), asar, asentar, atender, dañar, dar, de(c)ir* (but *diga, digas, digan* are possible), *desengañar, desinar, dignar, engañar, engastar, enredar, ensañar, enseñar, entender, entera(r), entra(r), entrega(r), entrena(r), e(r)g(u)ir* (the subjunctive *irga* is possible), *estar, ganar, gastar, idear, indagar, nadar, negar, rega(r), regaña(r), reí(r), reina(r), rendi(r), reñi(r), reseñar, resenti(r), resta(r), reta(r), sanar, segar, sentar, sentir, ser, tañer, tarda(r), tender, tener, teñir, trae(r), trina(r).*

# 11 Use of the indicative forms

## 11.1

1. dijo. 2. voy a traer, traeré. 3. cruzó, mató. 4. venid, aparcad. 5. descubrió, tuvo. 6. compraré. 7. va a celebrar. 8. idos. 9. hubiera sabido, habría venido. 10. se pegaron.

## 11.2

4, 7 and 10 take the simple present only. In all the others either is possible with the present continuous as the first choice in numbers 1, 2 and 8.

## 11.3

1. Estaba sentado en una mesa debajo de un árbol poniendo mantequilla en un bollo.
2. La chaqueta (la americana, LA el saco) que yo llevaba (puesta) le hizo pensar que era su esposo.
3. ¿Su marido se alberga (hospeda) aquí?
4. ¿Adónde vamos esta noche?
5. A decir verdad no me siento muy bien.
6. ¿Cuándo se reúne con Mortimer?
7. Los agricultores acusan al público de tirar basura en el campo.
8. Los agricultores esperaban una buena cosecha este año.
9. Les anunciamos nuestra gran venta especial.
10. Durante 30 horas ofrecemos un descuento masivo del 30% en todas las existencias.

## 11.4

1. ¿Dónde estuviste/estuvo de vacaciones el verano pasado?
2. ¿Por qué el e giste/eligió ese lugar?
3. ¿Cómo fuiste/fue hasta allí?
4. ¿Cómo te/se desplazabas/desplazaba si no tenías/tenía coche?
5. ¿Tenías/tenía algún conocido en aquel lugar?
6. ¿Hiciste/hizo amistades nuevas?
7. ¿Comías/comía en restaurantes o preferías/prefería quedarse en casa?
8. ¿Seguías/seguía un horario o improvisabas/improvisaba algo distinto cada día?
9. ¿Qué impresión sacaste/sacó del lugar?
10. ¿Estaba cara la vida o barata? ¿Te/le salió caro el viaje?

## 11.5

1. era, tenía, se ponía, nos hacía, teníamos. 2. era, iban, acababan, decidieron. 3. estuvieron, durmieron, salía/salió, había. 4. vivíamos, veraneábamos, decidió, se aburría, dejamos. 5. cayó, pasaron, llegaron. 6. estuvieron, se rompió, adoraban, quería, siguieron, se hicieron. 7. ocurrió, se dio, vieron. 8. volvió, se sentó, dijo, se sentía, apetecía.

## 11.6

Fue/era un día hermoso de agosto cuando mi hermano decidió irse de casa. Recuerdo que llevaba (se llevó) muy pocas cosas porque, en realidad, tenía poco que llevarse: llevaba puesto el único par de zapatos que poseía, y el único objeto de valor que tenía que era el reloj de oro de su abuelo. Sin embargo se fue silbando feliz (silbaba cuando se fue (iba)). Yo me quedé en el umbral viéndolo alejarse calle abajo en dirección de la parada, donde paraba el autobús dos veces al día.

Fue sólo cinco días después cuando recibimos una carta en la que nos decía (dijo) que nos echaba de menos (LA nos extrañaba) pero creía que había hecho lo mejor que pudo (podía) hacer. Fue un gran alivio cuando supimos que había encontrado trabajo. Con el tiempo, llegó incluso a ahorrar algo de dinero y le mandaba a mamà dos libras por semana. Pasó un año en Bristol, pero no vino a visitarnos en todo el tiempo, aunque sólo estaba a cincuenta millas de distancia. Creo que temía no tener valor suficiente para volverse a ir de casa solo.

Ya hace diez años que no lo veo y lleva cinco viviendo en Sudamérica. Cuando llegó allá encontró trabajo en una estancia y pronto se hizo administrador. Hace dos años se compró una pequeña finca y el año pasado se casó con una peruana. Su primer niño nació en febrero y nos enviaron fotografías.

## 11.7

1. se encenderán. 2. convertirán. 3. se iniciará. 4. demarcará. 5. dará. 6. estará. 7. proyectará. 8. sostendrán. 9. se conformará. 10. presidirán. 11. abrirá. 12. adornarán. 13. será. 14. girará. 15. se encontrarán. 16. habrá. 17. entonarán.

## 11.8

1. Les habrá pasado algo. 2. Se habrán enfadado. 3. No quedará ni un duro. 4. estarás agotado. 5. habrá cumplido. 6. cabrán unas cien personas. 7. costará. 8. vivirán. 9. será. 10. tendrá.

## 11.9

1. gustaría. 2. parecería. 3. diría. 4. quedaría. 5. tendríamos. 6. serían. 7. querría. 8. saldrían. 9. habría. 10. ayudaría(n).

## 11.10

### A

1. lo echarían. 2. no se pondría. 3. habríamos ido a ver la exposición. 4. jugaríamos. 5. podríamos ir a la playa mañana. 6. les habríamos oído. 7. deberías ayudarme. 8. no seguiría corriendo. 9. lo arreglarían. 10. se las pondría. 11. lo habríamos conseguido. 12. querría invitarles a almorzar.

### B

3. hubiéramos. 5. pudiéramos. 6. hubiéramos oído. 7. debieras. 11. hubiéramos. 12. quisiera.

## 11.11

1. Estaría rota. 2. tendría. 3. Irían. 4. Tendrían. 5. No querría. 6. Vendrían. 7. No me oiría. 8. se dejaría. 9. recibiría. 10. estarían.

## 11.12

1. No la había visto **nunca** *or* **nunca** la había visto. 2. tenemos **pintadas**. 3. llevo **escritas**. 4. **hayamos llegado**. 5. sí lo han **vendido**. 6. no nos han invitado **jamás**. 7. **siempre** nos has dicho *or* nos has dicho **siempre**. 8. seguro que se habrá **agotado**. 9. no han recibido **todavía** *or* **todavía** no han recibido. 10. ya tienen **reservadas**.

## 11.13

1. ¿Llevas mucho tiempo intentándolo, mamá? 2. Alguien acaba de estrellarse contra la farola. 3. Acaban de llegar y ya están armando lío. 4. Llevamos siglos sin vernos. 5. Tu abuelo lleva repitiendo las mismas cosas desde que le conozco. 6. Acaba de aterrizar (caer) un paracaidista en el tejado. 7. ¿Cuánto tiempo llevas esperando? 8. No me despiertes al niño, que se acaba de dormir. 10. Lleva toda la semana lloviendo sin parar. 11. Llevamos aquí dos horas y no hay cambios. 12. Mary y John se acaban de casar.

**Note**: A similar construction with *tener* is used in Mexico and Central America.
Example: *tengo tres horas de esperar aquí.*

## 11.14

1. Hace por lo menos diez años que vive en el extranjero *or* vive en el extranjero desde hace diez años.
2. Es así desde que lo conozco.
3. Hace un mes que tengo este trabajo *or* tengo este trabajo desde hace un mes.
4. No los vemos desde hace siglos *or* hace siglos que no nos vemos.
5. Desde que compramos el piano nuevo apenas toca.
6. Están aquí sentados desde la hora del almuerzo.
7. Hace dos noches que no duermo *or* no duermo desde hace dos noches.
8. Nos conocemos desde la infancia.
9. No voy al cine desde que vimos *Lolita*.
10. Estas tierras pertenecen a la familia desde el siglo XVI.

## 11.15

1. he comprado. 2. estuve. 3. sonaba. 4. cruzaba. 5. hubo. 6. detuvo. 7. quedaron. 8. comenzaron. 9. exclamó. 10. he hecho. 11. preguntó. 12. has hecho. 13. respondió. 14. he metido. 15. soltó. 16. continuó. 17. cayeron. 18. quedé. 19. he adquirido. 20. he metido.

## 11.16

**A** is from *El beso de la mujer araña*, written by the Argentinian writer Manuel Puig. There are several instances of the preterite being used where European Spanish—with some regional exceptions: Galicia, Asturias and Leon—would use the present perfect: *desayunaste, hiciste, perdí, se rompió, se volcó, no pasó, pasó.*

Notes:
(1) In Peninsular Spanish it would be *para* (see B&B 34.14.2g).
(2) standard *fuera.*

**B** comes from the Spanish writer Pedro Maestre, *Matando dinosaurios con tirachinas* (Barcelona: Ediciones Destino SA) and uses the present perfect where his Argentinian and Mexican counterparts would use the preterite: *has sabido, he puesto, lo has terminado, has dado las clases, lo ha dejado, he venido, no ha salido.*

**C** comes from *Hasta no verte Jesús mío*, written by the Mexican Elena Poniatowska. The following are preterites that would have been present perfect tenses is Spain: *ya vino, ya dejó, puse, ......comistes, dejé, quedé.*

Notes:

(1) Equals *llevo* in Peninsular Spanish.

(2) A typically Mexican use of *hasta*, i.e. *regresaba a las cinco* or *no regresaba hasta las cinco*.

(3) In Spain this would be *llora y llora* (= crying non stop).

(4) Non-standard form, common on both sides of the Atlantic for *comiste*.

## 11.17

pisó, ha sido, había pasado, temía, andaba, acudía, pensaba.
fue descubierto, telefoneó, explicó, añadió, acudía.

## 11.18

1. *Había tocado* or *tocaba*.
2. *Había hecho* or *hacía* (though *había hecho* is stylistically clumsy because of the preceding *había perdido*).
3. *Tocó* (if the idea of the war as an event is uppermost in the mind) or *tocaba* (if thought of as description, parallel to *vislumbrábamos*).
4. *Tuvieran* is a subjunctive here; *tuviesen* is a possible alternative.
5. *había aspirado* or *aspiraba*.
6. *Resultara* is a subjunctive here; *resultase* is a possible alternative.
7. *Cumpliera* as a subjunctive suggests an imaginary or as yet unknown prison; *cumpliría, había de cumplir* or *iba a cumplir* could be used if it is understood that the author regards the stage as an actual prison.

# 12  Imperative

## 12.1

The full table is:

| Infinitive | *tú* imperative | Negated *tú* imperative | *vosotros* imperative | Negated *vosotros* imperative |
| --- | --- | --- | --- | --- |
| hacer | haz | no hagas | haced | no hagáis |
| ser | sé | no seas | sed | no seáis |
| leer | lee | no leas | leed | no leáis |
| tener | ten | no tengas | tened | no tengáis |
| poner | pon | no pongas | poned | no pongáis |
| irse | vete | no te vayas | idos/iros | no os vayáis |
| salir | sal | no salgas | salid | no salgáis |
| sentarse | siéntate | no te sientes | sentaos | no os sentéis |
| decir | di | no digas | decid | no digáis |
| dar | dame | no me des | dadme | no deis |

## 12.2

The forms in the original version, in order, were: *disfrazaos, haced, andad, cantad, corred, pintad, aporread, abrid, voltead, bailad, bebed, comed, saciaros* (or *saciaos*), *asustad, perseguid, burlad, tirad, seáis* (negative imperative), *bailad, quedaros* (or *quedaos*).

## 12.3

Some suggestions:

1. No comas tanto.
2. Tened mucho cuidado.
3. No te enfades.
4. No vuelvas tarde. Pórtate bien. Diviértete.
5. No llegues tarde. Sé puntual.
6. No seas mal educado/grosero. Ten educación. Ten respeto.
7. Callaos ya de una vez.
8. No trabajes tanto.
9. No os preocupéis tanto.
10. Abrid la puerta y salid de ahí.

## 12.4

1. Caliénteme la comida, por favor.
2. Tráigame una talla mayor, por favor.
3. Ayúdeme a cruzar la calle, por favor.
4. Póngame/sáqueme un vino y una ración de gambas, por favor.
5. Deje de beber y fumar./Fume y beba menos.
6. Desvíense en el próximo cruce./Tomen la siguiente desviación./Den la vuelta, por favor.
7. Salgan del edificio/desalojen el edificio, por favor.
8. Lleven/dejen su cámara a/en recepción.

## 12.5

Mirá (l.1,5,8). = mira; embromés (l.6) = embromes, *but* no bromees *is the word used in Peninsular Spanish*; callate (l.7) = cállate; tocá (l.8) = toca; hacelo (l.12) = hazlo; hacé (l.14) = haz; cerrá (l.16) = cierra; decí (l. 17) = di; no abras (l.19) = *the same*; esperate (l.19) = espérate; tocá (l.19) = toca; abrí (l.21) = abre.

## 12.6

Latin American version:

No transiten apareados a otra u otras bicicletas.
No trasladen bultos o paquetes que lo obliguen a manejar la bicicleta con una sola mano.
No transporten pasajeros en el cuadro (caballo) o manubrio de la bicicleta.
No se remolquen de un vehículo en marcha.
No conduzcan soltando el timón, manillas, pedales o haciendo acrobacias.
¡Eviten accidentes!

Peninsular version:

No transitéis apareado a otra u otras bicicletas.
No trasladéis bultos o paquetes que lo obliguen a manejar la bicicleta con una sola mano.
No transportéis pasajeros en el cuadro (caballo) o manubrio de la bicicleta.
No os remolquéis de un vehículo en marcha.

No conduzcáis soltando el timón, manillas, pedales o haciendo acrobacias.
¡Evitad accidentes!

## 12.7

1. No nos vamos a engañar./No nos engañemos.
2. No nos vamos a quedar en casa esta noche./No nos quedemos en casa esta noche.
3. De esto, no vamos a decirle nada a nadie./No le digamos nada a nadie de esto.
4. No vamos a entusiasmarnos demasiado./No nos entusiasmemos demasiado.
5. Vamos a discutirlo con calma./Discutámoslo con calma.
6. ¿Qué les vamos a dar? Que piense./Voy a pensar./Déjame pensar . . .
7. Vámonos./Vayámonos.
8. Vamos a hacernos socios del club de vela./Hagámonos socios del club de vela.
9. Vámonos a la cama.
10. Vamos a ser honrados./Seamos honrados.

## 12.8

1. Que lo hagan ellos.
2. Que venga ella misma y lo vea.
3. Que no se pasen horas delante del televisor.
4. Que el gobierno nos saque de este lío.
5. Que no entren todavía.
6. Que decidan ellos mismos.
7. Que muevan ellos los muebles.
8. Que en paz descansen.
9. ¡Viva el Rey!
10. Que Dios te bendiga. (*Bless you!*=¡Jesús! *when sneezing*)

## 12.9

1. Pónganse a remojar los garbanzos.
2. Déjese hervir el agua a fuego vivo.
3. Agréguense los garbanzos y la sal.
4. Añádanse/añádase el tocino, el perejil y la cebolla.
5. Sáquese el caldo.

## 12.10

1. Y dijo Dios: 'Hágase la luz'.
2. Téngase en cuenta que . . .
3. Agítese antes de usarlo.
4. Rómpase en caso de incendio.
5. Páguese al portador.

# 13  The subjunctive

Note: For reasons of space, only one form of the past subjunctive (usually the *-ra* form, which is more common) is given in answers which require this form. Unless otherwise stated, the *-se* form (or the *-ra* form) is equally acceptable.

## 13.1

### A

1. notifiquen/notificarán. 2. haya ido. 3. dijeron/dijeran/hayan dicho. 4. lleguen/llegarán. 5. hayas gastado, han quitado/habrán quitado. 6. encuentres. 7. entienda. 8. sepan/saben. 9. hayan oído, hayan/han retrasado, están/estén. 10. quedes/quedarás.

Note: Differences in the use of the preterite versus the present perfect are relevant here. Where the preterite is used to refer to recent events (Latin America and Northwestern Spain), the past subjunctive would be used in sentences 2, 3, 5 and 9 instead of the standard Peninsular present perfect.

### B

All are followed by the verb in the indicative. *Igual* and *lo mismo* are more widely used in Spain.

## 13.2

The verb forms are: 1. se vuelva. 2. abandonen. 3. les cambiaran. 4. no te oigan. 5. se repatríe a los . . . 6. me respondas. 7. la saquen . . . y la lleven . . . 8. se produzca. 9. tuviéramos . . . nos salieran . . . 10. salgamos . . . vayamos. 11. fueran. 12. se pusieran. 13. se reduzca. 14. nos preste. 15. vieran.

## 13.3

1.f, 2.d, 3.a, 4.e, 5.b, 6.c.

## 13.4

1. **era**. They warned us that that was the last evening train.
   **fuéramos**. We were warned not to take the last train at night.
2. **compren**. They've been persuaded not to buy that expensive house.
   **pueden**. They're convinced they can't afford it.
3. **pusieras**. I told you to put your coat on, it's cold.
   **hacía**. I told you it was cold and that you'd need a coat.
4. **tenía pensado**. Last week she/he wrote to say she/he was coming to visit us soon.
   **pensáramos**. Last week, he/she wrote (to say) that we should start thinking about visiting him/her.
5. **experimente**. It has been (legally) established that experimenting with human cloning has to stop.
   **es**. It has been (scientifically) established that a gene is responsible for obesity.
6. **apetece**. I'm quite sure I don't feel like eating any more.
   **des**. I insist, don't give me any more food, I've had enough.
7. **vamos a ir**. We've decided to go and eat at a restaurant.
   **vengan**. We've decided they should come to eat at a restaurant with us.
8. **invitáramos**. He hinted that we should invite him to spend a few days with us at the seaside.
   **quería**. He implied (hinted) that he wanted to spend a few days with us at the seaside.

## 13.5

1. Merece la pena que vayas a ver la exposición.
2. Está bien que se lo digan para que cambie de actitud.
3. Es mejor que te tiñas el pelo de rubio.
4. Es igual que le digan de todo, él ni se inmuta.
5. Es natural que los niños quieran jugar todo el tiempo.

6. ¡Qué pena que no nos quedará tiempo para verlo todo!
7. ¡Qué maravilla que luzca el sol! Iremos a la playa.
8. Les molestó que estuviéramos cuchicheando todo el rato.
9. Es importante que vigiles la presión de los neumáticos.
10. ¡Qué rabia que no tengan mi talla!
11. ¡Qué vergüenza que les paguen a 500 pesetas la hora!
12. Es lógico que quiera mejorar como sea.

## 13.6

Free exercise.

## 13.7

me sienta, sea, lleve, friegue, saque, haga, cierre, vacíe, haga, deshaga, llame, escriba, pueda, sea, vivir, sean, llegar, hacer, dé, dejar, representar.

In the last paragraph there are several cases of co-referentiality, where the subject of the two verbs is the same. In these cases an infinitive is used without *que*.

## 13.8

The verb form only is given.

1. esté. 2. tuvieran. 3. fueran. 4. fuera a salir. 5. estuviera. NB: *la impresión de que* . . . always takes the indicative in the Peninsula (because it is a verbal expression of thinking like *creer* or *parecer*). 6. fuera. 7. sea. 8. vaya a adoptar. 9. entendieras. 10. quisieran. 11. vayan a declarar. 12. cayeran. 13. siga. 14. hubiera. 15. fuera a pasar nada.

## 13.9

1. hay. 2. pudo. 3. voy a poner. 4. era, llamaba. 5. están. 6. tienes. 7. acuerdas/acuerdes. 8. pueden. 9. es. 10. es.

NB in sentences like 1 and 7, while in Spain the present indicative or the future would be used, in Latin America, especially in Mexico, in general the tendency is to use the subjunctive.

## 13.10

Free exercise.

## 13.11

### A

1. . . . que exista/haya un antiamericanismo visceral.
2. . . . que se entienda la realidad.
3. . . . que los estadounidenses no son todos tontos ni belicistas, ni inmaduros.
4. . . . que los estadounidenses son todos tontos, belicistas e inmaduros.
5. . . . que sea una sociedad muy dura con el débil.
6. . . . que tengan sentido de la meritocracia (que valoren el mérito personal).
7. . . . que sea/es el país más poderoso.
8. . . . que abusaron de su poder.
9. . . . que los portugueses nos siguen considerando (viendo como) chulos a los españoles.
10. . . . que los españoles somos chulos.
11. . . . que los colonizados les amemos.
12. . . . que pretendan que les amemos, dada su superioridad y prepotencia.

**B**

Tengo la sospecha de que <u>es</u> una obsesión. (*sospechar*: verb of perception)
A los jóvenes les trae sin cuidado que Fulano <u>robe</u>. (*traer sin cuidado*: value judgement)
A ellos les interesa (. . .) que <u>haya</u> nieve. (*interesar*: verb of influence)
No es que la mía (mi vida) <u>sea</u> mayor que la de ellos. (*no es que*: a negated statement)
Comprendo que les <u>aburra</u>. (*comprender* = here 'sympathize', an emotional reaction)
Creo que se <u>equivocan</u>. (*creer*: an affirmative statement of belief)
Piensan que no les <u>incumbe</u>. (*pensar*: an affirmative statement of knowledge).

## 13.12

1. tenemos (this is an attested fact). 2. hayan. 3. fiestea (a known occurrence). 4. sea. 5. aporte, ocupe. 6. necesita (a well-known fact). 7. pueda. 8. entrevistaran. 9. es (a well-known occurrence). 10. tienen. 11. necesita (presented as being evident). 12. goce, haya.

Numbers 1, 3, 6, 9 and 11 are all evident, well known, nothing new: verbs of knowing, perceiving or statements of fact.

## 13.13

1. *pusieras*. It's understandable that you should have gone mad when they said such a thing.
   *dijo*. I didn't understand a word of what the lecturer said.
2. *puedas*. I'm very sorry you cannot come tomorrow.
   *estoy*. I'm feeling worse by the moment.
3. *salgamos*. That means that we have to leave the house at six o'clock, otherwise we'll be late.
   *querréis*. I imagine you/you'll want to do it, don't/won't you?
4. *quería*. He explained how he wanted to come without fail.
   *quiera*. This explains that he should want to come.
5. *regalemos*. Do you think we should give the car to the children?
   *viven*. They seem to live happy and contented, but they're rather short of money.
6. *fuéramos*. They warned us to take a different road because that one was closed to the traffic.
   *había/estaba*. They warned us there were works on that road and it was closed to the traffic.

## 13.14

1. veas, 2. encuentres, te toque, 3. me eches, 4. nos fuéramos, 5. se arrepienta, 6. le detuviera, 7. has comido/comiste, 8. eres, 9. podían/pudieron, 10. quiera(n), 11. convencía, 12. lo digas, me da, 13. *se enteró/enterara*: He explained it in such a way that no one understood/should understand, 14. *les oyó/oyera*: They left so quietly that even the porter couldn't hear them/so as not to be heard by the porter, 15. piensas, 16. sepamos, 17. quedó, 18. se encienda.

2. Don't go before 7 or you won't find anyone there and you'll have to wait.
3. I came so that you help me with these forms.
5. Say yes straight away in case he changes his mind.
6. The person who caused the accident fled in case the police should arrest him.
7. So you didn't eat the cake! Who did eat it then?
10. The Government are in the minority, hence they want to call a general election.
12. I'm not doing this just because you say so, but because I want to.

## 13.15

1. guisaras, diera. 2. trató. 3. quieres. 4. quieran. 5. tenemos. 6. llegaran. 7. parecía. 8. hagas. 9. tiene. 10. conseguirás.

## 13.16

1. conocieran/conociéramos. 2. ocurriera. 3. interesara. 4. fueran. 5. se pudiera. 6. dijera. 7. hubiera. 8. supieran.

## 13.17

1. Los niños jugaron al fútbol hasta que les llamaste. ...jugarán...llames.
2. Preparé el té en cuanto llegamos a casa. Prepararé...lleguemos...
3. Marta apagó la tele en cuanto sonó el timbre. ...apagará...suene...
4. Te lo dije antes de que empezara la película. ...diré...empiece...
5. Recogimos las sillas apenas empezó a llover. Recogeremos...empiece...
6. No podíamos sacar el coche del aparcamiento después de que lo cerraron / No podremos ...lo cierren.
7. Sarita soltaba una carcajada siempre que le daba la gana. ...soltará...dé...
8. No te dije nada hasta que se fue tu madre. ...diré...vaya...
9. No me aburría mientras estabas conmigo. ...aburriré...estés...
10. Me escabullí antes de que él se diera cuenta. ...escabulliré...dé...

## 13.18

1. maten. 2. trataron. 3. fuera. 4. parecía/pareciera. 5. había/hubiera. 6. ponga/pongo. 7. diga. 8. te empeñes. 9. hicimos. 10. sea. 11. parezcan. 12. se entrenaba/se entrenase. 13. hacía/hiciera. 14. des.

1. He is stubborn, he won't give in even if you kill him.
7. No matter how many times I tell you you're not going to believe me.
9. However many claims we put in, we never got our money back.
10. However rich he may be, the girl would have never married him.
12. However hard he trained, he never got to the final.
14. However long you think the matter over, you'll not understand it.

## 13.19

1. des. 2. me pidan. 3. les deis. 4. saques. 5. me entreguen. 6. prefiráis. 7. tengan. 8. rebajara. 9. hayan. 10. hagas. 11. envíe. 12. se hayan olvidado. 13. dejes. 14. estuviéramos.

1. Provided you don't bother anyone, you may stay there as long as you wish.
3. Provided you welcome them, I shall be satisfied
5. If you don't hand your work in time, I shall not mark it.
7. Provided you have enough money, you'll have no worries.
10. Should you do only a little/even if you do very little, you'll meet the deadline.
12. Unless they've forgotten, sooner or later they'll turn up.

## 13.20

1. Si no molestas puedes quedarte un rato.
2. Si hubiera tenido las gafas lo habría leído.
3. Si se telefonea por la noche se ahorra mucho dinero.
4. Si lo hubiera sabido antes, no vengo.
5. Si no terminas pronto, hoy no sales.
6. Si no te urge mucho, no le molestes ahora.
7. Si yo fuera él/ella, no lo volvía a repetir.
8. Si viene, se lo diré.
9. Si se lo dices para las diez, es suficiente.
10. Puedes ir a la fiesta si vuelves antes de medianoche.

## 13.21

1. De haber sabido ayer . . . . 2. Caso de que me llamen . . . . 3. Como no te portes mejor . . . .
4. Pensándolo bien . . . . 5. . . . contando con que me prestes el coche . . . . 6. Con que trabajes un
poco todos los días . . . . 7. De ser esa la única . . . . 8. Yo que ustedes . . . . 9. A/De no ser por el
perro . . . . 10. . . . caso de que/como no te lo hayas dejado olvidado . . . .

## 13.22

1. Si dijéramos. 2. si no me lo creo. 6. si alguien nos lo empezara/empieza. 8. si hubieras llamado.
9. si no haces lo que te digan/dicen. 11. si yo digo. 12. si no se comportan.

## 13.23

1. necesitaba. 2. pueda. 3. sucediera/sucedió o dejara/dejó de suceder. 4. anda preguntando. 5.
se contenta. 6. necesite/necesita. 7. tiene. 8. tuviera. 9. cure. 10. hace, se mete.

## 13.24

1. Ya sé que aquí hay un restaurante donde sirven curry, pero dudo que haya alguno donde
   sirvan paella.
2. Nunca he encontrado a nadie que esté de acuerdo con el actual sistema de impuestos.
3. Haz como que no conoces a ninguno de los colegas que te encuentres en la fiesta.
4. No había casi nadie en la clase que hubiera/había visto la película.
5. Es casi imposible encontrar un español que no haya asistido nunca a no haya visto nunca
   una corrida de toros.
6. Este es un tema que ha levantado una gran polémica.
7. No hay un solo extranjero que no se haya quejado nunca (alguna vez) de la comida
   inglesa.
8. ¿Hay algo que te apetezca?
9. Los que hayan/han terminado se pueden marchar.
10. Si hay algo que no le guste/gusta, devuélvalo.
11. Acabo de leer el mejor libro que se ha/haya escrito jamás.
12. Esta es la peor situación en la que me he/haya encontrado jamás.

## 13.25

1. Quienquiera que dijera eso, estaba totalmente equivocado./El que dijo eso estaba
   totalmente equivocado.
2. La encontraré dondequiera que esté.
3. Lo mires como lo mires, la respuesta es que no.
4. Pagaré, por mucho que cueste.
5. Hagas lo que hagas, es importante que sigas leyendo ya que sólo por medio de la lectura
   se aprende cómo funciona la escritura. (ya que es leyendo como se aprende a escribir).
6. Fueran donde fueran/dondequiera que fueran/allí donde iban, él y su equipo tenían una
   historia que les servía de tapadera y que les permitía viajar y realizar las actividades
   periodísticas más dispares.
7. Busque lo que busque/cualquier cosa que busque para sus viajes, elija *Sol-y-Mar*. Tanto si
   busca una vacación de aventura, como si quiere una estancia tranquila y tórrida junto al
   mar, nosotros se la proporcionaremos.
8. Fueran donde fueran /dondequiera que fueran/allí donde iban, les recibían con los
   brazos abiertos.
9. A quien/al que se crea eso le están tomando el pelo.

10. No te desprendas nunca de eso, te lo pida quien te lo pida/quienquiera que sea el que te lo pida.
11. Todo el que haya pasado por este trance sabe perfectamente lo que digo.
12. Vienen cuando/siempre que les apetece.
13. Vendrán cuando/siempre que les apetezca.
14. Haz el ejercicio que más te guste.
15. Lo mires como lo mires, no hay solución.
16. Llévate todo lo que encuentres, que te guste.
17. Hagan lo que hagan, los terroristas nunca conseguirán sus locos objetivos.
18. Democracia es elegir a quien a uno le guste como portavoz y reconocerles este mismo derecho a los demás.

### 13.26

pienso, dé (no sea que), leas (no hace falta que), compres (basta que), salga (cuando), recomiendes (basta que), ha inducido, contenga (no estoy seguro de que), tenga (es posible que), vaya, tiende, fuese (como si), sea (aunque), quiere.

# 14  Reported speech

### 14.1

Pepita le comentó a su marido que tenía el frigo averiado desde el martes y no conseguía hablar con el electricista antes de que saliera/saliese de casa para todo el día. Y era inútil decirle a su mujer que le diera/diese el recado, porque él era un vago y no quería molestarse. Trataría de engatusarle, sabía que una vez que lo prometiera/prometiese no se echaría atrás. Ella le comprendía perfectamente: ¿por qué había de trabajar pudiendo permitirse el lujo de no hacerlo? Dinero no le faltaba, ya hacía su agosto con los veraneantes...

### 14.2

1. Me preguntó qué hora era.
2. Pregunté cómo funcionaba aquel aparato.
3. Pregunté a mi amiga por qué no quería que lo supiese su madre.
4. ¿Sabes si los venezolanos hablan español?
5. No se sabía cuántos pasajeros había en el avión siniestrado.
6. Todavía no me has dicho qué/lo que opinas sobre la nueva estrategia del gobierno.
7. No hay nadie que desconozca en qué ciudad nació Cervantes.
8. Ignoraba dónde se habrían metido los críos.
9. El oficial quería saber cuántos años llevaba allí esa familia.
10. Los políticos siempre están discutiendo cuál es más importante: el bienestar social o la prosperidad económica.

### 14.3

1. Le aconsejé que leyera/leyese más alto.
2. Te dijo que tuvieras/tuvieses cuidado con las tijeras.
3. Le sugirieron que pagara/pagase la habitación al día siguiente.
4. Os ordenan que terminéis este trabajo cuanto antes.
5. Te dirán que no pongas excusas.
6. Le insististe en que hiciera/hiciese caso a los peatones.
7. Nos suplicaron que no actuáramos/actuásemos de esa manera.

8. Te pidió que le dijeras/dijeses la verdad.
9. Me animasteis a que comprara/comprase otro coche *or* Me animasteis a comprar otro coche.
10. Le dijimos que no volviera/volviese a decirnos tales mentiras.

# 15 The syntax of verbal constructions

## 15.1

1. a, 2. – , 3. a, 4. – , 5. en, 6. de, 7. a, 8. – , 9. en, 10. – , 11. – , 12. – , 13. – , 14. a, 15. a, 16. a, 17. – , 18. – , 19. – ; por *or* para, 20. en, 21. – , 22. – , 23. con, 24. a, 25. por.

## 15.2

1. Preferimos que (ustedes) tomen precauciones contra la insolación.
2. Temo que el gatito no pueda bajar.
3. Recordó que habíamos visto a Juan en la playa.
4. Los testigos afirmaron ser los culpables *or* Los testigos afirmaron que ellos eran los culpables.
5. Los izquierdistas han conseguido que la coalición forme gobierno.
6. El ministro prometió que el próximo gobierno rebajaría los impuestos.
7. Tu padre quiere que mis primos alquilen un piso.
8. Todo el mundo reconoce que los somalíes están muriendo de hambre.
9. Nunca consentiré en que (vosotros) hagáis puenting.
10. Espero que los niños lo pasen bien en la montaña.

## 15.3

1. La madre de Elena le permitió salir a la discoteca./La madre de Elena permitió que saliera a la discoteca.
2. Animaré a los niños a comer las alubias./(Animaré a los niños a que coman las alubias.)
3. Todo indica que no se trata de un accidente *only*.
4. El Ayuntamiento ha invitado a todos a colaborar para mantener limpia la ciudad./(El Ayuntamiento ha invitado a todos a que colaboren para mantener limpia la ciudad.)
5. Le recomiendo abrir una cuenta corriente *(but see 16.5.2 note (iv))*/Le recomiendo que abra una cuenta corriente.
6. Querías entrar en el museo de cera *only*.
7. (El padre de Tomasico le obligó a devolvérmelo.)/El padre de Tomasico le obligó a que me lo devolviese.
8. El director propuso que cenáramos juntos./El director nos propuso cenar juntos *(if nos does not include the director!)*.
9. El niño impedía que el agua saliese del tubo *only (see 16.5.2 note (iii))*.
10. Le aconsejó que no saliera/saliese con aquel tiempo tan malo *only (see 16.5.2 note (iv))*.

## 15.4

1. Sentía latir mi corazón.
2. Oímos cantar una canción muy hermosa.
3. He visto desfilar delante de mí a casi todos los reclutas.
4. Oyeron cerrarse de repente la puerta trasera.
5. Te vimos marcar un gol ayer.
6. Hemos oído decir que es un libro buenísimo.

7. Vieron cruzar la calle a la anciana.
8. Vamos a ir a oírles tocar la Novena Sinfonía de Beethoven.
9. No se la vimos preparar.
10. Se notó subir la temperatura considerablemente.

## 15.5

Suggested translations are given.

1. Bilbao has undergone constant steady growth throughout its history.
2. I've always associated Fridays with the smell of fish ever since.
3. We have spent twenty years investigating the properties of this gas.
4. Let's be going!
5. We always end up quarrelling.
6. If you want to go around criticizing others, at least don't let them hear you.
7. We stayed watching the sunset.
8. He/she got the history *cátedra (head of department in a school or university)*.
9. We are in the process of arranging all these pebbles in order to make a mosaic.
10. We have always said that Bernardo is a real scholar.

## 15.6

1. ¿Te atreves a subirla? *only.*
2. Conseguí encontrarla *or* La conseguí encontrar.
3. Le invité a tomarla conmigo *only.*
4. Montse intentó traducirla *or* Montse la intentó traducir.
5. Necesito verla enseguida *or* La necesito ver enseguida.
6. Los revolucionarios lucharon por restaurarla *only.*
7. Empezamos a recorrerla *or* La empezamos a recorrer.
8. ¡Deje de soltarlas! *only.*
9. ¿Me permite abrirla? *or* ¿Me la permite abrir?
10. Juré entonces no revelarlo *only.*
11. ¿Podemos verlos? *or* ¿Los podemos ver?
12. Preferirían dárselas *or* Se las preferirían dar. (*It is not possible to split up the pronoun group.*)
13. El médico se limitó a recetarlas *only.*
14. Espero cobrarlo mañana *or* Lo espero cobrar mañana.
15. Se esforzó por comerlos *only.*
16. Me invitó a contarla *only.*
17. No pretendo saberla *or* No la pretendo saber.
18. Temen no poder verla *or* Temen no poderla ver (*not* \*La temen no poder ver.*).
19. ¿Qué te ha impulsado a recortarla? *only.*
20. ¡Trata de recordarlo! *only.*

# 16 Non-finite forms of the verb

## 16.1

1. que yo salga con ellos, 2. salir conmigo, 3. regalarme, 4. que tendría, 5. de que yo he dicho eso, 6. de haber dicho, 7. haber visto, 8. que tú viste, 9. que todo el mundo lo pasara bien, 10. pasarlo bien, 11. que te quedes, 12. quedarme, 13. que lo hayas comprado, 14. haberlo comprado, 15. vender, 16. que el agente le venda, 17. poder ir, 18. que puedan venir, 19. llegar, 20. que (ellos) lleguen.

## 16.2

1. al, *on leaving*, 2. sin, *without working*, 3. de, *if (s)he had moved/had (s)he moved*, 4. sin, *without saying good bye*, 5. con, *by bursting into tears*, 6. de, *if you had listened*, 7. por, *because you are*, 8. al, *when I was getting off*, 9. por, *because (s)he wanted to help*, 10. con, *it is enough to work just two hours*.

## 16.3

(In some sentences the infinitive with a subject is an alternative to the *que* construction although it is less highly regarded: see B&B 18.3. This construction is marked with a question mark below.)

1. Después de que terminara el presidente/?después de terminar el presidente su discurso, 2. después de terminar, 3. antes de que recibiéramos/?antes de recibir nosotros los libros, 4. antes de enviarnos, 5. sin que nadie le diga/?sin nadie decirle, 6. sin decir, 7. Con que lo toques, 8. Con tocarlo, 9. hasta terminar la tarea, 10. hasta que alguien lo llamara.

## 16.4

1. fumar, 2. hacer, 3. pasarse/quedarse/estar, 4. nadar, 5. estudiar, 6. contestar, escribir, 7. luchar/morir, 8. beber/tomar, 9. levantar, cortar, 10. ver.

## 16.5

1. El chino es muy difícil de aprender para los occidentales.
2. La guía telefónica es imposible de memorizar.
3. Todos esos deberes son imposibles de hacer en un día.
4. La enfermedad es fácil de diagnosticar, pero difícil de tratar.
5. Este coche tan viejo es imposible de vender.
6. Los hermanos gemelos son muy difíciles de distinguir.
7. El gerente de la empresa es imposible de localizar.
8. El jefe es imposible de entender.

## 16.6

1. escritas, enviadas. 2. puesto, caído, roto. 3. visto, estrenado. 4. dicho, hecho. 5. abierto, encontrado, cubierto. 6. resueltos, aumentado. 7. muerto, quemado. 8. disuelto, descubierto.

## 16.7

The complete table is:

| infinitive | verbal participle | adjectival participle |
|---|---|---|
| soltar | soltado | suelto |
| despertar | despertado | despierto |
| atender | atendido | atento |
| freír | frito (freído) | frito |
| presumir | presumido | presunto |
| extinguir | extinguido | extinto |
| nacer | nacido | nato |
| sujetar | sujetado | sujeto |
| proveer | proveído | provisto |
| suspender | suspendido | suspenso |
| maldecir | maldecido | maldito |

## 16.8

1. conversos, 2. confusas, 3. despertado, 4. atendido, 5. frito, 6. atento, 7. impresa, 8. soltado, suelto, 9. sujeto, 10. nato.

## 16.9

1.-f   Once the show has started, people are not allowed in.
2.-i   I couldn't register because the registration period was over.
3.-d   When you have filled in the form, take it to window number two.
4.-g   When you are over 60, aches and pains begin to make themselves felt.
5.-h   Once the problem had been solved we could sleep easy.
6.-j   Books are to be taken back to the library once they have been read.
7.-a   When the demonstration was over, people dispersed and the police withdrew.
8.-c   When they got to the top, the climbers planted the flag.
9.-e   Having said that, he got up and left the room.
10.-b   Seeing that the guests have not arrived, we will start to eat.

## 16.10

The complete table is:

| infinitive | gerund | *-nte* form |
|---|---|---|
| agobiar | agobiando | agobiante |
| imponer | imponiendo | imponente |
| asfixiar | asfixiando | asfixiante |
| preocupar | preocupando | preocupante |
| crecer | creciendo | creciente |
| poder | pudiendo | pudiente |
| influir | influyendo | influyente |
| alarmar | alarmando | alarmante |
| interesar | interesando | interesante |
| pender | pendiendo | pendiente |
| frustrar | frustrando | frustrante |
| poner | poniendo | poniente |
| entrar | entrando | entrante |
| nacer | naciendo | naciente |
| aplastar | aplastando | aplastante |
| acomplejar | acomplejando | acomplejante |
| desesperar | desesperando | desesperante |
| estresar | estresando | estresante |

## 16.11

1. pudiente, influyente. 2. asfixiante/agobiante, agobiante/asfixiante. 3. estresante. 4. desesperante. 5. imponente, interesante, acomplejante. 6. creciente, preocupante, alarmante. 7. frustrante, pendientes. 8. naciente, poniente. 9. aplastante, entrante.

## 16.12

1. un libro interesante. 2. una cabeza pensante 3. una cara sonriente. 4. una respuesta tranquilizadora/alentadora. 5. un perro que ladra/perro ladrador. 6. el judío errante. 7. un ejército en retirada. 8. un asunto entretenido. 9. los cuatro restantes. 10. una persona retraída. 11. un edificio orientado al sur/que da al sur. 12. una respuesta divertida. 13. el abogado defensor. 14. una persona de aspecto amargado. 15. un toro que embiste. 16. papel de escribir.

## 16.13

viniendo, construyendo, pidiendo, cayéndose, durmiendo, muriéndose, diciendo, riñendo, huyendo, pudiéndose.

## 16.14

### A

1. purpose = *para decirnos*. 2. time = *cuando paseaba*. 3. concession = *aunque está*. 4. cause = *como es*. 5. condition = *si conduce*. 6. manner = *gracias a/por medio de la venta* de *pólizas de seguros*.

### B

7. condition = *teniendo*. 8. concession = *aun siendo tan blanca de piel*. 9. time = *saliendo de casa*. 10. cause = *viviendo tan cerca*. 11. purpose = *anunciándoles*. 12. manner = *repitiéndolo una y otra vez*.

## 16.15

It is only possible in sentences 1, 3, 4 and 6.

## 16.16

1. vengo pensando, 2. salió corriendo, 3. llevan viviendo, 4. sigue trabajando, 5. acabó confesando, 6. me quedé estudiando, 7. vete/vas poniendo, 8. anda contando.

## 16.17

1. Vi a María esperando el autobús.
2. Al pasar por su casa le oímos practicar el violín.
3. ¿Te imaginas a nuestros padres bebiendo/tomando[1] tequila en México?.
4. Noté algo subiéndome (que me subía) por la pierna.
5. Papá le sacó una foto a la abuela esquiando con nosotros.
6. Era una mezcla compuesta de aceite, vinagre y hierbas.
7. Aquí ven a un hombre que lleva/llevando agua de la fuente.
8. Esta es una tradición muy antigua, que data de la Edad Media.
9. Los gatos dormían en la habitación que daba al jardín.
10. El aeropuerto recibe vuelos que transportan hasta un millón de pasajeros.
11. ¿El miedo a/de volar te impide viajar?
12. Haciendo una lista no se te olvidará nada.
13. Soy muy malo/a jugando/para jugar al tenis.
14. Ella es estupenda tocando el piano.
15. Pido excusas/perdón por haber sido tan mal educado.

[1]*tomando* is the word used in LA for drinking alcohol.

## 16.18

1. He terminado de leer tu libro.
2. Salieron riendo del colegio.
3. No hacer nada no puede ser una respuesta adecuada.
4. Mañana me voy a Madrid.
5. Se pone los huevos en agua hirviendo.
6. ¡Sigan leyendo!
7. No salir nunca de casa es una buena manera de ahorrar dinero.
8. Acabo de leer un libro que describe las costumbres indias.
9. Lo estaba esperando en la iglesia.
10. Las instrucciones que has dado son muy difíciles de entender / no son muy claras.
11. Oyeron susurrar a los niños.
12. No quedaba alma viva en la aldea desmoronada.
13. Aquí tenéis una foto de cuando mis amigos me tiraron a la piscina.
14. Te vas a recuperar más rápidamente si no intentas hacer / no intentando hacer demasiado al principio.
15. Lo mejor para aprobar/pasar los exámenes es estudiar mucho.
16. No funciona esta radio.
17. El barco había sido convertido en hotel flotante.
18. Después de trabajar durante todo el día me gusta ver la televisión.
19. Su pasatiempo / hobby preferido es coleccionar sellos.
20. Es batalla perdida intentar hacerle cantar.

# 17  Modal auxiliaries

## 17.1

### A

1. puedes, 2. puedo, 3. puedes, 4. puedes, 5. sé, 6. sabes, 7. podemos/podríamos.

### B

1. puedo/podría, 2. sabes, 3. sé, 4. puede, 5. podemos/podíamos/podríamos, 6. sé, 7. puedes.

## 17.2

| Podía . . . | No podía . . . | Pudo . . . | No pudo . . . |
|---|---|---|---|
| escuchar música estar sentado hablar por teléfono | bañarse hacer vela hacer deporte andar sin muletas bailar | leerse las obras completas de Crichton aprender a jugar al ajedrez escribir un cuento que tenía empezado adelantar trabajo para el curso siguiente ver todos los programas de tele que quiso escribir cartas que debía pasarse horas oyendo sus discos favoritos | participar en un campeonato de tenis ir al baile al que le habían invitado correr la maratón |

**17.3**

1. Ya podías haberla ido a visitar/ya la podías haber ido a visitar/ya podías haber ido a visitarla.
2. Ya podías habérmelo dicho/ya me lo podías haber dicho.
3. Ya podías haberle ayudado/ya le podías haber ayudado.
4. Ya podían habérselo advertido/ya se lo podían haber advertido.
5. Ya podías haberlos llevado/ya los podías haber llevado.
6. Ya podías haberte acordado/ya te podías haber acordado.
7. Ya podías haberme telefoneado/ya me podías haber telefoneado.
8. Ya podían haber tardado menos.
9. Ya te podían haber informado enseguida/ya podían haberte informado enseguida.
10. Ya podías haber pensado en mí.

**17.4**

1. Puede que durmiera mal anoche.
2. Puede que tenga algún problema con los ojos.
3. Puede que se hubieran peleado.
4. Puede que estuviera buscando un paquete bomba.
5. Puede que alguien lo haya robado.
6. Puede que estén preparándote una sorpresa.
7. Puede que estuviera de viaje.
8. Puede que tenga alguna enfermedad grave.
9. Puede que alguien lo haya tirado a la basura.
10. Puede que le hayas ofendido.

**17.5**

1. tengo que (necessity). 2. tenías que (obligation). 3. Debo (supposition). 4. no debe/debía/debería/debiera (obligation), or no tiene/tenía/tendría que (stronger obligation). 5. no debes/debías/deberías/debieras (obligation), or no tienes/tenías/tendrías que (stronger obligation). 6. No debías/deberías/debieras, or no tenías/tendrías que (stronger obligation). 7. no deben/debían/deberían/debieran, (obligation) or no tienen/tenían/tendrían (stronger obligation). 8. tuve que (necessity). 9. tenía que (necessity). 10. no debe/debía/debería/debiera (obligation), or no tiene/tenía/tendría que (stronger obligation).

**17.6**

1. tiene que, 2. hay que, 3. tengo que/hay que, 4. tiene que, 5. tienes que, 6. teníamos que/había que, 7. había que/teníamos que, 8. tuvimos que.

Note: *Había que,* in number 6, conveys a certain unwillingness. The subject is being prevailed upon.

**17.7**

1. *querías,* 2. *querían,* 3. *quise* (because I refused and managed not to become one), 4. *querías,* 5. *quise* (it could have been *quería*. By choosing *quise* he is clearly saying that he didn't do it), 6. *quería/querría/quisiera* (polite request), 7. *quiere,* 8. *quería,* 9. *quería/quiere,* 10. *quisieron,* (they didn't do it), 11. *querían,* (they were looking for someone).

**17.8**

1. ¿Sueles tomar infusiones con las comidas?

2. Suelen tener razón.
3. Solíamos reservar las vacaciones de verano en febrero.
4. Suelo lograr convencerle casi siempre.
5. Solían llevarme la contraria por principio.
6. María no suele querer meter/hacer horas extraordinarias.
7. Juan no suele estar enfermo casi nunca.
8. A veces me suele fallar la intuición.

# 18 Negative constructions

## 18.1

*No* is needed in 1, the second gap of 4, 6 and 13. *No* could be used in the first gap of 4, 7 and 12 with a consequent change of meaning.

## 18.2

1. apenas, 2. en absoluto, 3. nunca/jamás en mi vida, 4. y/ni, tampoco, 5. ni (siquiera), 6. nada/palabra, 7. nadie, 8. jamás, 9. nada, 10. apenas, 11. tampoco, 12. ni, ni, 13. nadie, 14. nunca jamás, 15. ni.

## 18.3

1. No tengo la menor idea de lo que dices/No tengo ni idea de lo que estás hablando.
2. Ahora no quedan lápices/no queda ningún lápiz (*ninguno* is not used in the plural, see **23.5.5**)
3. Prohibida la entrada a los menores de dieciocho años.
4. Mi hermana no tiene dinero.
5. A algunas personas no hay manera de complacerles.
6. Ningún hombre fuerte estaba disponible / No había ningún hombre fuerte disponible.
7. No veo ninguna razón para dudar de lo que dice.
8. Washington no está/queda muy lejos de aquí.
9. Sin duda alguna, Sara sabe contestar.
10. Leerse la Biblia entera no es ninguna broma.
11. ¡Mamá ha dicho que no!
12. Esta noche no hay luna.
13. No se puede negar que estamos en un lío.
14. Mi sobrino está sin empleo fijo / no tiene empleo fijo.
15. ¡Sin problema!

## 18.4

1. ninguno, 2. nada, 3. ningún, 4. nadie, 5. ningún, 6. ninguna, 7. nada, 8. nadie, 9. ninguno, 10. nadie, 11. nada, 12. ningún, 13. ninguno, 14. ninguna, 15. nada.

## 18.5

The 'redundant' *no* is not possible in 1, 4 and 6. (Remember, however, that it is always optional.)

## 18.6

1. I'm going to look for the letter right now and I'll show it you. / Voy a buscar la carta ahora mismo, y te la muestro.

2. Only yesterday I saw the boy on the tricycle./Ayer precisamente vi al chico en el triciclo.
3. As I told you, I've been very happy lately. Just the other night I thought I wasn't./La otra noche sin ir más lejos pensaba que no estaba.
4. Can you let me a room? Just for the night./Por una noche sólo.
5. I'm only leaving you for a minute./Te dejo sólo (por) un minuto.

# 19  Interrogation and exclamations

## 19.1

1. ¿Cuántas horas/Cuánto tiempo tarda el tren en llegar a la capital?
2. ¿Cómo te llamas/se llama (usted)?
3. ¿A qué hora/Cuándo empieza el concierto?
4. ¿Adónde vamos esta tarde?
5. ¿Quiénes te ayudaron a construir la barca?
6. ¿Cuánto dinero os queda ahora?
7. ¿Dónde nació Cervantes?
8. ¿Cómo estás/está (usted)?
9. ¿Qué es su novia?
10. ¿Qué hora es?
11. ¿Qué estás pensando?
12. ¿Qué falda vas a comprar? *or* ¿Cuál de las faldas . . .? (LA: ¿Cuál falda . . .?)
13. ¿Cuál es el problema?
14. ¿Cómo se hace la tortilla?
15. ¿De dónde es tu cuñado?
16. ¿Para qué quieres/quiere (usted) un lápiz?
17. ¿Quién escribió *Cien años de soledad*?
18. ¿Por qué tuviste/tuvo que volver a casa?
19. ¿Qué visteis/vieron en el zoo?
20. ¿Sobre qué versa este artículo?

## 19.2

The accent is needed in 1, 5, 6, 8 and in 10 with the meaning of 'I know what you sang' (10 makes sense without the accent as 'I know that you sang'). Note that 7 cannot mean 'The police knew what the cause of the accident was' which would be *La policía sabía cuál fue la causa del accidente*, and therefore *que* cannot have an accent here.

## 19.3

The answers given here reflect the usage generally considered as correct.

1. cuál, 2. qué, 3. cuál, 4. qué, 5. cuáles, 6. qué, 7. qué, 8. qué, 9. cuál (but *¿qué fecha es hoy?*), 10. cuál, 11. cuáles, 12. cuál, 13. qué, 14. qué, 15. cuál.

(In some areas, *cuál* might be used in 7, 8 and 13: see **24.3.3**)

## 19.4

1. ¡Qué idea más/tan interesante!
2. ¡Qué árbol más/tan viejo (es) éste!

3. ¡Qué río más/tan ancho!
4. ¡Qué corredor más/tan veloz!
5. ¡Qué pendientes más/tan monos (son) los tuyos!
6. ¡Qué lección más/tan difícil!
7. ¡Qué película más/tan vanguardista!
8. ¡Qué expresión más/tan anticuada!
9. ¡Qué vino más/tan agrio (es) éste!
10. ¡Qué pelo más/tan moreno tienes!

### 19.5

1. ¿Cuánto cuesta ese perrito que está en el escaparate (LA: en la vitrina)?
2. ¡Qué alto estás!
3. ¿Qué longitud tiene esta cuerda?/¿Cómo es de larga esta cuerda?
4. No sé cómo distingues a los gemelos.
5. ¡Cuánto lo siento!
6. ¿Sabe usted cuál es la altura de esta montaña/qué altura tiene esta montaña?
7. ¡Qué estúpido soy!
8. ¿Cómo te encuentras/se encuentra hoy?
9. ¡Qué fuerte es ese elefante! (*also* ¡Lo fuerte que es ese elefante!)
10. ¡Cuánto mejor sería si te quedaras/se quedara en casa!
11. Me extraña lo difícil que es este ejercicio.
12. ¿Cuántas veces te ha dicho tu madre que no hables con extraños?
13. ¿Qué tal la fiesta?
14. ¿Te das/Se da cuenta de lo tarde que es?
15. Nunca supimos lo enferma que estaba/cómo estaba de enferma.

## 20 Pronominal Verbs

### 20.1

The examples are (the underlined elements make the reciprocal meaning clear):

*besuquearse* <u>*con el prójimo*</u>; *sólo* **se** *besaban las señoras; al saludar***nos***; si es* <u>*entre mujeres*</u> *siempre* **nos** *besamos;* **nos** *rozamos,* **nos** *aproximamos,* **nos** *tocamos mucho más* <u>*los unos a los otros*</u>; *los franceses también* **se** *besan al despedirse o encontrarse; darse la mano.*

### 20.2

1. Susie se compró un libro y aprendió a tocar la guitarra ella sola. (*se enseñó* is **not** possible)
2. María se cayó de la bici y se hizo mucho daño.
3. No podemos permitirnos el lujo de comprarnos un coche nuevo todavía.
4. Cuando los niños empiezan a comer solos, lo ensucian todo.
5. Anda, mírate en el espejo.
6. Pórtate bien (tú)/Pórtese bien (usted).
7. Divertíos/Que lo paséis bien.
8. Sírvete (tú mismo)/Sírvase usted mismo.
9. Estás en tu casa (tú)/Está en su casa (usted).
10. Estar solo.
11. No me ayudes, prefiero hacerlo yo mismo/solo.

12. Si es preciso hablaré con el Presidente mismo/con el mismísimo Presidente.
13. El edificio mismo/en sí es pequeño, pero tiene unos jardines preciosos.
14. A mí no me parece bien el boxeo.
15. Mi hermano se corta el pelo él mismo y va hecho un adefesio.

## 20.3

1. consigo mismo, 2. los franceses mismos, los propios franceses, 3. yo misma, 4. la vida en sí, la vida misma, 5. ustedes mismos, 6. la autora misma, la propia autora, 7. él mismo, 8. el jefe mismo, el propio jefe, 9. consigo, 10. a ti mismo (Note: no accent on *ti*).

## 20.4

Don't forget that a plural object will need a plural verb with *se*, e.g. 6: *he perdido las llaves* → *se han perdido las llaves* → *se me han perdido las llaves*. See also 3 and 12.

1. b.   Se ha quemado la paella.
   c.   Se me ha quemado la paella.
2. b.   Se ha despedido el primo.
   c.   Se me ha despedido el primo.
3. b.   Se han pinchado dos ruedas del coche.
   c.   Se ma han pinchado dos ruedas del coche.
4. b.   Se ha cerrado la puerta de un golpe.
   c.   Se me ha cerrado la puerta de un golpe.
5. b.   Se ha enamorado el vecino.
   c.   Se me ha enamorado el vecino.
6. b.   Se han perdido las llaves.
   c.   Se me han perdido las llaves.
7. b.   Se ha espantado el perro.
   c.   Se me has espantado el perro.
8. b.   Se ha terminado el vino.
   c.   Se me ha terminado el vino.
9. b.   Se ha casado ya el hijo mayor.
   c.   Se me ha casado ya el hijo mayor.
10. b.   Se ha tirado el gato por la ventana.
    c.   Se me ha tirado el gato por la ventana.
11. b.   Se ha metido el coche en la cuneta.
    c.   Se me ha metido el coche en la cuneta.
12. b.   Se han roto dos vasos.
    c.   Se me han roto dos vasos.

Translation into English:

4. I banged the door shut/The door banged shut/the door banged shut in front of *or* after me.
5. I have made my neighbour fall in love with me/my neighbour has fallen in love/my neighbour has fallen in love *or* my neighbour has fallen in love with me.
9. I've already married off my eldest son/my eldest son has already married/my eldest son has already married (it is difficult to render the last two sentences differently in English).
11. I've driven my car into the ditch/The car ended up in the ditch/my car got into the ditch.

**20.5**

2, 9 and 13 in the Peninsula are ungrammatical, as is 14 in this particular context.

1, 3, 20, 21, 22, 23, 24, and 25 add a nuance of meaning; they are mostly 'verbs of motion, or consumption' (B&B 26.6.2 and 26.6.3). Many Spanish speakers would reject 12, although others would judge that a nuance of meaning is added.

**20.6**

1. No niego que fue/fuera interesante.
   Me niego a cumplir las normas.
2. Podrías/podría pasar por español/a perfectamente.
   Te pasas/se pasa de listo.
3. Las cosas salieron mejor de lo que esperábamos.
   El camión se salió de la carretera.
4. Te has/se ha saltado por lo menos dos páginas.
   Tuve que saltar por encima de las cajas.
5. Me dieron las llaves del coche y se fueron.
   Se le dan muy bien las lenguas.
6. Ha ocurrido algo inaudito.
   A Newton se le ocurrió que la tierra atraía los objetos hacia sí.
7. La persona que le dirigió la tesis es uno de los mejores en ese tema.
   Se dirigía al trabajo cuando le asaltaron.
8. Volvió tarde a casa.
   Ella se volvió a mirar.
9. El ladrón cayó en la trampa que le había tendido la policía.
   Mi abuela se cayó por las escaleras.
10. Le paró la policía para hacerle la prueba del alcohol.
    Nos paramos a ver los escaparates.

**20.7**

1. quedar, 2. nos quedamos, 3. se quedó, 4. (me) quedé, 5. (se) quedaron, 6. (se) quedó, 7. queda, 8. quedamos, 9. os quedáis/nos quedamos, 10. queda.

1. He likes to make a good impression on people; he always sends them presents.
2. In spite of the fine weather, we stayed at home without setting foot in the street all day.
3. The taxi-driver cheated us; he kept some of the change.
4. I was paralysed as a result of the accident.
5. They were astonished to hear the news.
6. The matter was settled by decision of the judge.
7. Where is the hotel that has just been built?
8. Where and when shall we meet? As far as I'm concerned, I'd prefer it to be later and somewhere under cover.
9. Which of the two will you/shall we have, children? The red one or the blue one?
10. We haven't much coffee left; remember to get some when you go to the supermarket.

**20.8**

1. se están construyendo, 2. se está construyendo, 3. uno se asusta, 4. se ha detenido, 5. se han detenido, 6. uno no se para a pensar, 7. uno no se sorprende, 8. se solucionan, 9. se dice, 10. se pueden y se deben solucionar, 11. uno se harta, 12. se (les) ha puesto.

**20.9**

1. no se (les) enseñaba/no enseñaban, 2. no se les quería/no querían, 3. se les enseñaba/les enseñaban, 4. se utilizan (utensilios), 5. se hicieron (progresos), 6. se le desanimó, 7. se le ha inculcado, 8. se pueden ver (dos actitudes), 9. se encuentran (ideas), 10. se refiere a (pronominal verb), 11. no siente usted que (corresponds to the transitive use of English 'feel' but, the intransitive English 'feel' is *sentirse* . 'To feel well, ill, tired', etc. = *sentirse bien/mal/cansado*, etc.), 12. se puede hacer.

**20.10**

Desde un punto de vista continental, la Reconquista debe enmarcarse *[passive equivalent]* dentro del proceso de crecimiento y expansión ofensiva que se caracteriza la historia del Occidente europeo entre los siglos X y XIII, frente a húngaros, eslavos y musulmanes. El resultado de esta dinámica será la creación del área que actualmente conocemos como Europa occidental.

El planteamiento estratégico de la expansión cristiana, que se careció por lo general del carácter de «cruzada» que comúnmente se le atribuye *[impersonal]*, tuvo cuatro fases principales. En la primera de ellas, correspondiente al siglo XI, se consolida *[impersonal]* la línea del Duero, el curso medio-alto del Ebro, y el sur de la actual provincia de Barcelona.

La segunda y más decisiva se comprende parte de los siglos XI y XII y se consiste en el control del valle del Tajo y del curso medio-bajo del Ebro. Esta ofensiva se disloca el dispositivo estratégico de la España musulmana, apoyado en la comunicación entre los valles del Guadalquivir y del Ebro, que (se) queda partida en dos. La tercera fase, en el siglo XIII, se completará *[passive – 'was completed']* con la ocupación del valle del Guadalquivir y, en el Mediterráneo, con el control de los valles del Turia y del Júcar.

El reino nazarí de Granada se mantuvo *[literal - 'maintained itself', or passive – 'was maintained']* hasta el 2 de enero de 1492. El fin de la Reconquista se produjo honda emoción en la Europa cristiana, porque se consideró *[impersonal]* que equilibraba la caída de Constantinopla a manos de los turcos.

Los monarcas cristianos conquistaban colonizándose, es decir, ofreciendo tierras a quien se comprometiese *[part of verb:* comprometerse a + *infinitive]* a ocuparlas, cultivarlas y defenderlas, lo que se dio lugar a trasvases y migraciones del norte peninsular y de Europa nada frecuentes en otras latitudes por aquellas épocas. Aquellos colonizadores, a quienes se dibuja *[impersonal]* con una azada en una mano y la espada en la otra, se fueron formando una sociedad de campesinos relativamente más libre que las existentes en la Europa coetánea.

# 21   The expression of 'becoming'

**21.1**

1. purificarse, 2. endurecerse, 3. adelgazar, 4. entristecerse, 5. alegrarse, 6. vaciarse, 7. agudizarse. 8. engordar, 9. blanquearse, 10. enrojecer, 11. enfermar (LA enfermarse), 12. empeorar (LA empeorarse), 13. mejorar (mejorarse *to get better in health or to clear up (of weather)*), 14. palidecer, 15. envejecer(se), 16. oscurecer (oscurecerse *to get dark (of sky)*), 17. enloquecer (LA enloquecerse), 18. cansarse, 19. (re)bajarse, 20. tranquilizarse.

**21.2**

1. se convirtió en, 2. se puso/quedó, 3. llegó a ser/se hizo, 4. se quedó, 5. se volvió, 6. se convirtió en, 7. ponerte, 8. se convierten en, 9. se hizo, 10. se (nos) hace, 11. se había convertido en,

12. pasó a ser/llegó a ser, se convirtió en, 13. te quedarás, 14. se volvió/se hizo/se puso/quedó, 15. se quedaron.

## 21.3

1. Sus tristes pétalos blancos se convirtieron en un elemento más de los escombros.
2. Después, de repente, con la llegada de Schulmann, todo quedó clarificado o con una diferente orientación.
   (**Alternative:** . . . *todo se aclaró, pero de distinta manera.*)
3. La segunda vez atacaron una escuela, después atacaron unos grupos de colonos, luego otra tienda, hasta que, por fin, su campaña comenzó a ser monótona.
   (**Alternatives:** . . . *llegó a ser/se volvió/se hizo/resultaba monótona.*)
4. Un hombre alto y de lentos movimientos, que inmediatamente se convirtió en su guía.
5. El día comenzó a ser caluroso, y las áridas colinas se tornaron de color rojo y amarillo.
   (**Comments:** It would be more natural to recast the first part of this sentence in Spanish, e.g. *Fue aumentando la temperatura/el calor*; alternative choices for *comenzó a ser* might be *se hizo/se fue haciendo/se volvió*. In the second part of the sentence, *se tornaron* has a literary feel, and can be substituted by *se volvieron*.)
6. Yanuka se convirtió en fatal víctima de sus propias aficiones al lujoso vivir.
   (**Comment:** Note also the expression *cayó víctima de*, though if this is used no adjective is possible.)
7. Por esta razón, hasta el último cuadro, Charlie no se dio cuenta de que aquel hombre estaba sentado entre los niños en edad escolar.
8. Detestaba el chismorreo hasta el punto de ser capaz de que se le congestionara el rostro y de comportarse con rudeza.
   (**Alternative:** . . . *hasta tal punto que era capaz de ponerse colorado e incluso llegar a perder los modales.*)
9. Últimamente, es mucho más moderada.
   (**Alternative:** . . . *se ha vuelto* . . .)
10. El picacho se había convertido en la negra silueta rectangular de un edificio.
11. La forzada frivolidad de su tono había dado a la voz de Charlie un sonido que era extraño a los oídos de la muchacha.
    (**Alternative:** . . . *que comenzaba a resultarle extraño* . . .)

Note: The Spanish translation has sometimes used a name in order to avoid the ambiguity of the Spanish third person verb or possessive.

# 22 Passive

## 22.1

1. *He* is the indirect object of *give*, and cannot form the passive subject in Spanish. (*Su madre le regaló un reloj de oro.*)
2. *¿Fue vista por alguien?* is not impossible as a translation of the first sentence, though it would be more common in speech simply to say *¿La vio alguien?* The reflexive cannot be used normally with an agentive phrase (*\*¿Se vio por alguien?* is unacceptable), and in any case *verse* could be interpreted as a literal reflexive. Personal pronouns such as *me* cannot be used as the agents of passive sentences in Spanish, so the second sentence is most naturally *¡Sí, la vi yo!*

3. In formal register a passive would be the most normal way of rendering this, since it has a definite agent: *El radio fue descubierto por Marie Curie.* (*\*El radio se descubrió por Marie Curie* is not good Spanish.)
4. Spanish resists using the passive with *limpiar.* (*Se limpian/Limpian las habitaciones dos veces por día.*)
5. *Despertar* does not passivise in Spanish. (*A las cinco me despertó mi padre.*)
6. As 1: *you* is the indirect object of *teach.* (*¿Quién te enseñó español?*)
7. As 1 and 6: *children* is the indirect object of *read.* (*Los padres debieran leer les a los niños.*)
8. The passive would be appropriate here, especially in a formal register: *El colegio fue fundado en el siglo XVI.* Since there is no agent expressed, *se fundó* could also be used.
9. As 1, 6 and 7: *speaker* is the indirect object of *give.* The notion of 'give a welcome' could also be rendered by *acoger,* however, which does take a direct object and with which the passive is possible in formal register, especially if an actual agent is envisaged. The reflexive passive would be inappropriate since *acogerse* could be construed literally, though the impersonal *se* construction is appropriate. (*Se dio/Dieron una acogida calurosa al conferenciante/El conferenciante recibió/fue objeto de una acogida calurosa; El conferenciante fue acogido de forma calurosa (por la multitud)/Se acogió calurosamente al conferenciante.*)
10. The passive is possible here in formal register: *El agente fue traicionado por un ex-policía.* The passive reflexive cannot be used with an agent.
11. As 10: *El Guernica fue pintado por Picasso.*
12. As 2. Also, with the most likely translation of *lecture* in this sense, *yo* would be the indirect object. (*¡Tú no tienes por qué darme lecciones!/¡No hace falta que me des lecciones!*).
13. The most appropriate equivalent of *reach* in this context, *llegar a,* has a prepositional object which does not admit passivisation in Spanish (the *by*-phrase is in fact a manner adverbial). The indefinite subject can be rendered by the impersonal reflexive. (*Se llega a la casa por un túnel subterráneo.*)
14. *Romper* does not admit passivisation in Spanish. *El vaso se rompió* would imply that it got broken (accidentally) and the passive reflexive is in any case impossible with an agent expressed. (*El gato rompió el jarrón/El jarrón lo rompió el gato.*)
15. This is appropriately translated as a reflexive (*escandalizarse*) or as *quedar escandalizada*: *Tu tía quedaría escandalizada/se escandalizaría si lo supiera.*

## 22.2

1. Pusieron en libertad a los sospechosos después de que hubieran prestado declaración.
2. Las organizaciones de los derechos humanos aseguran que todavía no se ha investigado ninguna de las denuncias.
3. Se rescató con vida al menos a 50 de las personas que se encontraban a bordo del avión.
4. El oficial dimitió la semana anterior después de que se le hubiera abierto una nueva investigación por presuntos delitos.
5. El Papa acaba de recibir al presidente francés.
6. El Ministro de Exteriores argelino ha criticado muy duramente a su homólogo portugués.
7. Las fuerzas del orden sugirieron la posibilidad de que se confundiera a la víctima con otra persona.
8. Se consideró al director de la empresa como el principal sospechoso.
9. A continuación se llevó al malhechor a la cárcel.
10. Se expulsará del lugar a los infractores y se les castigará con fuertes multas.

## 22.3

Some variation in tense is possible.

1. estaba, 2. estar, 3. fue/ha sido, 4. está/estaba, 5. estoy, 6. estamos, 7. fue/será/ha sido, 8. fue/ha sido, 9. está/estaba, 10. están/estaban, 11. fue/era (in journalistic register), 12. están *or* han sido, 13. estoy/estaba, 14. ser, 15. estado.

Some ideas for sentences 'the other way round' follow:

1. Al volver al puerto, la barca fue atada al muelle por los tripulantes.
2. La viruela fue por fin controlada por la OMS. *Also as an adjective:* Su reacción era muy controlada.
3. *Está atracado* is impossible.
4. En la Edad Media, la Meseta Central fue poblada por los castellanos en su expansión hacia el sur.
5. Fui persuadido por sus elocuentes argumentos.
6. *Not usual as a passive with* ser, *but* ser interesado *can mean 'to be selfish, interested in oneself'*.
7. *Not so usual with* estar, *but* el delito está denunciado *would mean 'the crime is (duly) reported'*.
8. Estos libros están vendidos (no están en venta).
9. El vaso fue hecho añicos (por el gato).
10. El plan tendrá que (volver a) ser estructurado por los nuevos responsables.
11. Ahora muchos ferrocarriles están desmantelados.
12. Muchos de los anglicismos fueron incluidos en la última reunión.
13. Adán fue tentado por la manzana de Eva.
14. *Not so usual as with* ser: Está muy criticado pero lo sabe aguantar.
15. *Not so usual as with* estar: El sendero fue marcado por los primeros alpinistas. *Also as an adjective:* Su sentido de justicia es muy marcado.

## 22.4

Se ponen a remojar los garbanzos la noche anterior en agua fría, siendo de preferencia los de buena calidad.

A la mañana siguiente, en una olla de cuatro litros se ponen tres de agua, se deja al fuego, y cuando hierve a borbotones se le añade la carne de buey, el hueso de la pierna, la mano de ternera, el hueso de jamón (o el cuarto de gallina).

Va echándose todo en la olla en el orden indicado; y sin que deje de hervir el agua, se agregan los garbanzos y la sal.

Se deja hervir a fuego vivo cosa de media hora y se añade entonces el tocino añejo, perejil, puerros, zanahorias y la cebolla.

Hecho esto, se llena la olla de agua hirviendo, porque no debe dejar de hervir, se desengrasa el caldo y se le da color con azúcar quemado o un pedacito de zanahoria frita en manteca hasta que se tueste, pero sin que llegue a amargar.

Entonces se aparta el puchero al lado de la hornilla para que cueza muy despacio, dejándolo medio tapado. Una hora antes de servirlo, se le ponen las patatas a trozos, sacando el caldo y colándolo con un tamiz espeso.

[Source: *Libro de cocina de El Ama de Casa* (Barcelona: Molino), 1966, p.118]

## 22.5

For discussion. The reflexive is likely to be the most frequent construction in just about any Spanish text. The passive with *ser* + past participle will probably not occur at all in a representation of dialogue, or in descriptive prose; it will occur much more in journalism or in abstract prose.

## 22.6

1. A *se* construction is not possible here, since the verb is reflexive. *Uno* could be used, with the implication that the speaker was involved: *En Suecia uno se queja del coste de la vida.*
2. *Se puede comer en una de las fondas que hay en la ciudad.*

3. *Se tiene que apretar el botón rojo para parar el tapiz metálico.*
4. As 1. *Una* would be more usual given the context! *Una* will also be understood as the subject of the second verb. *Una suele ponerse la falda más corta que encuentra.*
5. *Está claro que se sufría mucho a causa de la peste bubónica.*
6. As 1 and 4. Although the first verb is not reflexive, the second one is. *Si uno lee, nunca se aburre.*
7. *Se les vio a los niños jugando en la calle.*
8. As 1 and 4. *Uno no se va a asustar de lo violenta que es la película.*
9. *Hoy en día se viaja por toda Europa sin el menor problema.*
10. As 1, 4 and 8. Because the action is dissociated from the speaker, the third person plural is better than *uno*.

### 22.7

1. Una pared sin pintar.
2. Era de esperar.
3. El artículo está a medio escribir.
4. Eso queda/está por ver.
5. Estaba sin afeitar.
6. Esta es la suma a pagar/que queda por pagar.
7. La mesa estaba sin encerar/barnizar.
8. El programa queda por discutir.
9. ¡Estoy a medio vestir!
10. Queda mucho por hacer.

## 23 Ser and estar

### 23.1

1. es, 2. son, 3. es, 4. fue, 5. es, 6. están, 7. está, 8. es, 9. es, 10. estamos, 11. soy, estoy, 12. fue, 13. estate, 14. sed, 15. está, 16. está, 17. fue, 18. está, 19. esté, 20. están.

### 23.2

1. hay, hay, está, 2. está, hay, hay, estará, 3. están, hay, 4. hay, hay, están, 5. está, hay.

### 23.3

1. las, 2. lo, 3. los, 4. las, 5. lo, 6. las, 7. lo, 8. lo.

### 23.4

| ser | estar | both |
|---|---|---|
| caro/barato, claro/oscuro, soleado/sombrío, alegre/triste, grande, enorme/pequeño, nuevo/viejo, espacioso, amplio/angustioso, claustrofóbico antiguo/moderno, de nueva construcción, de protección oficial/de lujo | bien/mal comunicado, orientado al sur/norte poco/muy estropeado, poco usado, cerca/lejos del metro, amueblado/sin amueblar en una zona peatonal/en una calle de mucho tráfico recién pintado/sin pintar muy cuidado/poco cuidado | céntrico/alejado |

| ser | estar | both |
|---|---|---|
| frío/caliente | mugriento/reluciente | |
| | renovado/sin renovar | |
| | bien/mal distribuído/ | |
| | diseñado | |

If instead of saying *el piso es . . .* one says *es un piso . . .* all of them could be used, e.g. *Es un piso sin amueblar, recién pintado,* etc.

## 23.5

1. están (now), 2. estar, 3. son, 4. es, 5. es, 6. está, 7. están, 8. están, 9. son, 10. es, 11. somos, 12. está, 13. están, 14. es, 15. es, 16. están, 17. está, 18. están, 19. es, 20. son.

## 23.6

estará, estás, es, está.

## 23.7

1. estás, 2. está, 3. sea, 4. estoy, 5. Es, 6. Es, 7. estar, 8. ser, 9. estamos, 10. sea, 11. está, 12. está, 13. está, 14. estamos, 15. ser, 16. están/son, 17. es, 18. está, 19. Soy, 20. están, 21. estar, 22. está, 23. está, 23. está, 24. está, 25. es, 26. estaba, 27. será, 28. soy, 29. son/están, 30. es.

## 23.8

1. están, 2. fue, 3. son, son, 4. es, 5. es, 6. estuvieron, 7. Está, 8. son, 9. es, 10. son, están, 11. es, Es, Estás, Es, Era, 12. Es, es, es.

## 23.9

1. es, está, 2. está, 3. está, 4. estuvo, 5. es, 6. está, 7. es, 8. está.

## 23.10

1. es, 2. estado, es, 3. está, ser, 4. está, es, 5. fueron, 6. es, estoy/es.

## 23.11

1. Life is difficult (as a general truth).
   Life is difficult (at the moment).
2. That's how things are (generally).
   That's how things are (at the moment).
3. It's autumn.
   It's autumn now (that's the season we're in at the moment).
4. This is confusing.
   He is confused.
5. How tall he's grown (the speaker has noticed a change)!
   How tall he is (objective description)!
6. How boring you are!
   How bored you are!
7. There were five of us at home (five members of the family lived at home).

There were five people in the house (not necessarily the usual ones).
8. This exercise is perfect (for the purpose).
   This exercise is correct.
9. He's in Cartagena de Indias.
   It is held (e.g. a meeting) in Cartagena de Indias.
10. How clean he is (by nature)!
    How clean it looks (just now)!

## 23.12

Here are some possible answers:

1. Hay que ver lo antipático que está.
2. Hay que ver lo joven/ágil que está.
3. Hay que ver lo calvo que está.
4. Hay que ver lo mala/asquerosa que está.
5. Hay que ver lo oscuro que está.
6. Hay que ver lo nuevo/limpio que está.
7. Hay que ver lo barato que está.
8. Hay que ver lo fácil que está
9. Hay que ver lo torpe que estoy.
10. Hay que ver lo aburridas que están.

# 24  Adverbs

## 24.1

1. rigurosamente, 2. rápidamente, 3. terminantemente, 4. cuidadosamente, 5. prácticamente, 6. fácilmente, 7. económicamente, 8. inconscientemente, 9. nuevamente, 10. cortésmente.

## 24.2

*There are many possibilities; here are some suggestions.*

honesta y abiertamente (1.-f.)
firme pero cortésmente (4.-b.)
tanto cultural como socialmente (9.-e.)
rápida y económicamente (2.-c.)
lenta pero cuidadosamente (7.-d.)
ni lógica ni estéticamente (10.-h.)
dulce y armoniosamente (6.-a.)
tanto literal como figuradamente (3.-i.)
tanto mental como físicamente (5.-g.)
feliz y tranquilamente (8.-j.)

## 24.3

*There are other possibilities besides the ones given here.*

1. . . . disparaba a ciegas . . ., 2. . . . hechas a mano, 3. . . . se amaban con locura /como locos, 4. . . . evacuar muy rápido/deprisa, 5. Contestó muy de mal humor . . ., 6. Levantó el jarrón con mucho cuidado/Tuvo mucho cuidado en levantar el jarrón, 7. Por desgracia . . ., 8. . . . ataviado de modo espectacular, 9. . . . reducida en años recientes, 10. . . . constituye en la actualidad . . . .

**24.4**

1. aquí, ahí, 2. allí/allá, 3. acá/aquí, 4. ahí, 5. allá, 6. allí/allá, aquí, 7. ahí, 8. ahí, allí, 9. aquí, 10. allá, 11. ahí, 12, ahí, 13. acá, 14. allí, 15. ahí.

**24.5**

1. aún, 2. aun, 3. aún, 4. aún, 5. aún, 6. aún, 7. aun, 8. aún, 9. aun, 10. aun.

**24.6**

1. debajo de (LA abajo de), 2. abajo, 3. abajo, 4. abajo, 5. bajo, 6. abajo, 7. bajo, 8. bajo, 9. debajo de (LA abajo de), 10. abajo.

**24.7**

1. entonces, 2. entonces, 3. luego, 4. entonces, 5. luego, 6. entonces, 7. luego, 8. luego, 9. entonces, 10. luego.

**24.8**

1. detrás (de) (LA atrás (de)), 2. tras, 3. atrás, 4. tras, 5. detrás, 6. atrás, 7. atrás, 8. tras, 9. detrás (de) (LA atrás (de)), 10. atrás.

**24.9**

1. 'No,' the parish priest of Mira said to me, not without a certain irritation, 'I never knew your great-grandfather.'
2. 'But, as I've already told you,' he continued in his grave whispering way, 'I did know Don Armando.'
3. The story now had a life of its own and I didn't count for anything.
4. 'Only for a moment, believe me; we've got business to finish.'
   'Yes, you've always got business to finish.'
5. Dad said that the old man had got out of his coffin - figuratively speaking, you understand.
6. I turned round to Grandma but she was no longer there.
7. As far as I was concerned those two idiots could go wherever they liked.
8. Hey, open up at once, hurry!
9. OK, I've insulted him enough.
10. You should know that Marina is a woman now.

**24.10**

*The adverbial phrase will normally follow the verb, e.g., for 1.-h.,* Puedo recitar de memoria las coplas de Jorge Manrique.

1.-h., 2.-j., 3.-g., 4.-i., 5.-a., 6.-c., 7.-d., 8.-f., 9.-e., 10.-b.

# 25 Expressions of time

**25.1**

(In LA the *llevar* construction is little used, *tener* being sometimes used instead.)

1. Estudio el hebreo desde hace siete meses/Llevo siete meses estudiando el hebreo/Hace siete meses que estudio el hebreo.
2. Llevábamos dos años en Lima cuando se marchó mi mujer.

3. Somos amigos desde 1978.
4. No hay guerra desde hace cinco años/Llevamos cinco años sin guerra/Hace cinco años que no hay guerra.
5. La nueva comisión . . . se estableció hace un año/Hace un año que existe la nueva comisión . . ./Existe la nueva comisión . . . desde hace un año/La nueva comisión . . . lleva un año de existencia.
6. Me di cuenta de que hacía tres años que no le visitaba/. . . de que no le visitaba desde hacía tres años/. . . de que llevaba tres años sin visitarle/. . . de que llevaba tres años que no le visitaba.
7. Mañana hará 25 años que estamos casados/Mañana llevaremos 25 años de casados/Mañana estaremos casados desde hace 25 años.
8. No te he visto/veo desde hace dos años/Hace dos años que no te he visto/veo/Llevo dos años sin verte/Llevo dos años que no te he visto/veo.
9. Llevaba un año en la empresa/Hacía un año que estaba en la empresa/Estaba en la empresa desde hacía un año cuando fue nombrado vicepresidente.
10. Me dijo que pintaba desde marzo pasado/Me dijo que llevaba pintando desde marzo pasado.

## 25.2

1. Hace dieciséis años que no veo a mi hermano *or* Llevo dieciséis años sin ver a mi hermano/que no veo a mi hermano *or* No veo a mi hermano desde hace dieciséis años.
2. Espera aquí cinco minutos, luego llama a la policía.
3. Mi tía viene a pasar algunos días con nosotros por Navidad *or* Mi tía viene a estar con nosotros algunos días . . . *or* Mi tía viene para algunos días por Navidad.
4. Fui/Estuve de profesor(a) en aquel colegio durante diez años.
5. Aquí hay una catedral desde hace siglos/Aquí hace siglos que hay una catedral.
6. ¿Tiene comida suficiente para la semana que viene?
7. Llevamos cuarenta años casados.
8. Llevan semanas sin salir de compras/que no salen de compras *or* Hace semanas que no salen de compras *or* No salen de compras desde hace semanas.
9. Durante muchos años creí que era mejicano/mexicano.
10. ¿Le gustaría sentarse unos minutos?

## 25.3

1. ¿Qué has estado haciendo desde que te vi la última vez/desde la última vez que te vi?
2. Las puertas están abiertas desde las cinco.
3. ¿Cuántas veces has vuelto a Grecia desde la guerra?
4. El viejo dijo que había cantado en el festival desde su juventud.
5. ¿Desde cuándo sabes que Mario pensaba dimitir?
6. Había una dictadura en aquel país desde principios del siglo.
7. Estamos esperando aquí desde esta mañana.
8. Soy zurdo/a desde niño/a.
9. Dijo que no había visto a su hermano desde que los soldados se lo llevaron.
10. Mi tía no ha parado de hablar desde que llegó/desde que ha llegado.
11. Ya hace diez minutos que se fue.
12. Ésta es la peor catástrofe nacional desde las inundaciones de 1963.
13. Desde entonces nadie osa decir lo que realmente piensa.
14. Desde que te tocó la lotería te comportas de manera insoportable.
15. Declararon que se conocieron hacía cincuenta años conocían/que se conocieron *or* Habían pasado cincuenta años desde que se conocieron.

**25.4**

1. Hace veinte años los precios eran mucho más bajos.
2. ¿Cuántos años hace que murió Cervantes?
3. El jueves próximo hará diez años ya que se casó mi hija.
4. Mamá dijo que había sido secretaria hacía años.
5. ¿Oíste/Has oído llamar a la puerta hace un ratito?
6. ¿Dónde estabas hace cinco años con el día de ayer/el día de ayer hace cinco años?
7. Ya en los años 60 las mujeres llevaban pantalón.
8. No hace mucho tiempo que decías lo contrario.
9. Vi/he visto las noticias en la tele hace sólo unos minutos.
10. Ya hará treinta años que escuché esa canción por primera vez.

**25.5**

1. dentro de, 2. en, 3. dentro de, 4. en, 5. dentro de, 6. en (if this means, as is more likely, that they would take half an hour to clean it), 7. en, 8. dentro de, 9. en, 10. dentro de.

**25.6**

Many possibilities: pay attention to the following syntactic constructions: *acabar de* + infinitive, *acabar* + gerund, *acabar* and *terminar por* + infinitive, *continuar* + gerund, *seguir* + gerund or adjective, *soler* + infinitive, *tardar en* + infinitive. *volver a* + infinitive.

# 26  Conjunctions

**26.1**

1. sino, 2. si no, 3. pero, 4. sino, 5. sino, 6. si no, 7. sino, 8. pero, 9. pero, 10. si no, 11. pero, 12. pero, 13. Si no, 14. si no, 15. sino.

**26.2**

1. No es a ti, sino a tu hermano, a quien quiero ver.
2. No quiero que me hagas el trabajo, sino que me ayudes.
3. No vengo de visita, sino que quiero pedirte un favor.
4. No nos dijo que fuéramos el lunes, sino el jueves.
5. No dijo que fuéramos el lunes, sino que llamáramos el lunes.
6. No compraron una casa, sino un piso.
7. No compraron una casa, sino que vendieron la que tenían.
8. No fue Pepe quien me avisó, sino Toni.
9. Pepe no me llamó, sino que me envió un recado con Toni.
10. No han sido dos, (sino cinco), las veces que te has equivocado, sino cinco.

**26.3**

1. u, e, 2. e, ni, 3. o, o, u, 4. e, y, e, 5. o, y, o, 6. ni, ni, 7. e, y, 8. e, y.

**26.4**

1. de que, 2. de que, 3. de que, 4. que, qué, 5. de que, 6. que, 7. que, 8. que, 9. que, de que, 10. que, de que, 11. de que, 12. de que, que, 13. de que, de que, 14. de que, que, 15. de que, 16. de que, que.

## 26.5

1, 3 and 6 are all incorrect (examples of *dequeísmo*). Use *que* here, **not** *de que*.

## 26.6

1. porque, 2. por qué, 3. porque, 4. el porqué, 5. por qué, 6. porque, porque, 7. por qué, 8. porque.

## 26.7

1. **Como** es muy simpática tiene muchos amigos.
   Tiene muchos amigos **porque** es muy simpática.
   Es muy simpática, **así que** tiene muchos amigos.
2. **Como** hace mucho frío no vamos a salir hoy.
   No vamos a salir hoy **porque** hace mucho frío.
   Hace mucho frío, **así que** no vamos a salir hoy.
3. **Como** no ponemos la tele no nos enteramos de las noticias.
   No nos enteramos de las noticias **porque** no ponemos la tele.
   No ponemos la tele, **así que** no nos enteramos de las noticias.
4. **Como** se me ha acabado el detergente no puedo poner la lavadora.
   No puedo poner la lavadora **porque** se me ha acabado el detergente.
   Se me ha acabado el detergente, **así que** no puedo poner la lavadora.
5. **Como** se nos ha roto la calefacción nos vamos a congelar en casa.
   Nos vamos a congelar en casa **porque** se nos ha roto la calefacción.
   Se nos ha roto la calefacción, **así que** nos vamos a congelar en casa.
6. **Como** no tenía vehículo propio siempre iba a pie.
   Siempre iba a pie **porque** no tenía vehículo propio.
   No tenía vehículo propio, **así que** siempre iba a pie.
7. **Como** sólo hablan su propio idioma no les apetece viajar al extranjero.
   No les apetece viajar al extranjero **porque** sólo hablan su propio idioma.
   Sólo hablan su propio idioma, **así que** no les apetece viajar al extranjero.
8. **Como** conducía como un loco le retiraron el carnet de conducir.
   Le retiraron el carnet de conducir **porque** conducía como un loco.
   Conducía como un loco, **así que** le retiraron el carnet de conducir.
9. **Como** tiene úlcera de estómago el doctor le ha puesto a dieta.
   El doctor le ha puesto a dieta **porque** tiene úlcera de estómago.
   Tiene úlcera de estómago, **así que** el doctor le ha puesto a dieta.
10. **Como** las máquinas hacen el trabajo sobra la mano de obra.
    Sobra la mano de obra **porque** las máquinas hacen el trabajo.
    Las máquinas hacen el trabajo, **así que** sobra la mano de obra.

## 26.8

Open exercise. Some examples are:

Le dolían muchísimo las muelas, **así que se tomó un calmante.**
Su padre es diplomático, **de tal forma que se pasan la vida en el extranjero.**
Está en el paro, **de manera que no puede permitirse grandes lujos.** etc.

## 26.9

### A

1. Aunque/por más que nos matemos a trabajar, aquí nadie nos lo agradece.
2. Aunque/a pesar de que no ve/vea muy claro lo del nuevo trabajo, Javier va a firmar el contrato.

3. Aunque llevan/lleven años luchando por sus derechos, no hay manera de conseguirlos. (Por más años que llevan/lleven luchando, no hay manera de conseguirlos.)
4. Aunque/por muy duro que me resulte hacerlo, sé que es muy importante para mí.
5. Aunque/a pesar de que el médico se niega/niegue, él piensa ir a trabajar.
6. Aunque/por mucho que el periódico cuente que la economía está boyante, eso no hay quién se lo crea.
7. Aunque les hemos advertido varias veces que no metan ruido, ellos no hacen caso.
8. Aunque no tenga la más mínima posibilidad de conseguir ese puesto, mi hermano lo va a solicitar.
9. Aunque no nos apetezca nada ir a trabajar, no nos queda más remedio.
10. Por más vueltas que le doy al tema, no le veo la solución.

**B**

2. Javier va a firmar el contrato, y eso que no ve muy claro lo del nuevo trabajo.
5. El piensa ir a trabajar mañana mismo, y eso que el médico se niega a darle el alta.
7. Ellos no hacen caso, y eso que les hemos advertido varias veces que no hagan ruido.

## 26.10

All these conditional structures except *de* + infinitive take the verb in the subjunctive.

1. Con tal de que/A condición de que/Siempre que la firmen todos los vecinos . . .
2. Como sigan mimando al niño de este modo . . .
3. Con tal de que/A condición de que/Contando con que/Siempre y cuando me lo devuelvas . . .
4. Como siga/De seguir este tiempo . . .
5. Siempre que/Con tal de que/A condición de que hagamos . . .
6. Con tal de que /A condición de que/Mientras no moleste . . .
7. Mientras/Con que/Con tal de que haya . . .
8. Como se pierda la carta.../De perderse la carta . . .
9. Con tal de que/Mientras/Con que se lo recuerdes . . .
10. Como sea verdad . . ./De ser verdad . . .

## 26.11

1. Dame la mano para que no me caiga.
2. Pon otra manta en la cama para que no te resfríes.
3. Haced publicidad de la conferencia para que vaya gente/alguien.
4. Vamos a pedir un taxi para que no tenga que llevarnos mi hermano.
5. Hay que echar gente a la calle para que sobreviva la empresa.
6. Bajad el volumen de la música para que no se quejen los vecinos.
7. Van a mejorar el transporte público para que no se quejen los usuarios.
8. Me pasé la tarde con mi abuela para que no se sintiera sola.
9. Hay que ponerle antibióticos para que no siga subiendo la fiebre.
10. Voy a hacer de canguro para mis hermanos esta noche para que vayan al cine.

## 26.12

1. antes de que, 2. una vez que, 3. tan pronto como/en cuanto, 4. mientras, 5. hasta que, 6. conforme/a medida que, 7. cada vez que/siempre que, 8. después de que, 9. cuando, 10. a la vez que/al mismo tiempo que.

# 27 Prepositions

### 27.1

2. a mi secretaria, 4. a un albañil, 5. a este monstruo de perro, 6. a las enfermeras más que a los médicos, 8. a un preso, 9. a sus hijos.

### 27.2

2. a mi madre más que a nadie, 4. no encuentro las tijeras (without *a*), 8. a sus amigos que a sus propios padres, 9. esperan la llegada, 10. a los Reyes Magos, 11. como a una pobre mujer, 12. visitar a la abuela, 13, el museo, 15, al taxista.

### 27.3

It is necessary in all cases except in numbers 2 and 5.

### 27.4

1. a la que/que, 2. a quienes/a los que, 3. al que/a quien, 4. a los que/a quienes/que, 5. a la que/a quien/que, 6. a quien/que.

### 27.5

1. a, 2. en, 3. a, 4. al, 5. a, 6. a, 7. en, 8. a, 9.a, 10. en, 11. a, 12. en, 13. a, 14. en, 15. a, 16. a, 17. en, 18. a, 19. al, 20. al, 21. a, 22. en, 23. en, 24. en, 25. al, 26. en, 27. en, 28. a, 29. a, 30. a, 31. a, 32. a, 33. a.

### 27.6

1. a la plancha, en su punto, 2. a favor, en contra, 3. en proyecto, a punto, 4. a golpes, en exclusiva, 5. a dieta, enseguida, 6. al hombro, en voz baja, 7. en serio, a mano, 8. en efecto, a plazos.

### 27.7

1. desde, de, 2. desde, de, 3. de, de, 4. desde, de, 5. de, desde, 6. desde, del, 7. desde/de, desde, 8. desde, 9. de, de, 10. desde.

### 27.8

1. para, por, 2. por, para, 3. por, para, 4. para, por, 5. por, para, 6. para, por, 7. para, para, por, 8. por, para, 9. por, para, 10. por, para, 11. para, por, 12. por, para, 13. por, para. 14. por, 15. para.

### 27.9

1. por, para, 2. por, por, 3. por, por, 4. por, para/por, 5. para, 6. por, 7. por, por, 8. por, por, 9. por, por, por, 10. por, por, 11. por, por, por, 12. por, 13. para, 14. para, 15. para, 16. para, 17. para, 18. por. 19. para, por, 20. por, para.

### 27.10

1. para colmo, 2. por si acaso/por si las moscas, por poco, 3. por cierto, por lo menos, 4. por fin, por si las moscas/por si acaso.

**27.11**

1. por, 2. por, 3. para, 4. por, 5. por, 6. para, 7. por, 8. por, 9. por, 10. por, 11. por, 12. para, 13. por, 14. por, 15. por, 16. por, 17. por, 18. por, 19. por, 20. por.

**27.12**

1. por, 2. por, 3. por, 4. por, 5. para, 6. para, para, 7. para, 8. por, 9. para, 10. por, por, 11. por, para, 12. por, por, 13. por, 14. por, 15. para, 16. para, 17. para, 18. para, 19. por, 20. por, 21. para, 22. por, 23. por, para, 24. para, 25. por.

**27.13**

1. ante, 2. ante, 3. ante, 4. delante de, 5. delante de, 6. delante, 7. ante, 8. delante del, 9. ante, 10. delante de.

**27.14**

1. bajo, 2. bajo, 3. debajo de, 4. debajo de, 5. bajo, 6. debajo del, 7. bajo, 8. bajo. 9.bajo, 10. debajo.

**27.15**

1. después de, 2. detrás del, 3. detrás de, 5. después de, 6. detrás del.
In 4, *tras* is the only possibility.

# 28 Relative pronouns and nominalizers

**28.1**

1. ¿Ves el banco en el que está sentada?
2. Aquí tiene un mapa que muestra los principales sitios de interés.
3. Vino el hombre que conocimos ayer en el supermercado.
4. Ese es el paquete que me llevo.
5. Ésta es la piragua en la que bajamos el Amazonas.
6. Acaban de mudarse de casa los amigos con quienes fuimos el año pasado a Lanzarote.
7. La señora que agita el pañuelo es mi madre.
8. Éste es el tronco en el que grabaste nuestras iniciales.
9. ¿Es Enrique el hombre con el que quieres casarte?
10. La sinceridad es una de las virtudes a las que debes aferrarte.

**28.2**

1. que, 2. la que, 3. que, 4. que, 5. (d)el que, 6. que, 7. los que.

**28.3**

The most obvious possibilities are given.

1. Finalmente encontré el anillo que había estado buscando. (restrictive)
2. Esta novela, que/la cual se llama *Hombres de maíz*, me ha gustado muchísimo. (non-restrictive)
   Esta novela, que/la cual me ha gustado muchísimo, se llama *Hombres de maíz*. (non-restrictive)

3. El Escorial, donde/en el cual están enterrados los reyes de España, fue construido por Felipe II. (non-restrictive)
   Los reyes de España están enterrados en El Escorial, que/el cual fue construido por Felipe II. (non-restrictive)
4. ¿Cuál es la casa que tiene un aldabón en forma de pelícano? (restrictive)
5. Balbuceó unas palabras en aymará, que/las cuales no entendí. (non-restrictive)
   No entendí las palabras que balbuceó en aymará. (restrictive)
6. Se detuvo ante el escaparate, en el que/cual había juguetes. (non-restrictive)
   Había juguetes en el escaparate ante el que/cual se detuvo. (restrictive)
7. Manuel de Falla, cuya música me encanta, nació en Cádiz. (non-restrictive)
   Me gusta mucho la música de Manuel de Falla, que/quien nació en Cádiz. (non-restrictive)
8. Vi muchos carteles que anunciaban un circo ruso. (restrictive)
   Muchos carteles que vi anunciaban un circo ruso. (restrictive)
9. Hojeaba las páginas de una revista femenina, entre las que/cuales encontró un billete de cincuenta pesos. (non-restrictive)
   Hojeaba una revista femenina, entre cuyas páginas encontró un billete de cincuenta pesos. (non-restrictive)
   Entre las páginas de una revista femenina que hojeaba encontró un billete de cincuenta pesos. (restrictive)
10. ¿Cuántos años tendrá el joven actor que conocimos anoche? (restrictive)

## 28.4

1. (el) que/el cual, 2. (el) que/el cual, 3. quien/al que, 4. la que, 5. los que/cuales, 6. quien, 7. la que/cual, 8. (la) que, 9. la que (spatial location), 10. [de]l que (de = 'from').

## 28.5

1. lo que/cual, 2. lo que/cual, 3. el que, 4. lo que, 5. lo que, 6. lo que/cual, 7. lo que, 8. el que, 9. lo que, 10. los que/cuales.

## 28.6

1. donde, 2. como, 3. cuando, 4. donde, 5. adonde/hacia donde, 6. (en) donde, 7. cuando, 8. de donde, 9. como, 10. cuando.

## 28.7

1. Los de Barcelona hablaban catalán.
2. ¿Qué lápices prefieres? ¿Los rojos o los verdes?
3. Mi bicicleta es más grande que la de mi hermana.
4. Esos zapatos son los que me probé.
5. El misterio del *Marie Celeste* es el que siempre cuentan los marineros. (Note: a construction must be found involving *el de* or *el que*; *\*el de que* is impossible.)
6. Los bares que visitamos anoche son los más típicos/Los que visitamos anoche son los bares más típicos.
7. Congelaron todos los sueldos, incluso los de las enfermeras.
8. Su queja es la de siempre.
9. El/la culpable eres tú.
10. Este pájaro tiene el pico como el de un pato.

**28.8**

Some ideas to capture the force of *lo de* in English are given.

1. When you mentioned the word clubs . . .
2. This question of transplants is the least important thing . . .
3. . . . this following fashion isn't a very good idea . . .
4. . . . what really counts is how you are on the inside.
5. . . . this business of the intensive working day.
6. That children's programme thing that was on yesterday . . .
7. . . . I liked singing a lot (and everything to do with it).
8. . . . it's the same old story . . .
9. The problem about poverty is that it's a vicious circle . . .
10. But is this Palaeography stuff very complicated?
11. . . . getting next day's business ready.
12. . . . they enjoy this football thing.

# 29 Cleft sentences

**29.1**

1. Fue a su hermano a quien/al que se lo dio/A quien/al que se lo dio fue a su hermano.
2. Es por la tarde cuando Luis piensa ir a visitarles/Cuando Luis piensa ir a visitarles es por la tarde.
3. Es comiendo golosinas como uno se engorda muchísimo/Como uno se engorda muchísimo es comiendo golosinas.
4. Es cancelar la hipoteca lo que me interesa más que nada/Lo que me interesa más que nada es cancelar la hipoteca.
5. Es sólo a base de cometer errores como se aprende/Como se aprende es sólo a base de cometer errores.
6. Fueron Carmen y Antonio quienes/los que se separaron al cabo de cinco años/Quienes/Los que se separaron al cabo de cinco años fueron Carmen y Antonio.
7. Es con el abogado con quien habrá que tratar este asunto/Con quien habrá que tratar este asunto es con el abogado.
8. Es la mentalidad de la gente lo que hay que cambiar/Lo que hay que cambiar es la mentalidad de la gente.
9. Era/es precisamente de eso de lo que te quería hablar/De lo que te quería hablar era/es precisamente de eso.
10. Es para mi madre para quien/la que quisiera un frasco de perfume/Para quien/la que quisiera un frasco de perfume es para mi madre.

**29.2**

1. lo que, 2. las que, 3. lo que, 4. los que *implies the tall ones as opposed to the other sort;* lo que *would imply glasses as opposed to anything else,* 5. lo que; (la que *would imply television violence as opposed to any other kind),* 6. lo que, 7. el que, 8. lo que, 9. la que *(Alicia's suggestion as opposed to anyone else's),* 10. lo que.

**29.3**

*This is a mechanical exercise, but remember to put the verbs in the right tenses. We give the second possibility for each sentence.*

1. Es por eso por lo que voy a leer . . .
2. Es por eso por lo que tengo que ir . . .

3. Fue por eso por lo que fui . . .
4. Era por eso por lo que estábamos . . .
5. Fue por eso por lo que quedó . . .
6. Es por eso por lo que no puedes . . .
7. Era por eso por lo que no me gustaban . . .
8. Ha sido/Es por eso por lo que nos ha resultado . . .
9. Es por eso por lo que siempre vamos . . .
10. Es por eso por lo que no me oyes.

## 29.4

1. sabían, 2. queréis, 3. ganamos, 4. dirija(s), 5. cobramos, 6. estoy/está, 7. ves/ve, 8. tiene, 9. deben/debían/deberán /debieran, 10. tendríamos.

# 30  Word order

## 30.1

1. Ésta es la ventana por la que entró el ladrón.
2. Ha aparecido la bicicleta que se llevaron ayer.
3. Entró en el bar un hombre a quien le faltaba una pierna.
4. Este portavoz que tienen los sindicatos es inútil.
5. Las flores que Antonio me regaló están marchitas.
6. Ha llamado el señor que nos trajo los muebles.
7. El coche en el que el Rey viaja está blindado.
8. Me gusta ese futbolista al que el árbitro sancionó.
9. Ha llegado un fax que confirma los resultados.
10. De repente apareció mi padre, que estaba furioso por lo sucedido.

## 30.2

### A

1. ¿Quién es Aitor?
2. ¿Con quién vive?
3. ¿Dónde vive su hermana?
4. ¿Cuánto mide/cómo es de alto/qué altura tiene?
5. ¿Cómo lleva el pelo?
6. ¿De qué marca lleva los vaqueros?
7. ¿Cuáles son sus pasatiempos favoritos?
8. ¿Qué es lo que más le gusta?
9. ¿Desde cuándo tiene esa pasión?
10. ¿Qué tipo de bici le regalaron sus padres?

### B

The word order does not change in indirect questions in Spanish. Remove the question marks and add the sentences to the beginnings given: *no sé, no tengo ni idea*, and *me pregunto*.

## 30.3

1. ¡Qué inteligente es esa chica!
2. ¡Cómo me molesta que me observen!
3. ¡Qué cantidad de gente!

4.  ¡Cómo canta esa soprano!
5.  ¡Qué cantidad de problemas tengo!
6.  ¡Cómo te mira ese señor!
7.  ¡Qué deliciosa está esta comida!
8.  ¡Cómo habla mi madre!
9.  ¡Qué cara está la vida en este país!
10. ¡Cómo me gusta el cine!
11. ¡Qué daño me hacen los zapatos!
12. ¡Cómo toca la flauta mi hermano!

## 30.4

1.-a, 2.-b, 3.-c, 4.-b, 5.-a.

## 30.5

Unlike in English, in Spanish it is possible to place the adverbs between verb and object (1-8). In 9 and 10, while in English the normal order is adverb of place followed of adverb of time, Spanish admits either order.

1.  Pagué inmediatamente la cuenta/pagué la cuenta inmediatamente.
2.  Habla perfectamente el japonés/habla el japonés perfectamente.
3.  Mejor será que abramos en seguida el paquete/abramos el paquete enseguida.
4.  Conoce perfectamente a todos/conoce a todos perfectamente.
5.  Bate con cuidado los huevos/bate los huevos con cuidado.
6.  Esta muchacha juega al tenis estupendamente/juega estupendamente al tenis.
7.  Cantó la canción lentamente/cantó lentamente la canción.
8.  Tomé en enero la decisión/tomé la decisión en enero.
9.  Fuimos ayer a Londres/fuimos a Londres ayer.
10. Estuvo la semana pasada en casa de su hermana/ estuvo en casa de su hermana la semana pasada.

## 30.6

1.  con el que se abren y cierran puertas.
2.  en el que se guarda el dinero.
3.  con el que se adereza la ensalada.
4.  en el que se sienta uno.
5.  en la que se encierra a los delincuentes y criminales.
6.  con lo que se juega al fútbol.
7.  al que se lleva a los enfermos.
8.  por lo que la gente se vuelve loca.

## 30.7

In all these sentences some 'set phrases' (B&B 37.3) have been broken up: *llevar a cabo* in 1; *darse cuenta* in 2; *tener que*+infinitive in 3; *ir a*+infinitive in 4; *hacer público* in 5.

# 31  Affective suffixes

## 31.1

These are the most commonly used:

mujercita/mujercilla/mujerucha, calorcito/calorcillo, florecita/florecilla, arbolito/arbolillo/arbolucho, farolito/farolillo, solecito/solecillo, ratoncito/ratoncillo, baloncito/baloncillo trenecito/trenecillo/trenucho.

garbancito/garbancillo, cabecita/cabecilla/cabezucha, mosquita, barquito/barquillo?[1]/barquichuelo, siestecita/siestecilla, piedrecita/piedrecilla, botellita/botellín[2], callecita/callejuela, fierecita/fierecilla, cafecito/cafetín, tecito, piececito/piececillo.

mayorcito, pequeñito/pequeñín, grandecito/grandecillo, buenecito/buenecillo, malito/malillo, blanquito, marroncito, facilito.

[1] barquillo is a word in its own right with the meaning of 'wafer'.
[2] botellín also has the specific meaning of 'small bottle of beer'.

## 31.2

a.  *bonito* = 'pretty' (adjective) and 'tuna' (noun), *periquito* = 'budgerigar'.
b.  *carretilla* = 'wheelbarrow', *mantequilla* = 'butter', *mirilla* = 'peephole'.
c.  *cerámica* = 'pottery, ceramics', *barrica* is both a diminutive of *barra* and a word for a cask.
d.  *ladrillo* = 'brick', *membrillo* = 'quince', *barquillo* (see **30.1** above), *amarillo* = 'yellow'.
e.  *metete* = 'busybody', *periquete* =. 'expression' (familiar): *en un periquete* = 'in a tick'.
f.  *pepita* = 'pip', *favorita* = 'favourite'.
g.  *figurín* = 'fashion plate, model', *bailarín* = 'professional dancer', *bombín* = 'bowler hat' (in parts of LA, it is the word for a bicycle pump).

## 31.3

*Caperucita Roja, Pulgarcito, Blancanieves y los siete enanitos* (in Mexico, *los enanos*), *El Soldadito de plomo*.

## 31.4

| | | |
|---|---|---|
| botellaza/botellazo[2] | calorazo | buenón/buenazo |
| cabezón/cabezota/cabezudo[1]/cabezazo[2] | camionazo | fuertote/fortachón |
| carpetón/carpetazo[2] | jardinazo | grandote/grandulón |
| casaza/casona/caserón | ojazo | pobretón |
| copazo/copón | pisazo | ricachón |
| garrafón | problemón | tontorrón |
| manaza/manotazo[2] | vasazo | |
| mesaza | | |
| mochilón/mochilaza | | |
| puertaza/portón | | |
| rodillaza/rodillazo[2] | | |

[1] *Cabezón, cabezota* and *cabezudo* are more often used in the sense of 'stubborn, pig-headed'.
[2] See ex. 31.5.

## 31.5

1. portazo, 2. cabezazo, 3. botellazo, 4. puñetazos y rodillazos, 5. golpazo, 6. manotazos, 7. codazos, 8. carpetazo.

## 31.6

With the exception of *carota* and *palabrota* these are new words that emerged in the late seventies in Spain associated with youth culture. They are now firmly established – even grannies use them.

*Carota* = 'cheeky, cool'. *Pasota* = 'someone who doesn't give a damn about anything' (compare with the LA word *quemimportismo* modelled on French *jemanfoutisme*). *Drogota* = 'junkie'. *Bocata* = *bocadillo* = 'sandwich' (*bocaterías* are now seen everwhere in Spain). *Palabrota* = 'swearword'. *Litrona* = 'a litre bottle of beer (that youths buy in supermarkets and share with one another)'. *Cubata* = *cubalibre* = 'rum/gin with coke'.

## 31.7

1.   b. solterón, c. narigón, zapatón, d. chicote, machote, papelote, e. golpazo, choquetazo
2.   a. empujón, camisón, b. estirón, tropezón, c. cinturón, cordón, cajón, e. arañazo
3.   a. camión, balcón, corazón, b. emoción, melón, d. coyote, pote, e. brazo, plazo

## 31.8

1. felpudo, 2. plumazo, 3. pelmazo, 4. peludo, 5. orejudo, 6. barbudo, 7. panzudo, 8. cabronazo, 9. cornudo, 10. pestazo.

# 32  Spelling and pronunciation

## 32.1

Con sólo 18 años se ha erigido en estrella del flamenco. Su primer disco, *Entre dos puertos*, le ha bastado para conseguirlo. Pero Niña Pastori no es una principiante, cuenta con varios premios de cante flamenco. «Empecé a cantar con 8 años», descubre. A esta edad conoció a Camarón quien la presentó en público. «Él era conocido de mi padre y mi tío —comenta la joven cantante—. Me vio actuar en San Fernando y quiso presentarme al público en un gran teatro». La oportunidad surgió a los 10 años, en el Teatro Andalucía de Cádiz: «Entonces no me di cuenta de lo que significaba. Ahora sé lo que fue aquello. Camarón es el mejor, y yo estuve con él, encima de un escenario».

A esa edad aún se tomaba esto como un juego. Cuatro años más tarde decidió dedicarse al cante, «era lo que más me gustaba». Segura de sí misma, Niña Pastori tiene muy claro lo que quiere: «Ser la número uno en el flamenco. Voy a luchar por ello». Sabe que en este mundo resulta difícil entrar pero no se amedranta. «Hoy, las grandes casas de discos se lo piensan mucho antes de contratar a un flamenco, vende más Alejandro Sanz o El Último de la Fila —afirma—. Además hay mucha gente joven que se dedica a esto, y son unos fenómenos».

María Rosa, su verdadero nombre, es la menor y única chica de cinco hermanos. Se educó en el cante gracias a su madre, la cantante Pastori, y a ella también debe su otro nombre, «desde chica todos me conocían como la niña de Pastori».

Y así se quedó. Su profesionalidad salta a la vista. Desprende frescura y simpatía a raudales, cualidades que facilitan su contacto con el público. Sabe qué tiene que hacer para meterse a la gente en el bolsillo. Pero el público no es el único que sucumbe ante su cante y desparpajo, Paco Ortega lo hizo nada más verla. La conoció a finales de 1993 y enseguida se puso a trabajar en el proyecto del disco, «él me presentó a Alejandro Sanz y firmamos el contrato». Ambos producen el disco, bajo la dirección de Ortega.

## 32.2

*Brief notes only are given here.*

1.   continuo *'continuous'* / continuó *'(s)he continued'*

2. aun *'even'*/aún *'still'*
3. venia *'permission'*/venía *'(s)he was coming'*
4. canto *'I sing'*, *'song'* or *'edge'*/cantó *'(s)he sang'*
5. si *'if'*/sí *'himself, herself, itself'* or *'yes'*
6. práctica *'practice' (noun)*/practica *'(s)he practises'*
7. sabia *'wise' (f.)*/sabía *'(s)he knew'*
8. cítara *'zither'*/citara 3rd pers. Imperfect Subjunctive of citar *'to cite'*
9. mascarón *'large mask'*/mascaron *'they chewed'*
10. amaras 2nd pers. sg. Imperfect Subjunctive amar *'to love'*/amarás 2nd pers. sg. Future of the same verb

## 32.3

1. Alejandro Almenábar y Pilar Miró fueron el sábado 25 los grandes triunfadores de los premios que concede la Academia del cine español, los Goya. Sus películas, *Tesis* y *El perro del hortelano*, respectivamente, lograron siete estatuillas cada una.
2. La exposición *El retorno de los ángeles. Barroco de las cumbres de Bolivia*, que se inauguró el sábado 25 en la Torre de Don Borja, en Santillana del Mar (Cantabria), es una muestra que no sólo posee el interés de la alta calidad de los cuadros.
3. El comisario general de la Exposición Mundial de Lisboa 1998, Antonio Cardoso e Cunha, presentó el martes 21 su dimisión irrevocable al Gobierno socialista portugués, después de que la semana anterior fuera ridiculizado públicamente en el Parlamento por el ministro de la Presidencia y responsable político de la muestra, Antonio Vitorino.
4. Seis meses después del cierre de Altos Hornos de Vizcaya, el rey Juan Carlos inauguró el martes 21 en Sestao (Vizcaya) la Acería Compacta de Bizkaia.
5. El ministro alemán de Hacienda, el socialcristiano de Baviera Theo Waigel, presentó el jueves 23 en Bonn lo que calificó de "mayor reforma fiscal" desde la fundación de la República Federal de Alemania. La reforma, conocida como *Tarifa de futuro 1999*, ha sido recibida con división de opiniones de las fuerzas políticas y sociales.

## 32.4

Había algo nuevo en el ambiente. El padre Ferro desvió la mirada, molesto, cual si estuviese lejos de sentirse a sus anchas en aquel tema. En cuanto a Macarena, parecía preocupada.

—El padre Quart —dijo— tiene una de las postales de Carlota.

—Eso es imposible —objetó la duquesa— . Están dentro del baúl, en el palomar.

—Pues la tiene. Una donde se ve la iglesia. Alguien la puso en su habitación del hotel.

—Qué tontería. ¿Quién iba a hacer una cosa así? —la vieja dama miró a Quart brevemente con recelo—. ¿Te la ha devuelto? —preguntó a su hija.

Ésta negó despacio con la cabeza:

—He permitido que la conserve. De momento.

La duquesa parecía perpleja:

—No me lo explico. Al palomar sólo subes tú, y el servicio.

—Sí —Macarena miraba el párroco—. Y también don Príamo.

El padre Ferro casi estuvo a punto de saltar de la silla.

—Por el amor de Dios, señora —su tono era agraviado, a medio camino entre la indignación y el sobresalto—. No estará insinuando que yo . . .

—Bromeaba, padre —dijo Macarena, con una expresión tan indefinible que Quart se preguntó si realmente ella había hablado en broma, o no—. Pero lo cierto es que la postal llegó al hotel Doña María. Y eso es un misterio.

**32.5**

1. Tu amigo ¿cuándo lo supo?
2. ¿Dónde tienes el abrelatas?
3. Entonces me dije: «¡ah, bueno, muy bien! si no me dicen nada, nada puedo hacer».
4. Esas fotos te han salido estupendas, ¿no es así?
5. ¡Ah!, ¿qué te pasó entonces?
6. Bueno, ¿nos vamos o nos quedamos en casa?
7. El vídeo ese que estábamos viendo ayer, ¿lo tenemos que devolver hoy?
8. Usted tiene tres hijos, ¿no?
9. Es bastante extraño, ¡pero qué le vamos a hacer!
10. Ha escrito muchos libros, ¡pero muchos!

**32.6**

*Syllable divisions are shown by a hyphen; an equals sign marks a syllable division which would probably not be used to break a word at the end of a line.*

1. tí-te-res
2. su(=)b-rep-ti-cia-men-te *(the 'rules' predict a syllable boundary between* su *and* brep, *but speakers appear to consider* sub *to be a syllable because it is a recognizable component of the word; any break in writing would always come after* sub*)*
3. bro=me-a-ron (mearon *'they pissed' is a rude word*)
4. ho-rro-ro-so
5. tran(=)s-a-tlán-ti-co *(a similar case to 2; speakers usually consider* trans *to be a syllable, and any break in writing also comes after* trans*)*
6. ar-tí=cu-lo (culo *'arse' is a rude word*)
7. ma-es-trí-a
8. a-ho-gar-se
9. rui-se-ñor
10. ro-í-da

# 33 General exercises

**33.1**

1. el, 2. vista, 3. tanto, 4. propio, 5. está, 6. se, 7. el, 8. se, 9. (a)donde, 10. ante, 11. ser, 12. sí, 13. del, 14. hay, 15. para, 16. por, 17. los, 18. se, 19. tenga, 20. pesar, 21. por, 22. como, 23. es, 24. por, 25. si.

**33.2**

1. desde. 2. con. 3. el. 4. nombre. 5. en. 6. dedicaran/dedicasen or another suitable verb in the imperfect subjunctive. 7. para. 8. ser. 9. al. 10. sin. 11. se. 12. mandaba or another suitable verb. 13. los. 14. enseñasen/enseñaran. 15. para. 16. al. 17. de. 18. de. 19. cayera/cayese. 20. ellos (or perhaps él). 21. esa, or another demonstrative in the feminine singular. 22. al. 23. tratar. 24. ni. 25. sino. 26. se.

**33.3**

```
E A H C I T Y B G P U O N E Ñ Y M F
L J V R O Z U F Q E O T H P S C U I
P F L B Y M Z Ñ D M N I E R I J S B
F R R Q U O P O R L O E A E Z I E L
B E M A Ñ P V L U C M M R P G A S O
V L E Y S X J E E A B P I O G L E C
T J A O Q E Ñ R N M R O R S E O N O
L A D V E R B I O Z E B V I R U E M
N R E A L M C O I I S N O C U E H P
G I M V O S L Ñ C Y P Q T I N J V U
M A O N S U S T A N T I V O D Y E E
S I O M C F R I R B P X C N I Ñ O S
A R E I U I P N O A E H I I O Z B T
P Ñ T T O J A Q I E R E L A T I V O
I R U D C O N J U N C I O N A R O C
A R F I Z L E D S A J F H I E A A Q
O Ñ A Z L Y I I S O T I R E T E R P
```

ADVERBIO, ARTÍCULO, COMPLEMENTO, COMPUESTO, CONJUNCIÓN, FRASE, FUTURO, GÉNERO, GERUNDIO, NOMBRE, ORACIÓN, PARTICIPIO, PREPOSICIÓN, PRETÉRITO, PRONOMBRE, RELATIVO, SUFIJO, SUSTANTIVO, TIEMPO, VERBO.

# Cross-references to B&B

Note: B&B = John Butt and Carmen Benjamin's A New Reference Grammar of Modern Spanish, third edition

| B&B | Exercise no.(s) | B&B | Exercise no.(s) |
|---|---|---|---|
| 1 | 1.1, 1.4, 1.7 | 4.11.8 | 3.13 |
| 1.2 | 1.2 | 4.12 | 3.7 |
| 1.4 | 1.6 | 4.13 | 3.8 |
| 1.4.3 | 1.5 | 5 | 4.12 |
| 1.4.6 | 1.5 | 5.1 | 4.1 |
| 1.4.9 | 1.8 | 5.2 | 4.1 |
| 1.4.16 | 1.3 | 5.3 | 4.6, 4.7 |
| 2 | 1.9, 1.10 | 5.4 | 4.7 |
| 2.2 | 1.11 | 5.5 | 4.3 |
| 3.1 | 2.1 | 5.6 | 4.4, 4.5 |
| 3.2 | 2.7, 2.9 | 5.8 | 4.2 |
| 3.2.16 | 2.2 | 5.9 | 4.2 |
| 3.2.17 | 2.3 | 5.10 | 4.1 |
| 3.2.18 | 2.3 | 5.11 | 4.8, 4.9 |
| 3.2.20 | 2.4 | 5.12 | 4.10 |
| 3.3 | 2.9 | 5.13 | 4.7 |
| 3.3.6 | 2.5 | 5.15.1 | 4.11 |
| 3.3.7 | 2.5 | 6.1 | 5.1 |
| 3.3.8 | 2.5 | 6.4 | 5.2, 5.4 |
| 3.3.9 | 2.5 | 6.5 | 5.2, 5.3 |
| 3.3.12 | 2.8 | 7 | 6.5 |
| 3.3.13 | 2.8 | 7.1 | 6.1 |
| 3.4.1 | 2.6 | 7.2 | 6.1 |
| 4.2 | 3.1 | 7.2.2 | 4.5, 6.2, 6.3, 19.5 |
| 4.2.1 | 3.4 | 7.4 | 6.4, 23.3 |
| 4.2.2 | 3.4 | 7.5 | 6.6 |
| 4.2.3 | 3.4 | 8.3.1 | 7.1 |
| 4.2.4 | 3.3 | 8.3.2 | 7.1 |
| 4.3 | 3.3 | 8.3.3 | 7.1 |
| 4.6 | 3.1 | 8.3.4 | 7.2, 7.3 |
| 4.7 | 3.2 | 8.3.4 | 9.11 |
| 4.8 | 3.6 | 8.4.1 | 7.1 |
| 4.9 | 3.5 | 8.4.2 | 7.4 |
| 4.9 | 6.2 | 8.5 | 7.1 |
| 4.11 | 3.9, 3.10 | 9.7 | 3.13 |
| 4.11.5 | 3.11 | 9.10 | 3.13 |
| 4.11.6 | 3.12 | 9.11 | 20.2, 20.3 |

| B&B | Exercise no.(s) | B&B | Exercise no.(s) |
| --- | --- | --- | --- |
| 10 | 8.1 | 13.2.6 | 10.2 |
| 10.1 | 8.2 | 13.2.7 | 10.2 |
| 10.6 | 8.4 | 13.2.8 | 10.2 |
| 10.7 | 8.6 | 13.2.9 | 10.2 |
| 10.8 | 8.2 | 13.2.10 | 10.2 |
| 10.9 | 8.6 | 13.3 | 10.5, 10.6, 10.7, 10.8, 10.9, 10.10 |
| 10.10 | 8.5, 8.6 | | |
| 10.11 | 8.6 | 13.5.1 | 10.1 |
| 10.12 | 8.2, 8.3 | 13.5.2 | 10.1 |
| 10.15 | 8.6 | 13.5.3 | 10.2 |
| 11.2.3 | 9.1 | 14 | 11.17, 14.1 |
| 11.3.1 | 9.2 | 14.1 | 9.8 |
| 11.3.2 | 9.2, 9.3 | 14.3.2 | 11.1, 11.2 |
| 11.3.3 | 9.2 | 14.3.3 | 11.1 |
| 11.3.4 | 9.2 | 14.3.4 | 11.1 |
| 11.5.1 | 9.4 | 14.3.6 | 11.1 |
| 11.5.2 | 9.5 | 14.4 | 11.4, 11.5, 11.6, 11.15 |
| 11.5.3 | 9.6, 9.7, 20.2, 20.3 | 14.5 | 11.4, 11.5, 11.6, 11.15 |
| 11.11 | 9.11 | 14.6 | 11.7 |
| 11.13 | 9.15 | 14.6.3 | 11.1 |
| 11.14 | 9.10 | 14.6.5 | 11.8 |
| 11.14.2 | 9.9 | 14.7.1 | 11.9, 11.10 |
| 11.14.4 | 15.6 | 14.7.2 | 11.11 |
| 11.16 | 9.12, 9.13 | 14.7.5 | 11.10 |
| 12 | 9.8, 20.9 | 14.8 | 11.12 |
| 12.4 | 9.14 | 14.9 | 11.15 |
| 12.6 | 9.16 | 14.9.4 | 11.13, 11.14 |
| 12.6.4 | 9.17 | 14.9.8 | 11.16 |
| 12.9 | 9.15 | 14.10.2 | 11.18 |
| 13 | 10.4 | 15 | 11.3 |
| 13.1 | 10.11, 10.12 | 15.2 | 11.2 |
| 13.1.1 | 10.1 | 16 | 13.26, 14.1 |
| 13.1.4 | 10.3 | 16.2.4 | 14.3 |
| 13.1.7 | 10.5 | 16.3 | 13.1 |
| 13.1.8 | 10.6 | 16.5 | 14.3 |
| 13.1.9 | 10.9 | 16.5.1 | 13.2,13.3, 13.4 |
| 13.1.10 | 10.10 | 16.5.2 | 15.3 |
| 13.1.11 | 10.7, 10.8 | 16.6 | 13.5, 13.6, 13.7, 13.11 |
| 13.2 | 10.5, 10.6, 10.7, 10.8, 10.9, 10.10 | 16.7 | 13.11 |
| | | 16.7.1 | 13.9 |
| 13.2.2 | 10.2 | 16.7.2 | 13.8 |
| 13.2.3 | 10.2 | 16.8 | 13.10 |
| 13.2.4 | 10.2 | 16.9 | 13.10, 13.11 |
| 13.2.5 | 10.2 | 16.10.1 | 13.12 |

| B&B | Exercise no.(s) | B&B | Exercise no.(s) |
|---|---|---|---|
| 16.11 | 13.11 | 20.4.3 | 16.14 |
| 16.11.2 | 13.13 | 20.4.4 | 16.14 |
| 16.11.3 | 13.10 | 20.4.5 | 16.14 |
| 16.11.13 | 13.10 | 20.6 | 16.17 |
| 16.12.3 | 13.14 | 20.7 | 16.17 |
| 16.12.4 | 13.14, 13.15 | 20.8 | 15.5. 16.16 |
| 16.12.5a, b, c | 13.14, 13.15, 13.16 | 20.9 | 16.18 |
| 16.12.7 | 13.17 | 20.9.4 | 16.17 |
| 16.12.8 | 13.19 | 21.2 | 17.1 |
| 16.12.9 | 13.18 | 21.2.2 | 17.2 |
| 16.13 | 13.25 | 21.2.3 | 17.3 |
| 16.13.2 | 13.18 | 21.2.3 | 17.4 |
| 16.14 | 13.23, 13.24 | 21.3.1 | 17.5, 17.6 |
| 16.16 | 13.16 | 21.3.3 | 17.5 |
| 17 | 9.9, 10.7, 10.8, 12.2, 12.6 | 21.4.2 | 17.6 |
| | | 21.5 | 17.7 |
| 17.1 | 12.1 | 21.6 | 17.8 |
| 17.2.2 | 12.3 | 22.2 | 27.1, 27.2 |
| 17.2.3 | 12.3, 12.5 | 22.3 | 27.2 |
| 17.2.5 | 12.4 | 22.4.1 | 27.3 |
| 17.3 | 12.3, 12.4 | 22.4.2 | 27.4 |
| 17.4 | 12.1, 12.3 | 22.6 | 27.2 |
| 17.5 | 12.7 | 23.2.2 | 18.3 |
| 17.6 | 12.8 | 23.2.4 | 18.5 |
| 17.8 | 12.9, 12.10 | 23.2.5 | 18.6 |
| 18.2 | 16.1 | 23.3 | 18.1 |
| 18.2.1 | 15.2 | 23.4 | 18.2 |
| 18.2.3 | 15.1, 15.6 | 23.5 | 18.2 |
| 18.2.4 | 15.3 | 23.5.1 | 18.4 |
| 18.2.5 | 15.4 | 23.5.2 | 18.4 |
| 18.3.1 | 16.2 | 23.5.3 | 18.4 |
| 18.3.2 | 16.3 | 23.5.5 | 18.4 |
| 18.3.3 | 16.2 | 24 | 14.2, 19.1, 19.5 |
| 18.6 | 16.4 | 24.1 | 19.2 |
| 18.10 | 16.5 | 24.3 | 19.3 |
| 19.1 | 16.6 | 24.4 | 19.3 |
| 19.2 | 16.6 | 24.4.4 | 19.4 |
| 19.2.1 | 16.7, 16.8 | 25 | 13.20 |
| 19.3 | 16.9 | 25.1 | 13.22 |
| 19.4 | 16.10, 16.11, 16.12 | 25.2 | 13.22 |
| 20.2 | 16.13 | 25.3 | 13.22 |
| 20.3 | 16.15, 16.17 | 25.4 | 13.22 |
| 20.4.1 | 16.14 | 25.8.2 | 13.15, 13.21 |
| 20.4.2 | 16.14, 16.17 | 25.8.3 | 13.21 |

| B&B | Exercise no.(s) | B&B | Exercise no.(s) |
|---|---|---|---|
| 25.8.4 | 13.21 | 31.7.1 | 24.9 |
| 26 | 20.9, 20.10 | 31.7.3 | 24.5 |
| 26.2 | 20.1, 20.2 | 31.7.4 | 24.5 |
| 26.3 | 20.1 | 31.7.5 | 24.7 |
| 26.4 | 20.4 | 32 | 11.13, 11.14 |
| 26.5 | 20.5 | 32.2 | 25.2 |
| 26.6 | 20.5, 20.6 | 32.3 | 25.2, 25.3 |
| 26.9 | 20.5 | 32.3.1 | 25.1 |
| 26.7 | 20.6 | 32.3.3 | 25.1 |
| 26.7.32 | 20.7 | 32.4 | 25.4 |
| 26.10 | 20.8 | 32.5 | 25.5 |
| 26.11 | 20.8 | 32.6 | 25.6 |
| 27 | 21.3 | 32.7 | 25.6 |
| 27.2 | 21.1 | 32.8 | 25.6 |
| 27.3 | 21.2 | 33 | 13.14 |
| 28 | 20.8, 20.9, 22.5 | 33.1 | 26.1, 26.2 |
| 28.2.1 | 22.1 | 33.2 | 26.3 |
| 28.2.2 | 22.1 | 33.3 | 26.3 |
| 28.2.3 | 22.1, 22.2 | 33.4.2 | 26.4 |
| 28.2.4 | 22.7 | 33.4.3 | 26.5 |
| 28.2.5 | 22.3 | 33.5.1 | 26.6, 26.7 |
| 28.4 | 22.4 | 33.5.2 | 13.15, 26.7 |
| 28.7 | 22.6 | 33.6.1 | 26.9 |
| 29 | 23.1, 23.6, 23.7 | 33.7 | 26.10 |
| 29.2.2 | 23.4, 23.11 | 33.8 | 26.11 |
| 29.2.3 | 23.11 | 33.9 | 26.8 |
| 29.2.4 | 23.8 | 33.10 | 26.12 |
| 29.2.8 | 23.10 | 34.1 | 27.5, 27.6 |
| 29.3.1 | 23.4 | 34.2 | 27.13 |
| 29.3.2 | 23.8 | 34.3 | 24.6, 27.14 |
| 29.3.4 | 23.9 | 34.7.5 | 27.7 |
| 29.3.6 | 23.4, 23.10 | 34.9 | 27.5, 27.6 |
| 29.4 | 23.11 | 34.14 | 27.12 |
| 29.4.2 | 23.5 | 34.14.1 | 27.8 |
| 29.4.3 | 23.12 | 34.14.2 | 27.10 |
| 30.2.2 | 23.3 | 34.14.3 | 27.9 |
| 30.3 | 23.2 | 34.14.4 | 27.9 |
| 31.2 | 24.1, 24.3 | 34.14.4 | 27.10, 27.11 |
| 31.2.3 | 24.2 | 34.18 | 24.8, 27.15 |
| 31.3.2 | 24.3, 24.10 | 35.1.2 | 28.3 |
| 31.6.1 | 24.4 | 35.1.3 | 28.1 |
| 31.6.2 | 24.4 | 35.2 | 28.2 |
| 31.6.6 | 24.6 | 35.3 | 28.2, 28.3 |
| 31.6.7 | 24.8 | 35.4 | 28.2, 28.4 |

| B&B | Exercise no.(s) | B&B | Exercise no.(s) |
|---|---|---|---|
| 35.6 | 6.5, 28.5 | 37.3.1 | 30.6 |
| 35.10 | 28.6 | 37.3.2 | 30.7 |
| 35.11 | 13.15, 28.6 | 37.4.1 | 30.4, 30.5 |
| 35.12 | 28.6 | 38 | 31.2, 31.3 |
| 36.1 | 28.7, 28.8 | 38.2.1 | 31.1 |
| 36.1.2 | 7.5 | 38.2.2 | 31.1 |
| 36.1.3 | 6.5, 7.5 | 38.2.3 | 31.1 |
| 36.1.5 | 6.5 | 38.2.4 | 31.1 |
| 36.2 | 13.15, 29.1 | 38.2.5 | 31.1 |
| 36.2.3 | 29.2 | 38.3 | 31.4, 31.5, 31.6, 31.7, 31.8 |
| 36.2.4 | 29.3 | | |
| 36.2.5 | 29.4 | 39.2 | 32.1, 32.2 |
| 37.2 | 30.1 | 39.3 | 32.3 |
| 37.2.2 | 30.2 | 39.4.4 | 32.4 |
| 37.2.4 | 30.3 | 39.4.5 | 32.5 |
| 37.2.6 | 30.4, 30.5 | 39.5 | 32.6 |